Jörg Rothermundt

Der Heilige Geist und die Rhetorik

Theologische Grundlinien einer empirischen Homiletik

Gütersloher Verlagshaus Gerd Mohn

CIP-Kurztitelaufnahme der Deutschen Bibilothek

Rothermundt, Jörg:
Der Heilige Geist und die Rhetorik: theol. Grundlinien e. empir. Homiletik/Jörg Rothermundt. – Gütersloh: Gütersloher Verlagshaus Mohn, 1984.
ISBN 3-579-00214-7

ISBN 3-579-00214-7

Umschlaggestaltung: Dieter Rehder, Aachen, unter Verwendung einer Abb. (Glasfenster, 13. Jh., Le Mans (Nachzeichnung). Thronender Christus und die Gaben des Hl. Geistes)
Satz: ICS Computersatz GmbH, Bergisch Gladbach
Druck und Bindung: Poeschel & Schulz – Schomburgk
Printed in Germany

Inhalt

Vorwort

Als ich vor 25 Jahren zu predigen begann, legte ich allen Nachdruck auf den Inhalt meiner Predigten und ihre exegetische und systematische-theologische Vorbereitung. Die Wirkung auf den Hörer, dachte ich, versteht sich von selbst. Daß dem nicht so ist, lernte ich bald. Während meiner Wanderjahre als unständiger Pfarrer predigte ich in zwei Arbeitergemeinden in Stuttgart, vor Handwerkern und kleinen Geschäftsleuten in Kansas City, Au-pair-Mädchen und Angestellten internationaler Organisationen in Genf und bei Studenten und Untersuchungsgefangenen in Tübingen. Oft hörte ich ein Echo auf meine Predigten, oft hörte ich nichts. Ich erkannte, daß ich mich gründlich mit dem Hörer befassen mußte. Im Kollegium der Stiftsrepetenten in Tübingen kam es auf meine Anregung hin zu engagierten Nachbesprechungen unserer Predigten vor den Studenten. Als Gemeindepfarrer in Ravensburg setzte ich diese Praxis mit meinen Vikaren fort. Den wichtigsten Schritt nach vorn brachten jedoch die gemeinsamen Predigtvorbereitungen mit Gemeindegliedern, in denen die Bemühung um den Inhalt und den Hörer der Predigt untrennbar ineinander lagen.

Um diese Zeit begannen auch die ersten empirischen Untersuchungen zur Homiletik zu erscheinen, die mir zu Klärung meiner Erfahrungen und Überlegungen halfen. Nach dem Wechsel in die Vikarsausbildung der Württembergischen Landeskirche ging ich den empirischen Ansätzen systematisch nach und setzte zusammen mit meinen Kollegen vieles in die Praxis unserer Kurse um. Dabei störte mich zunehmend das Auseinanderklaffen zwischen theologisch und empirisch begründeter Homiletik, das auch die Vikare unsicher macht. So entstand die vorliegende Arbeit.

Ich habe mich bemüht, ein Buch zu schreiben, das nicht nur für die engeren Fachgenossen, sondern für jeden Studenten, Vikar oder Pfarrer verständlich ist, der sich über seine Predigtarbeit Gedanken macht. Wer von der Exegese und der systematischen Theologie herkommt, mag es als Einführung in die verschiedenen, zum Teil recht unterschiedlichen Richtungen der empirischen Homiletik lesen. Wer in der Empirie zu Hause ist, findet einen Vorschlag zur theologischen Begründung und Bewertung dieser Methoden. Die Literaturhinweise sind sparsam gehalten. Doch sind überall Bücher genannt, die den Zugang zur weiteren Literatur eröffnen.

Für meine Überlegungen habe ich weit mehr Anregungen empfangen, als ich kenntlich machen konnte. Ich denke dabei besonders an die Konferenzen der evangelischen Predigerseminare des deutschsprachigen Raums und an die Tagungen der Arbeitsgemeinschaft Katholischer Homiletiker (die jetzt „Arbeitsgemeinschaft für Homiletik" heißt, womit ihr ökumenischer Charakter stärker hervortritt). Am meisten aber verdanke ich meinem Stuttgarter Kollegen Reiner Strunk, mit dem ich alle wichtigen Passagen durchgesprochen habe.

Stuttgart 70
Im Wolfer 37
Pfingsten 1984

Jörg Rothermundt

Kapitel I:
Die Aufgabe

Sie sind ein ungleiches Paar, die Rhetorik und der Heilige Geist, mindestens auf den ersten Blick und nach den gängigen Vorstellungen. Rhetorik hat es mit Form zu tun, mit geschliffener Sprache, gekonntem Aufbau, mit Wortwitz und Wortspiel, wohl auch mit altväterischem Formelwerk von der captatio benevolentiae[1] bis zur Chrie.[2] Beim Heiligen Geist dagegen geht es um Spontaneität, alle Grenzen durchbrechende Kraft, brausenden Sturm, züngelnde Flamme, um eine Begeisterung, die keine festen Formen duldet, die formlos sein muß, will sie lebendig bleiben. Rhetorik ist zugleich Methode, die gelehrt und erlernt werden kann, in der die Wirkung der Sprache auf den Hörer genau berechnet wird, wo Form und Inhalt, Zweck und Mittel klug aufeinander abgestimmt und dann bewußt eingesetzt werden. Der Heilige Geist dagegen ist die Unberechenbarkeit selbst; Wind, der bläst, wo er will, den man wohl sausen hört, aber nicht weiß, woher und wohin, denn er wirkt eben »ubi et quando visum est deo«, und wer wollte das berechnen? Rhetorik schließlich ist gezielte Beeinflussung; wenn's gutgeht, vermag sie zu überzeugen, oft genug bleibt's beim Überreden, wenn nicht gar bei der Manipulation, die den andern herumkriegt, ohne daß er merkt, wie ihm geschieht. Die Wirkung des Heiligen Geistes dagegen ist allein Gottes Sache; der Mensch kann da nichts in die Hand nehmen, nichts manipulieren. Wer den Wind in Säcke fassen will, ist ein Narr; und wer die Wildtaube in einen Käfig sperrt, tötet sie. Hier bleibt dem Menschen nichts zu tun, außer der Bitte um den Geist.

Hier Form, dort Spontaneität; hier Methode, dort Unberechenbarkeit; hier gezielte Aktion, dort bloße Bitte – in der Tat ein ungleiches Paar. Das Erbe der Antike und der Bibel, Äußeres und Inneres, Menschliches und Göttliches stehen sich unvereinbar gegenüber.

Auf dem Feld der Predigt müßten sich die beiden eigentlich verbinden. Denn niemand bestreitet, daß das Predigen sowohl etwas mit Rhetorik als auch etwas mit dem Heiligen Geist zu tun hat. Schließlich ist jede Predigt eine Rede, und im Augsburger Bekenntnis wird die Predigt ein Werkzeug des Heiligen Geistes genannt. Aber in der gängigen Vorstellung von der Predigt spielt beides doch eine recht nebensächliche Rolle. Da geht es zuerst einmal um den Inhalt. Der Prediger bemüht sich um ein rechtes Verständnis seines Textes, er führt sich die Situation vor Augen, denkt sich in seinen Hörer hinein und überlegt, was er ihm hier und heute aufgrund dieses Textes zu sagen hat. Ist ihm das klargeworden und hat er die Gedanken gefaßt, die er mitteilen möchte, dann kommen vielleicht in zweiter oder dritter Linie rhetorische Überlegungen. Vielleicht! Denn wer weiß, ob es nicht besser ist, wenn die Rhetorik ganz auf der Seite bleibt und der Prediger ganz schlicht und ohne Raffinesse sagt, was er zu sagen hat! Und wenn die Predigt dann geschrieben ist, dann kommt zum Schluß am Schreibtisch oder als letztes vor dem Betreten der Kanzel die Bitte um den Heiligen Geist, der das Wort der Predigt in den Herzen der Hörer wirken lassen möge. Wobei den Prediger nicht selten der Zweifel beschleicht, ob er Gott so direkt bemühen darf; und so bleibt der Heilige Geist am Ende vielleicht noch ganz aus dem Spiel.

1 Werben um die Gunst d. Publikums
2 Prakt. Lebensweisheit

Weder die Rhetorik noch der Heilige Geist spielen im gängigen Verständnis der Predigt eine wesentliche Rolle. Deshalb rücken sie in der praktischen Predigtarbeit an die Peripherie oder können ganz vernachlässigt werden. Wo aber in den letzten Jahren entweder die Rhetorik oder der Heilige Geist als für die Predigt wesentlich betrachtet wurden (wovon weiter unten noch im einzelnen die Rede sein wird), war es immer nur eins von beiden. Wer etwas vom Heiligen Geist hält, hält nichts von Rhetorik und umgekehrt. Ich würde mich daher nicht wundern, wenn der Leser beim Anblick des Titels »Der Heilige Geist und die Rhetorik« zunächst einmal erstaunt und skeptisch den Kopf schüttelt und sich nicht vorstellen kann, wie beides unter einen Hut kommen und dabei noch Wesentliches für die Predigt herauskommen soll. Ich hoffe aber auch, daß die ungewohnte Zusammenstellung den Leser ein wenig neugierig macht, und kann hier vorerst nur versichern, daß die Zuordnung wirklich ernst gemeint ist.
Gängige Vorstellungen sind selten ganz falsch, selten aber auch wirklich zutreffend. So verhält es sich auch in unserem Fall. Wir dringen schon ein Stück weiter ein, wenn wir uns klarmachen, daß sowohl die Rhetorik als auch der Heilige Geist in den letzten Jahren neu entdeckt wurden. In beiden Fällen waren diese Entdeckungen nicht auf einige wenige Menschen beschränkt, sondern geschahen gleichzeitig oder hintereinander in verschiedenen Bereichen. Und beidemal war es nicht nur eine kurze und schnell wieder verflogene Begeisterung, sondern ein Anstoß, der weiterwirkt und sich mit der Hartnäckigkeit des Wesentlichen immer wieder zu Wort meldet.

1. Renaissance der Rhetorik

a) Der Zusammenbruch der antiken Rhetorik

Bis ins 18. Jahrhundert hinein war die deutsche Kanzelberedsamkeit, ebenso wie alles, was für ein großes Publikum gesprochen oder geschrieben wurde, von der antiken Rhetorik geprägt. Dann kam der große, nacheinander von Kant, Hegel und Goethe vorgetragene Angriff, der nicht nur der antiken, sondern jeder Rhetorik das Lebensrecht bestritt. Gemeinsam trennten sie die Dichtkunst von der Redekunst, sprachen der Redekunst den Rang einer Kunst gänzlich ab und disqualifizierten sie auf diese Weise. Kant argumentierte ethisch: Die Rhetorik ist eine hinterlistige Kunst, die sich der Schwächen der Menschen bedient, um sie wie Maschinen zu bewegen und bestimmte Absichten durchzusetzen. Diese Absichten mögen ehrenwert oder sogar gut sein, die Rhetorik ist dadurch nicht gerechtfertigt. Hegel und Goethe argumentierten ästhetisch: Sie kritisierten das Zweckhafte der Rhetorik und stellten ihr die Zweckfreiheit des Kunstwerks überhaupt und der Poesie im besonderen gegenüber. Dazu kam besonders bei Goethe der Protest gegen die Herrschaft der Konvention:

Wenn ihr's nicht fühlt, ihr werdet's nie erjagen.
Wenn es nicht aus der Seele dringt
und mit urkräftigem Behagen
die Herzen aller Hörer zwingt ...
Sei er kein schellenlauter Tor!
Es trägt Verstand und rechter Sinn
mit wenig Kunst sich selber vor;
und wenn's euch ernst ist, was zu sagen,
ist's nötig, Worten nachzujagen?
Ja, eure Reden, die so blinkend sind,
in denen ihr der Menschheit Schnitzel kräuselt
sind unerquicklich wie der Nebelwind,
der herbstlich durch die dürren Blätter säuselt!
(Faust I, 1. Szene)

Darin traf sich Goethe mit Kant, der eine Rede gelten lassen wollte, wenn sie ohne Kunst, aber voll Nachdruck vorgebracht wird, aus klarer Einsicht in die Sachen, tüchtiger Einbildungskraft und lebhaftem Herzensanteil am Guten. Dazu aber braucht's keine Rhetorik[1].

Die antike Rhetorik hatte im Lauf ihrer zweitausendjährigen Geschichte viele Angriffe überstanden. Diesmal brach sie in sich zusammen. Denn was da noch stand, war innerlich morsch und hohl. Die Gründe dafür sind vielfältig und brauchen hier nicht im einzelnen untersucht zu werden. Die wichtigsten liegen in den politischen und sozialen Umschichtungen des 18. Jahrhunderts. Zu Beginn des Jahrhunderts besaß die Rhetorik für das aufstrebende Bürgertum eine wichtige Rolle. Da sich aber dieses Bürgertum in Deutschland politisch nicht durchsetzen konnte, zog es sich in der zweiten Hälfte des Jahrhunderts zunehmend aus der Realität zurück und floh in die Kunst. Der Bürger hatte fast keine Möglichkeit, seinen politischen Willen mit rednerischen Mitteln durchzusetzen. Geredet wurde nur an den Höfen, die Lobrede war zur herrschenden Gattung geworden. Poetik und Rhetorik traten auseinander. Die Poesie aber konnte mit dem antiken Regelsystem nichts mehr anfangen, da es sich der sozialen Differenzierung und zunehmenden Individualisierung nicht anpassen ließ. Bei dieser Entwicklung griffen politische, soziale und kulturelle Bewegungen ineinander. Entscheidend aber waren die politischen Voraussetzungen. »Untertanenstaat und freies Wort verhalten sich zueinander wie Feuer und Wasser«[2]. So äußert sich schon Gottsched, später Schubart, und bei Herder lesen wir: »Wir haben keine politische Beredsamkeit, nicht einen Schatten davon, und können sie auch nicht haben, weil unsere Staatsverfassungen gar nicht dazu eingerichtet sind«[3].

Wären die politischen Voraussetzungen anders gewesen, hätte das Ende der antiken Rhetorik nicht das Ende der Rhetorik schlechthin bedeutet. Dann wäre wie in Frankreich, England und Amerika eine neue Rhetorik entstanden. Th. Carlyles Satz »No British man can attain to be a statesman or chief of workers till he has first proved himself a chief of talkers«[4] wäre in Deutschland nie möglich gewesen. Bismarck war stolz darauf, *kein* Rhetor zu sein. Er verachtete die eloquenten Redner, behauptete, sie könnten nicht einmal richtig Whist oder Schach spielen, geschweige denn einen Staat führen. Diese Einschätzung hinderte ihn freilich nicht daran, im Reichstag glänzende Reden zu halten, sozusagen wider Willen. Geredet wurde auch im Deutschland des 19. und 20. Jahrhunderts, mitunter durchaus gekonnt und wirkungsvoll. Aber Rhetorik als Redeausbildung und Redekritik, als pädagogisches und analytisches Instrument ging verloren. Es blieb eine Verachtung der Rhetorik. Man spricht von »rhetorischen Fragen« und meint leeres Gerede und hohles Pathos. Aber solche Überheblichkeit fällt der gekonnten Propaganda, der demagogischen Rhetorik nur zu leicht zum Opfer, wie die Geschichte des Dritten Reiches beweist.

b) Eine neue Rhetorik

Das Stichwort von der »neuen« oder »wissenschaftlichen« Rhetorik taucht zuerst in Amerika auf, und gemeint ist damit eine Kommunikationswissenschaft, die eng mit der Kybernetik, mit Psychologie und Soziologie kooperiert. Sie will die Wirkungen des Worts, des gesprochenen wie des geschriebenen, messen und bestimmen, und stellt sich dabei auch ohne Scham in den Dienst der Wirtschaftswerbung und politischen Agitation[5]. Ganz anderes haben W. Jens und seine Freunde im Sinn. Ihr Ziel ist der mündige Bürger, der seinen Mund auftun kann. Hier verbindet sich die Rhetorik mit der kritischen Philosophie der Frankfurter Schule, sie bekommt eine emanzipatorische Zielsetzung[6]. Rhetorik ist Einübung in den repressionsfreien Dialog (Kopperschmidt), ist politische Bildung (Geißner). Damit werden Forderungen aufgenommen, wie sie schon im 19. Jahrhundert erhoben wurden, aber damals wirkungslos verhallt sind. Ludwig Jahn z. B., einer der profiliertesten Redner in der Frankfurter Nationalversammlung, forderte, im Reichstag müsse in einer ständisch gegliederten Auslese das ganze Volk durch gewählte Vertreter angemessen repräsentiert sein, und in dieser höchsten Versammlung habe die freie Rede für alle gleichermaßen selbstverständlich Mittel politischer Durchsetzung zu sein. Das Nationalparlament müsse eine »Sprechgemeinde sein, nicht eine Taubstummenanstalt von Ja-Herren und Beifallnickern, nicht eine Versammlung von Gutheißern, um dem Übel etwa nur eine leidliche Gestalt zu geben«[7]. In Tübingen bestand seit 1496 ein Lehrstuhl für Rhetorik. 1829 wurde er aufgehoben. Die Rhetorik war keine Wissenschaft mehr. Anfang des 20. Jahrhunderts begann sie wieder bei Sprechkundlern und Sprecherziehern, »die unter schwierigen Arbeitsbedingungen, oft genug in Dachkammern deutscher Universitäten ... Rede lehrten und Rhetorik erforschten«[8]. Aber es brauchte den Anstoß von außen, bis 1963 der Tübinger Lehrstuhl wieder errichtet und W. Jens übertragen wurde, als Zeichen dafür, daß auch in Deutschland die Renaissance der Rhetorik begonnen hatte.

Neben dieser Linie ist eine Renaissance der Rhetorik auch auf vielen anderen Gebieten zu beobachten. In der Literaturwissenschaft z. B. beginnt sie schon während des 2. Weltkriegs mit Arbeiten von E. R. Curtius und K. Dockhorn und hat sich inzwischen in einer Flut von Publikationen niedergeschlagen. In der Sprachwissenschaft erwachte das Interesse an der Rhetorik Mitte der sechziger Jahre, als die Linguistik sich nicht nur Einzelsätzen, sondern ganzen Texten zuwandte (Textlinguistik) und die kommunikativen Komponenten der Sprache mit zu berücksichtigen begann (Pragmalinguistik). Die Rhetorik bot hier Möglichkeiten, die formalen Sprachstrukturen zu beschreiben. Daneben gibt es ein Interesse an der Rhetorik auch in der Philosophie, Jurisprudenz, Semiotik und Medienwissenschaft. In allen Fällen bezieht man sich zwar auf die eine oder andere Weise auf das System der klassischen Rhetorik, doch ergibt das noch keine wirkliche Gemeinsamkeit. Das Verständnis des neu entdeckten Gebiets ist recht verschieden, und es ist schon ein großer Fortschritt, daß die verschiedenen Richtungen im Begriff sind, in eine Diskussion und Auseinandersetzung miteinander einzutreten[9].
Alles das würde freilich nur die Gelehrten beschäftigen, wenn es nicht inzwischen eine breite Resonanz in der Öffentlichkeit gefunden hätte. Unternehmensverbände und Gewerkschaften haben für die Schulung ihrer Führungskräfte schon lange Interesse an Rhetorik und rezipieren nun in ihren Seminaren zunehmend die neuen Anstöße. Dazu tritt jetzt die Schule. In den Reformlehrplänen für den Deutschunterricht der Sekundarstufe II der Gymnasien, aber auch für die Abschlußklasse der Sekundarstufe I tauchen rhetorische Themen auf; und die Germanistik versucht, die wissenschaftlichen Konzepte für den Unterricht fruchtbar zu machen[10].

c) Rhetorische Fragestellungen in der Homiletik

Die Homiletik hat Anstöße aus den genannten Wissenschaften aufgenommen, stieß aber auch unabhängig von ihnen auf rhetorische Fragestellungen. In dem Maß, in dem nicht nur nach dem Wesen der Predigt, sondern auch nach ihrer Wirklichkeit gefragt wurde, kam die Predigt als Rede in den Blick. Wer die Predigt empirisch betrachtet, stößt notwendigerweise auf die klassischen, rhetorischen Probleme von der Themenfindung bis zur Wirkung der Predigt auf die Hörer. Vieles davon ist in den letzten zehn bis fünfzehn Jahren gar nicht unter dem Namen Rhetorik verhandelt worden und war doch nichts anderes als homiletische Rhetorik. Am Begriff liegt hier nichts. Denn es ist ohnehin klar, daß Rhetorik nicht mehr als Einzeldisziplin, sondern nur interdisziplinär betrieben werden kann. Im folgenden skizziere ich (ohne Anspruch auf Vollständigkeit) solche homiletisch-rhetorischen Fragestellungen. Es ist kein Zufall, daß viele von ihnen von Leuten entdeckt wurden, die in der Vikarsausbildung oder der Pfarrerfortbildung tätig waren. In dieser Arbeit durchdringen sich Theorie und Praxis der Predigtarbeit. Die empirisch vorliegenden Predigten rufen nach einer empirischen Homiletik, die sowohl ein

Instrumentarium zur Analyse gehaltener Predigten bereitstellt, als auch Methoden für eine sinnvolle und erfolgversprechende Predigtvorbereitung entwickelt.
Eine direkte Aufnahme der amerikanischen *Kommunikationstheorie* findet sich in einigen Arbeiten, die den Vorgang des Predigens als Kommunikation untersuchen[11]. Daß aus Predigen und Hören tatsächlich eine Kommunikation wird, ist nicht selbstverständlich. Beim Prediger, in seiner Predigt, und beim Hörer bedarf es dazu einer Reihe von Voraussetzungen. Manche von ihnen können vom Prediger beeinflußt werden, viele von ihnen nicht. Sowohl der Prediger als auch jeder einzelne Hörer stehen in einem sozialen und psychologischen Feld und werden von vielfältigen Faktoren bestimmt. Werden diese Faktoren beim Predigen nicht berücksichtigt, kann die Predigt nicht ankommen. Betrifft das nur einen einzelnen Hörer, der sich vielleicht gerade heute in einer besonderen Situation befindet, so mag das nicht so ins Gewicht fallen. Wenn die Predigt aber Faktoren vernachlässigt, die allen Hörern gemeinsam sind, so verurteilt sie sich selbst zur Belanglosigkeit. Deshalb fragt die Kommunikationsforschung vor allem nach solchen übergreifenden Faktoren. Ein Beispiel: Jeder Mensch hat den Wunsch, seine Grundüberzeugungen bestätigt zu sehen. Er wird deshalb beim Hören in erster Linie das aufnehmen, was ihn in seinen Überzeugungen stabilisiert. Wenn ein Prediger das nicht weiß oder bewußt mißachtet, so wird es ihm nicht gelingen, mit der Botschaft seiner Predigt gehört zu werden. Der Hörer wird vielmehr überhören, was er nicht hören will. Wenn das nicht so leicht möglich ist, weil der Widerspruch unüberhörbar ist, so wird er den Sinn umdeuten (»so hat er das nicht gemeint«), wenn auch das nicht möglich ist, weil die Gegenposition so scharf vorgetragen wird, wird der Hörer sie als absurd und unsinnig von sich weisen.
Diese Feststellungen bilden natürlich eine Herausforderung an die Theologie der Verkündigung, weil sie manches in Frage stellen, was dort lange für selbstverständlich galt. Wenn sich die Homiletik darauf einläßt, so ist das keine bequeme Sache. Sie kann die Kommunikationswissenschaft auch nicht nur dazu verwenden, ihre Methoden und Fertigkeiten zu verbessern. Sobald die Frage nach der Wirkung der Predigt und den Voraussetzungen für eine solche Wirkung gestellt wird, geht es um Grundfragen der Homiletik, Grundfragen freilich, die lange genug verdrängt wurden. In der Rhetorik gehörte die Frage nach der Wirkung der Rede immer zu den Grundfragen. In der Homiletik hat man die Spannung zwischen Anspruch und Wirklichkeit der Predigt nicht wahrnehmen wollen. Seit kommunikationswissenschaftliche Kategorien in die Predigtlehre Eingang gefunden haben, wird es möglich, an dieser Stelle weiterzukommen.
Ähnliches gilt von der Anwendung *soziolinguistischer Kategorien* auf die Predigt[12]. Auch hier kommen unangenehme Fakten zum Vorschein. Die übliche Predigtsprache ist Mittelschichtsprache. Predigten werden von der Mittelschicht für die Mittelschicht gemacht. Die Unterschicht ist schon durch den Sprachgebrauch ausgeschlossen. Auch hier kann man die Augen vor den Fakten verschließen und sich mit theologischen Postulaten aus der Affäre ziehen. Werden aber die Gegebenheiten

nüchtern ins Auge gefaßt und im Detail untersucht, so verlieren sie ihre furchterregende Unveränderlichkeit. Die klassische Rhetorik hat in ihrer Lehre von den drei Stilen (vom schlichten, alltagssprachlichen über den mittleren zum pathetisch-erhabenen) die Wirkung der Sprache auf den Zuhörer beschrieben. Ihre Thesen lassen sich heute aus vielen Gründen nicht mehr übernehmen, aber ihre Fragestellung ist für die Homiletik hilfreich und notwendig.

Kommunikationsforschung und Soziolinguistik sind vor allem an Durchschnittswerten interessiert und dadurch geeignet, allgemeine Voraussetzungen des Predigens zu thematisieren. Wenn jedoch die Sprache des einzelnen Predigers analysiert werden und der jeweilige Prediger zu der ihm und seinen Hörern angemessenen Sprache finden soll, müssen psychologische Gesichtspunkte in die Homiletik aufgenommen werden. Was in der antiken Rhetorik in der Lehre von der Naturanlage des Redners nur grob behandelt wurde, läßt sich mit Hilfe der *Tiefenpsychologie* genauer ins Auge fassen. Jeder Prediger besitzt ein bestimmtes Persönlichkeitsprofil, das seine Sprache und sein Auftreten unbewußt prägt[13]. Bestimmten Stärken in der Kommunikation entsprechen bestimmte Schwächen. Nicht jeder hat dieselben Möglichkeiten und Beschränkungen. Diese Feststellung betrifft nicht nur die sprachliche Oberfläche, sondern auch die inhaltlichen Schwerpunkte der Predigt. Selbst wenn sich die Verkündigung ganz objektiv gibt, ist sie subjektiv bestimmt. Das erklärt manches an der Wirkung des jeweiligen Predigers. Und wenn diese Strukturen im einzelnen untersucht und reflektiert werden, eröffnen sich jenseits methodischer Gesetzlichkeit ungeahnte Möglichkeiten für die Förderung des einzelnen Predigers.

Nicht viel anders steht es mit der *Kreativität* im Rahmen der Predigtarbeit. Daß ein guter Prediger einfallsreich ist, wußte man schon immer. Aber diese Erfahrung wurde wie viele andere empirische Fakten von der Homiletik unbeachtet gelassen. Man hielt es für einen alten Zopf oder wußte es gar nicht mehr, daß die antike Rhetorik der inventio, dem Erfinden der Rede, entscheidende Bedeutung zumaß und eine detaillierte Theorie dafür entwickelt hatte. Erst E. Lange hat den homiletischen Einfall in die theologische Reflexion und in die Methode der »Predigtstudien« aufgenommen. Der Predigteinfall ist keine Verzierung der Predigt, die auch wegbleiben könnte, sondern der Kern der Predigt selbst. Denn in ihm verbinden sich biblische Tradition und aktuelle Situation. Hier findet der Prediger den Punkt, an dem der Text für seine Hörer relevant wird. Hier schießen Prediger, Hörer und Text zusammen. Deshalb kann der Einfall zum Kristallisationspunkt für die ganze Predigt werden. Lange und die »Predigtstudien« beschäftigen sich dann freilich mehr mit der Prüfung, Entwicklung und Ausarbeitung der Predigteinfälle als mit der Frage, wie es zu solchen Einfällen kommen kann. Erst die Aufnahme von Forschungen der Kreativitätspsychologie brachte hier ein besseres Verständnis dessen, was der Prediger tatsächlich erlebt, und Hilfen für ein kreativeres Predigen[14]. Kreativität ist ein Prozeß, dessen Einzelphasen beschrieben werden können. Und dieser Prozeß wird in seinen verschiedenen Phasen durch bestimmte Faktoren

und Haltungen gefördert oder behindert. Diese Phasen und Faktoren lassen sich auch für die Predigtarbeit beschreiben und für die Methode der Predigtvorbereitung fruchtbar machen. Einfälle lassen sich zwar nicht machen – das Schöpferische bleibt unverfügbar –, aber die Bereitschaft für sie läßt sich aufbauen oder zerstören.
Neben der Psychologie des Predigers ergibt die Psychologie des Hörers neue Ansätze für die Homiletik. Ein Beispiel dafür ist die Entwicklung des *lernpsychologischen Modells* für den Predigtaufbau[15]. Unter der generellen Voraussetzung, daß die Predigt Daseinserhellung durch das Evangelium intendiert, werden fünf Phasen für den Aufbau der Predigt entwickelt; Motivation, Problemabgrenzung, Versuch und Irrtum, Lösungsangebot und Lösungsverstärkung. Wichtig ist hier, daß der Prediger mit dem Hörer einen gemeinsamen Weg zu einem bestimmten Ziel geht. Er ist ebensosehr interessiert an der Sache, die er zu verkündigen hat, wie an den Menschen, zu denen er spricht. Die Orientierung an der Sache und am Hörer treten aber im Lauf der Predigt in unterschiedlicher Weise in den Vordergrund. In der Motivationsphase geht es in erster Linie darum, den Hörer in seinem eigenen Erlebnis- und Erfahrungshorizont anzusprechen. Nur wenn er spürt, daß es um ihn selbst geht, wird er bereit sein, sich auf die Sache einzulassen. Nur wenn es gelungen ist, ein positives Beziehungsverhältnis zwischen Prediger und Hörer zu schaffen oder zu aktualisieren, wird der Hörer dem Prediger auf seinem Weg folgen. Die Hörerorientierung steht also im Vordergrund, die Sachorientierung, die durchaus schon vorhanden ist, bleibt im Hintergrund. Das ändert sich bei der Problemabgrenzung, wo sich Sach- und Hörerorientierung die Waage halten. Der Hörer soll die Frage, um die es geht, klar und scharf sehen und zugleich als seine eigene erkennen. Die Phase von Versuch und Irrtum, in der Schein- und Teillösungen durchgegangen werden, ist stärker sachbezogen. Hier wird abgewogen, beurteilt und Ungenügendes verworfen. Der Zuhörer bleibt im Hintergrund. Aber indem der Prediger mit ihm den Weg geht, auf dem er selbst zu seinem Lösungsangebot gekommen ist, wird dieser zum Mitdenken angeregt und zur Auseinandersetzung befähigt. Das Lösungsangebot, die Zuspitzung der biblischen Botschaft auf die zuvor gestellte Frage, das Angebot des Glaubens bzw. der Schrift, werden auf diese Weise vorbereitet. Wenn sie formuliert werden, soll das im Wortfeld der Motivation geschehen, so daß Sach- und Hörerorientierung sich wieder die Waage halten. Wichtig ist aber, daß die Predigt hier nicht aufhört, sondern die Lösung verstärkt wird, indem ihre Realisierung oder Auswirkung in konkreten Situationen geschildert wird. Die Phase, die ebenso konkret sein muß wie die Motivation, entspricht ihr auch darin, daß die Hörerorientierung das Übergewicht hat.
Dieses Modell, aus dem sich ohne Schwierigkeiten Folgerungen für die Ausarbeitung der Predigt ziehen lassen, eignet sich natürlich nur für eine problemorientierte Predigt. Kenner der alten Rhetorik werden unschwer merken, daß das klassische Schema der dispositio aufgenommen, aber in bezeichnender Weise verändert wurde. Noch wichtiger scheint mir zu sein, daß hier die rhetorische Grundfrage, wie der Redner im Lauf der Rede mit dem Zuhörer zusammen sein Ziel erreicht,

bewußt gestellt ist. Diese Frage wurde nämlich lange Zeit sträflich vernachlässigt. Entweder wurden die Reste alter Aufbaumodelle (Dreiteilung, Spirale usw.) halbherzig tradiert oder wurde die strenge Homilie als einzige Predigtform vertreten, was nur möglich ist, wenn man den Hörer als selbständigen Richtpunkt vernachlässigt. Beide Wege finden in der Praxis immer weniger Anhänger, mit dem Ergebnis, daß die meisten Predigten überhaupt keinen erkennbaren Aufbau haben. In dieser Lage ist das Wiederaufleben einer klassischen, rhetorischen Aufgabe ein wirklicher Gewinn für die Homiletik.

Was im lernpsychologischen Modell als Sach- und Hörerorientierung auftaucht, hat *Habermas* in seinen Darlegungen *zum Wesen der Kommunikation* noch um einiges grundsätzlicher erörtert. Seine Konzeption ist für die empirische Homiletik von großer Bedeutung, sowohl was seine Aufnahme der Sprechakttheorie von Austin und Searle als auch was seine Konzeption der idealen Sprechsituation betrifft[16]. Hier nur einge Worte zum ersten.

Habermas stellt fest, daß alle umgangssprachliche Kommunikation eine Doppelstruktur besitzt. Jede sprachliche Äußerung läuft auf zwei Ebenen, die nicht voneinander getrennt werden können, die aber deutlich unterschieden werden müssen. Die eine ist die Ebene der Intersubjektivität, auf der Sprecher und Hörer miteinander sprechen, die andere ist die Ebene der Inhalte, über die sie sich verständigen. Eine Verständigung kommt nicht zustande, wenn nicht mindestens zwei Menschen diese beiden Ebenen gleichzeitig betreten. Jede Mitteilung hat einen Inhalt, sie enthält eine Aussage, eine Information, eine Wahrheit, eine Feststellung usw. Gleichzeitig zeigt sie dem Hörer, wie sie von ihm verstanden werden will. Je nachdem, ob die Aussage als Behauptung, Frage, Befehl, Versprechen o. ä. auftritt, hat ihr Inhalt einen ganz verschiedenen Sinn. Wenn einer dem anderen befiehlt, so tritt er damit in eine bestimmte Beziehung zu ihm, die deutlich von der Beziehung unterschieden ist, die durch eine Frage oder eine Behauptung konstituiert wird. Jeder Sprechakt setzt also eine Beziehung. Er kann dies aber nicht willkürlich tun. Jeder Sprechakt hat Voraussetzungen, nicht nur hinsichtlich seines Inhalts, sondern auch hinsichtlich der Beziehung. Einer kann dem anderen nur befehlen, wenn er davon ausgehen kann, daß sich dieser von ihm befehlen läßt. Wenn das nicht der Fall ist, hat zwar der Sprecher die zugehörige Beziehungsebene betreten, nicht jedoch der Hörer, und es kommt zu keiner Kommunikation im qualifizierten Sinn. Zur kommunikativen Kompetenz gehört die Fähigkeit, die verschiedenen Sprechakte zu unterscheiden und sachgemäß, d. h. inhalts- und beziehungsentsprechend anzuwenden.

Mit diesem Ansatz werden Fragestellungen aufgenommen, die die klassische Rhetorik mit der Lehre von den drei Redegattungen beantwortet hatte. Hier wurde der Gegenstand der Rede in seiner Beziehung zu Redner und Hörer betrachtet, und je nach dieser Beziehung zueinander war eine der Redegattungen geboten. War das Verhältnis von Redner und Hörer zum Gegenstand ein klares und in keiner Weise fragliches, so hatte die Rede zu loben oder zu tadeln *(genus demonstrativum)*. War das Verhältnis des Hörers zum Redegegenstand unklar und unentschieden, und dieser Hörer stand vor einer Wahl oder Entscheidung, so hatte die Rede zu raten oder abzuraten *(genus deliberativum).* War schließlich die unklare oder zweifelhafte Sache schon geschehen und sollte vom Zuhörer beurteilt werden, so mußte die Rede ein bestimmtes Urteil nahelegen oder abwehren *(genus iudiciale).* Diese antike »Sprechakttheorie« unterscheidet ebenso wie die moderne Inhalts- und Beziehungsebene und betont doch zugleich ihre unlösliche Verbundenheit. Derselbe Gesichtspunkt taucht noch an einer zweiten, wichtigen Stelle auf, nämlich bei der Reflexion über den sprachlichen Ausdruck *(elocutio).* Hier wird nämlich eine innere und eine äußere Angemessenheit *(aptum)* unterschieden. Während die innere Angemessenheit das angemessene Verhältnis der Sprache zum Inhalt der Rede betrifft, bezieht sich die äußere Angemessenheit auf Ort und Zeit der Rede, die Person des Redners und sein Publikum[17].

Man sieht, wie wenig zutreffend die gängige Meinung ist, die Rhetorik habe es nur mit Äußerlichkeiten, mit Formen und Formeln, mit Wortschatz und sprachlichem Schliff zu tun. Gerade aus dem Wissen um den unlöslichen Zusammenhang von Form und Inhalt (und von Ratio und Emotion!) im Beziehungsgeflecht von Redner, Redegegenstand und Hörer stellt die Rhetorik ihre Fragen und gewinnt Kategorien für die Redeanalyse und Methoden für die Redegestaltung. Homiletische Rhetorik ist daher keine Fingerübung, der sich der Prediger unterziehen mag, wenn er Lust und Zeit dazu hat, sondern nichts anderes als die praxisorientierte Beschäftigung mit der Aufgabe der Vermittlung; und diese ist unerläßlich.

2. Wiederentdeckung des Heiligen Geistes

Der Protestantismus hat ein eigenartiges Verhältnis zum Heiligen Geist, das zwischen Begeisterung und argwöhnischem Abstand hin und her schwankt. Der linke Flügel der Reformation empfing seinen ganzen Schwung und seine gefährliche Sprengkraft aus dem Bewußtsein, vom Geist ergriffen zu sein. Die heftige Auseinandersetzung, in die er deshalb mit Luther ebenso wie mit Zwingli und Calvin geriet, führte in den reformatorischen Hauptkirchen dazu, daß der Geist ganz in das geschriebene Wort der Bibel eingebunden und damit seiner Lebendigkeit beraubt wurde. Gegen diese orthodoxe Anbindung wandte sich dann der Pietismus, der nach den lebendigen Wirkungen des Geistes, nach seinen Früchten in Wiedergeburt, Heiligung und Gemeinschaft der Christen fragte. In der Aufklärung wurde der Geist dann so eng mit dem Licht der Vernunft verbunden, daß er darin ebenso verschwand, wie er in der Orthodoxie in der Schrift verschwunden war. Der deutsche Idealismus entdeckte den Geist in einer ungeheuren Weite und Selbständigkeit, die den Geist Gottes ebenso umfaßt wie den Geist des einzelnen und der Völker. Die dialektische Theologie protestierte gegen eine solche Vermengung und band den Geist in die Christologie ein. Doch auch diesmal blieb der Pendelschlag

nach der anderen Seite nicht aus. Die Forderungen nach einer stärkeren Berücksichtigung des Heiligen Geistes begannen sich nach dem Zweiten Weltkrieg zu häufen. Inzwischen gibt es eine unübersehbare Literatur zu diesem Thema, und man kann gut und gern von einer Wiederentdeckung des Heiligen Geistes sprechen[18].
Diese Wiederentdeckung ist nicht nur die Entdeckung eines Defizits, das lautstark beklagt wird, auch nicht nur die Entwicklung von Programmen, Forderungen und Konzeptionen. Das gibt es zwar in reichem Maß. Aber das allein würde es noch nicht rechtfertigen, von einer Wiederentdeckung zu reden, sondern höchstens von einer Suchaktion. Vielmehr bezieht sich die Wiederentdeckung auf eine empirische Wirklichkeit. Es gibt eine Reihe von Erscheinungen, Bewegungen und Veränderungen innerhalb der Kirche, die von den Beteiligten als direktes Wirken des Heiligen Geistes verstanden werden. Und weil diese Gruppen und Phänomene Anziehungs- und Durchschlagskraft besitzen, handelt es sich bei der Beschäftigung mit dem Heiligen Geist auch nicht nur um eine kurzlebige Mode.

a) Kirchenreform, Ökumene und charismatische Bewegung

Die Phänomene sind freilich sehr unterschiedlich. Da ist einmal die kirchenkritische und kirchenreformerische Bewegung, die mit ihren Versuchen die Erneuerung der Kirche und ihrer überkommenen Struktur ins Werk setzt und darin den Heiligen Geist am Werk sieht. »Sie wagt ..., nicht nur das veni creator zu rufen, sondern sich ihm auch auszusetzen. Pfingsten hat sich ja nicht als das liebliche Fest ereignet, sondern als jener Sturmwind vom Himmel, der die Menschen in die Krise ihres Lebens trieb ... Würde die Kirche unserer Tage Kritik und Krise als Zeichen der Zeit begreifen und annehmen, dann könnte ihr darin das pfingstliche Ereignis widerfahren, das sie zur offenen Kirche werden läßt.«[19] Aber nicht nur von kirchenkritischen Gruppen wird Erneuerung der Kirche und Heiliger Geist in Zusammenhang gebracht. Das II. Vatikanische Konzil, das auf die Erneuerung der katholischen Kirche ausgerichtet war (und eine solche auch tatsächlich herbeigeführt hat), sollte nach der Erwartung Johannes XXIII. ein neues Pfingsten der Kirche sein. Fast gleichzeitig stellte sich die Vollversammlung des Ökumenischen Rats der Kirchen in Uppsala unter das Leitmotiv »Siehe, ich mache alles neu!« und legte einen starken Akzent auf die Gegenwart und das Wirken des Heiligen Geistes. Andererseits bringt die ökumenische Begegnung mit den Ostkirchen und den Pfingstkirchen das europäische Christentum in Berührung mit zwei gegensätzlichen Weisen kirchlicher Existenz, die beide stark pneumatisch bestimmt sind. Der russische Theologe S. N. Bulgakow sagt: »Die dritte Person der Heiligen Dreieinigkeit ist in der Orthodoxie so intim, tief und lebendig erkannt, daß diese geradezu ... die Religion des Heiligen Geistes ist ... Wir rufen in unseren Gebeten den Heiligen Geist ... nicht weniger an als Christus ... Die Orthodoxie ist ganz und gar erfüllt von der Erkenntnis des Heiligen Geistes . . . sie ist der Heilige Geist selber, der in

der Kirche lebt.«[20] Deshalb sind die Ostkirchen dem Institutionalismus und Klerikalismus der westlichen Kirchen viel weniger ausgesetzt. Weil sie das »filioque« ablehnen, das Wirken des Heiligen Geistes also nicht dem Werk Christi und damit der von Christus gestifteten Kirche und ihren Ordnungen unterordnen, sind sie offener für Welt und Geschichte, in der sie ebenfalls den Geist am Werk sehen.
Die Pfingstkirchen, die am entgegengesetzten Ende des christlichen Spektrums stehen, sind schon von ihrem Namen her die Geistkirchen schlechthin. Nach ihrem Verständnis lebt die Kirche weder von ihrer Treue zur Botschaft noch dadurch, daß sie in der durch die Sukzession verbürgten Gemeinschaft mit den Aposteln bleibt, sondern von der realen, lebendigen, erfahrbaren, gegenwärtigen Kraft des Heiligen Geistes. Ursprünglich in scharfer Auseinandersetzung mit den etablierten Großkirchen wie mit den älteren Freikirchen, haben sich die Pfingstkirchen, die in vielen Ländern der Dritten Welt (z. B. Brasilien und Chile) zahlenmäßig größer sind als alle anderen dort lebenden evangelischen Kirchen, der ökumenischen Bewegung geöffnet. Einige Pfingstkirchen sind in den Ökumenischen Rat der Kirchen aufgenommen worden, der Lutherische Weltbund beschäftigt sich mit ihnen, und die katholische Kirche führt einen offiziellen Dialog mit ihnen.
Während die direkte ökumenische Begegnung mit diesen Kirchen immer nur einer kleinen Anzahl evangelischer Christen möglich ist und deshalb in ihrer Breitenwirkung beschränkt bleibt, wirkt das dritte pneumatische Phänomen, die charismatische Bewegung mitten unter uns. Während die älteren Pfingstgruppen in Deutschland alle Merkmale der Sekte besaßen, die katholische wie die evangelische Kirche militant ablehnten und von diesen ebenso scharf bekämpft wurden (auch die im Gnadauer Verband vertretene pietistische Bewegung hatte sich in einem denkwürdigen Beschluß von ihnen getrennt), haben die charismatischen Gruppen, die sich seit Mitte der sechziger Jahre in der katholischen und evangelischen Kirche bilden, keinerlei kirchenspalterische Tendenzen. Sie sind auch nicht mehr auf die unteren Bevölkerungsschichten beschränkt, sondern integrieren Angehörige aller Schichten. Zungenreden und Heilungen treten häufig auf, werden aber nicht als die entscheidenden und notwendigen Zeichen der Gegenwart des Geistes verstanden. Auch die alte Theologiefeindlichkeit und der sektiererische, ethische Rigorismus treten zurück. Im Mittelpunkt steht ein außerordentlich starkes Gemeinschaftsgefühl, das sich in ganz flexiblen Strukturen Ausdruck verschafft – von der Gebetsgemeinschaft bis zur kommunitären Lebensgemeinschaft –, eine ausgeprägte Spiritualität und eine missionarische Verpflichtung.

b) Erfahrbarkeit und Unverfügbarkeit des Geistes

In allen drei genannten Bereichen geht es um Wiederentdeckung des Heiligen Geistes. Dabei gibt es kein einheitliches Verständnis des Geistes, sondern außerordentlich große Unterschiede, ja Gegensätze, die sofort ins Auge springen. Man darf

darüber allerdings nicht übersehen, daß trotzdem gemeinsame Strukturen des Geistesverständnisses vorhanden sind. Überall erscheinen Gegenwart und Wirken des Heiligen Geistes als etwas Erfahrbares. Das gilt ebenso für die Frömmigkeit und Gemeinschaft in den Pfingstkirchen und charismatischen Gruppen wie für den orthodoxen Gottesdienst und die Resultate kritischer Neugestaltung der Kirche. Zugleich wird die Dynamik des Geistes und im Zusammenhang damit seine Freiheit, Souveränität und Unverfügbarkeit betont. Der Geist läßt sich nicht an das geschriebene Wort oder bestimmte kirchliche Strukturen binden. Er benützt sie zwar als seine Gefäße und Instrumente, transzendiert sie aber auch. Der Geist dringt über sie hinaus, nicht nur hie und da, sondern permanent und kontinuierlich. Daß es gerade diese beiden Strukturen sind, die auf allen Bereichen durchscheinen, ist m. E. kein Zufall. Denn sowohl die Erfahrbarkeit als auch die Unverfügbarkeit sind Grundmerkmale des Heiligen Geistes im biblischen Verständnis, und zwar in allen Schichten des Neuen Testaments. Beide Merkmale sind einander zwar nicht entgegengesetzt, stehen aber in deutlicher Spannung zueinander. Jede Besinnung über den Heiligen Geist muß daher diese Spannung genau ins Auge fassen und nach ihren Konsequenzen für das jeweilige Gebiet der christlichen und kirchlichen Existenz untersuchen. Dabei besteht immer die Gefahr, daß die Spannung nicht durchgehalten, sondern nach der einen oder anderen Seite aufgelöst wird. Wird die Erfahrbarkeit einseitig betont, entsteht der Enthusiasmus, wird die Unverfügbarkeit überbetont, schwindet die Möglichkeit, überhaupt noch Aussagen über den Geist zu machen. Während der Enthusiasmus zuviel über den Geist zu sagen hat, droht auf der anderen Seite die pneumatologische Sprachlosigkeit. Vom Geist ist dann immer nur dort die Rede, wo existentielle oder theologische Aporien auftauchen. Wenn der Theologe mit seinem Latein am Ende ist, dann sagt er, hier könne nichts mehr gesagt werden, hier könne nur noch der Heilige Geist weiterhelfen. Das bleibt aber eine reine Behauptung. Denn eine nähere Begründung, wie und warum der Heilige Geist hier wirken könne oder müsse, muß ja unterbleiben, weil auch das schon wieder ein Verfügen über den Geist wäre.
Die gängige Vorstellung vom Heiligen Geist, von der ich am Anfang dieses Kapitels ausging, ist eine Spielart der pneumatologischen Sprachlosigkeit, denn sie betont die Merkmale der Spontaneität, Unberechenbarkeit und Dynamik so einseitig, daß eigentlich über den Geist nur gesagt werden kann, daß man nichts Bestimmtes über ihn sagen kann. Dann wird aber auch die Bitte um den Heiligen Geist eine sprachlose Bitte, denn sie weiß nicht mehr, um was sie bittet.
Umgekehrt dürfte jede Wiederentdeckung des Heiligen Geistes in der Gefahr des Enthusiasmus sein. Wer den Geist erfährt, sich darüber freut, von ihm ergriffen und begeistert ist, steht in der Gefahr, zuviel und zu Genaues über ihn zu wissen und schließlich auch zu meinen, er könne über ihn verfügen. Ich halte es deshalb an dieser Stelle für angebracht, in einer Art kritischem Exkurs zurückzugreifen auf Luthers Auseinandersetzung mit den Schwärmern und zu fragen, welches Verständnis des Geistes hier zur Debatte stand und was der bleibende Ertrag dieser

Auseinandersetzung für die evangelische Lehre von der Verkündigung ist. Das Geistverständnis ist nach Ansicht beider Seiten der theologische Angelpunkt des Streits. Die Fragen der Zwei-Reiche-Lehre, der sozialen und politischen Konsequenzen aus dem Evangelium, das Verständnis der Taufe usw. hängen damit sehr eng zusammen, können aber für unseren jetzigen Zusammenhang außer Betracht bleiben.

c) Kritischer Exkurs: Luther und die Schwärmer

Wenn man den Gegensatz zwischen Luther und den Schwärmern beschreibt, wird gern gesagt, es gehe um Individualismus contra Gemeinschaftsbindung, Subjektivismus contra objektive Strukturen. Die Schwärmer sind in dieser Sicht die Individualisten, die der Kirche nichts verdanken und sich ihr nicht verantwortlich fühlen; die Subjektivisten, die alle äußeren Bindungen ablehnen und damit in die Gefahr der politischen Utopie und Anarchie geraten; die Revolutionäre, die ein unmittelbares Verhältnis zur Ewigkeit in Anspruch nehmen und dadurch wie alle geschichtslose Revolution mehr zerstören als aufbauen[21]. Damit ist der Gegensatz jedoch nicht scharf genug erfaßt, vor allem nicht so, wie ihn Luther selbst gesehen hat. Luther war sich sehr wohl darüber im klaren, daß er als einzelner gegen die ganze Kirche aufgestanden ist und eine Revolution begonnen hat, die die ganze Geschichte der christlichen Kirche in die Schranken forderte. Als einzelner, sich nur berufend auf die Heilige Schrift, trat er in Worms Kaiser und Reich gegenüber, kämpfte er gegen Papsttum und Konzilien, gegen Scholastik und Mönchtum. Er wußte auch genau, daß seine Anhänger je an ihrem Platz mit demselben Sendungsbewußtsein auftraten. Er gestand jedem Christen das Recht zu, über christliche Lehre und Verkündigung zu urteilen: »Abermals spricht Christus Mt 7: Hütet euch vor den falschen Propheten, die in Schafskleidern zu euch kommen, inwendig aber sind sie reißende Wölfe. Siehe, hier gibt Christus nicht den Propheten und Lehrern das Urteil, sondern den Schülern oder Schafen. Denn wie könnte man sich vor den falschen Propheten hüten, wenn man ihre Lehre nicht sollte in Bedenk nehmen, richten und urteilen? ... Darum sollen und müssen alle Lehrer dem Urteil der Zuhörer unterworfen sein mit ihrer Lehre.«[22]

Der Unterschied besteht nicht im revolutionären Auftreten des einzelnen, sondern darin, woher dieser einzelne das Recht dazu nimmt. Das Gewissen ist frei. Aber wie wird es normiert? Hier beriefen sich die Schwärmer auf den Geist, Luther auf das Wort der Schrift. Auch das ist kein ausschließlicher Gegensatz. Für Müntzer (den ich hier als Beispiel wähle) ist die Gabe des Geistes das entscheidende. Er zitiert jedoch in seinen Schriften die Bibel nicht weniger als Luther in den seinigen. In der Fürstenpredigt sagt er von den Gesichten und Träumen, die der Geist eingibt: Man »muß ... gar wohl zusehen, daß solche Figuren und Gleichnisse in den Gesichten oder Träumen mit allen ihren Umständen in der Heiligen Bibel bezeugt sind, auf daß der Teufel nicht daneben einreiße.«[23] Die Bibel ist für ihn also der Prüfstein für die Echtheit der Offenbarungen und Gesichte, denn sie ist die beglaubigte Beispielsammlung für die Art und Weise, wie sich Gott offenbart. Diese Prüfung kann freilich nur von einem geisterfüllten Menschen vollzogen werden: »Ein auserwählter Mensch, der da wissen will, welch Gesicht oder Traum von Gott, Natur oder Teufel sei, der muß mit seinem Gemüt und Herzen, auch mit seinem natürlichen Verstand abgeschieden sein von allem zeitlichen Trost seines Fleisches.«[24] Die neue Offenbarung muß sich also nach ihrer Art und Weise an der alten ausweisen; inhaltlich kann sie über sie hinausgehen. Wer sich ganz an den Inhalt der Schrift bindet, den nennt Müntzer einen Schriftgelehrten, ein polemischer Titel, der sich auch bei H. Hut, H. Denck und anderen Täufern findet, und zwar sowohl für Luther als auch für Zwingli und ihre Anhänger.

Sowenig sich Müntzer allein auf den Geist beruft, sowenig redet Luther allein von der Schrift. Der Heilige Geist nimmt in seiner Theologie eine ganz entscheidende Stelle ein[25]. Der Geist ist Gott selbst in seiner realen Gegenwart, der den gekreuzigten und auferstandenen Christus aus der Ferne der Geschichte und der himmlischen Herrlichkeit heraushebt und ihn als lebendige und erlösende Wirklichkeit gegenwärtig macht. Ohne das Wirken des Geistes ist Christus keine erlösende Wirklichkeit, sondern nur ein Beispiel, Bild, Geschwätz oder Traum und der Glaube fides historica, gemalter Glaube. Deshalb ist auch das äußere Wort (sowohl Altes als auch Neues Testament, sowohl geschriebenes als auch gesprochenes Wort) ohne den Geist toter Buchstabe oder tötendes Gesetz. Erst das Wirken des Geistes macht die Verkündigung zum Evangelium. Luther bindet das Wort also ganz eng an den Geist. Zugleich – und das ist der Unterschied zu den Schwärmern – bindet er den Geist an das Wort. Der Geist redet nicht ohne das Wort: »In diesen Stücken, so das mündlich, äußerlich Wort betreffen, ist fest darauf zu bleiben, daß Gott niemand seinen Geist oder Gnade gibt ohne durch oder mit dem vorhergehenden äußerlichen Wort; damit wir uns bewahren vor den Enthusiasten, das ist Geistern, so sich rühmen, ohne und vor dem Wort den Geist zu haben.«[26] Das ergibt sich notwendig aus dem inkarnatorischen Grundzug von Luthers Theologie. Durch das Werk des Heiligen Geistes ist Christus im äußeren Wort so gegenwärtig, wie er seinerzeit im Fleisch Jesu gegenwärtig war. Die Schrift ist der geistliche Leib Christi. Das äußere Wort ist der Leib, in dem der Auferstandene hier und jetzt unter uns gegenwärtig ist. Das heißt zugleich: Das Reden des Geistes ist auch inhaltlich ganz an das Wort gebunden. Er vermittelt kein anderes Heil als die Botschaft von Christus, als die Menschlichkeit und Geschichtlichkeit Jesu, von der das Wort zeugt. Die Wortgebundenheit des Geistes bedeutet die Gebundenheit an das menschliche Leben Jesu Christi.

Die Schwärmer binden den Geist nicht an das Wort, dafür aber an bestimmte Vorbereitungen, denen sich der Mensch unterziehen muß, ehe er den Geist empfangen kann. Am Anfang des Christwerdens steht die Furcht Gottes, das Erschrecken vor seiner Unnahbarkeit. Zum Glauben kommt man nur durch Anfechtungen und

Leiden hindurch. Die Abtötung des alten Menschen ist die Voraussetzung für die Rechtfertigung und die Ausgießung des Geistes. Das Wort, das Gott in der Seele spricht, »wird kein wollüstiger Mensch annehmen, denn die Disteln und Dornen, das sind die Wollüste dieser Welt ... erdrücken alle Wirkungen des Worts, das Gott in die Seelen redet ... Der Mensch will sein Leben nicht kreuzigen mit seinen Lastern und Begierden ... darum bleibt der Acker des Wortes Gottes voll Disteln und Dornen und voll großer Stauden, welche alle weg müssen zu diesem Werk Gottes, auf daß der Mensch nicht nachlässig und faul befunden werde ... Danach so sieht man die Mildigkeit des Ackers und zum letzten das gute Gewächs. Dann wird der Mensch erst gewahr, daß er Gottes und des Heiligen Geistes Wohnung sei in der Länge seiner Tage.«[27] Diesen Weg zu Gott nennt Müntzer in der lateinischen Fassung des Prager Manifests einen methodus, und er wird gekrönt durch die siebenfache Erfahrung des Geistes (spiritus septies). Wer nicht so oft vom Geist durchtränkt worden ist, kann Gott keinesfalls hören oder verstehen. (»Nisi quis toties eodem perfusus fuerit, deum audire et intellegere minime potest.«)[28]

An dieser Stelle protestiert Luther aufs heftigste. Denn hier erhebt sich eine neue Gesetzlichkeit, die nicht besser ist als die alte Gesetzlichkeit der guten Werke und die an entscheidender Stelle die Rechtfertigung als reine Gnade gefährdet. Weil die Gabe des Geistes, der das Wort ins Herz gehen läßt, reine Gnade ist, gibt es dafür keine Methode der Vorbereitung. »Ohne all mein Bereiten und Zutun kommt mir Gottes Wort ... Nur das mag ich tun, daß ich hingeh und höre es oder lese oder predig, daß es mir also ins Herz gehet: das ist die rechte Bereitung, die stehet nicht in menschlichen Kräften und Vermögen, sondern in Gottes Kraft.«[29] Gäbe es eine Methode zur Erlangung des Geistes, so wäre Gottes Gnade und Gottes Freiheit verletzt. Die Bindung an das Wort, die Luther vertritt, wahrt beides. Denn daß der Geist an das Wort gebunden ist, heißt noch nicht, daß er immer wirkt, wenn das Wort verkündigt wird. »Das Wort kann man mir wohl predigen, aber ins Herz geben kann mir's niemand, denn allein Gott, der muß im Herzen reden, sonst wird nichts daraus. Denn wenn der schweiget, so ist's ungesprochen.«[30] Der Verkündiger hat zwar das Wort auszurichten, aber er hat nicht in der Hand, daß es die Hörer trifft. Das behält sich Gott vor, da muß der Heilige Geist mitwirken, und das tut er, wo und wann er will.

Die Erfahrbarkeit und Realität des Heiligen Geistes sind bei Luther ebenso wichtig wie bei den Schwärmern. Die Unverfügbarkeit und Freiheit des Geistes dagegen leidet bei den Schwärmern, während Luther sie konsequent festhält. Deshalb muß es bei ihnen zu einem ausgeprägten Enthusiasmus kommen. Die Bezeichnung »Schwärmer«, die ursprünglich ein Schimpfwort ist, besteht zu Recht. Dabei ist ihr Enthusiasmus keine bloße Schwärmerei (im Sinn unserer Alltagssprache), kein bloßes Schwelgen in Worten und Gefühlen. Vielmehr wissen sie sehr wohl von der Dynamik des Geistes, die die positive Seite seiner Unverfügbarkeit ist, aber sie nehmen diese Dynamik selbst in die Hand, wodurch sie deformiert wird und destruktiv wirkt.

Eine dieser destruktiven Wirkungen ist die Tendenz zur Sekte (Luther sagt »Rottengeist«). Diese ergibt sich notwendig aus dem skizzierten Verständnis des Geistes. Die Auserwählten unterscheiden sich von den andern. Ihr Leben besitzt eine sichtbare Heiligkeit. Deshalb sondern sie sich von denen ab, die eine geringere Frömmigkeit haben als sie selbst, und bilden geschlossene Kreise, die durchaus eine missionarische Dynamik entfalten, aber eine bewußte Eindeutigkeit besitzen. Diese Tendenz findet sich nicht nur bei Karlstadt und Müntzer, sondern auch und vielleicht noch stärker bei den Täufern, bei denen die Taufe, so verschieden sie im einzelnen auch verstanden sein mag, immer das Zeichen der Unterscheidung und der Absonderung vom großen Haufen ist[31].

Luther bekämpft den Rottengeist einerseits von seiner theologischen Anthropologie her. Auch wenn Gottes Geist im Menschen wirkt, bleibt das simul iustus et peccator bestehen. Der Christ wird nicht in den Himmel versetzt. Deshalb hat niemand das Recht, als »himmlischer Prophet« aufzutreten, wie das die Schwärmer tun. Der andere Ausgangspunkt für Luthers Kampf gegen die »Winkelprediger« ist sein Verständnis des äußeren Worts. Die äußeren Dinge (Wort und Sakrament) sind für ihn Zeichen, und zwar sowohl Offenbarungszeichen (sichtbare Pfänder für Gottes reale Gegenwart) als auch Instrumentalzeichen (Mittel, durch die uns Gott mit Christus gleichgestaltig macht). Diese Zeichen sind gerade in ihrer Sichtbarkeit und Äußerlichkeit sichere Zeichen, im Gegensatz zu allen Spekulationen, die flatternd und unsicher sind. Zu dieser Äußerlichkeit gehört auch ihre Öffentlichkeit. Die Offenbarungszeichen, mit denen Gott zu uns herabkommt, sind öffentlich. Sie suchen ja alle ohne Unterschied in ihrer Verlorenheit. Deshalb wird das Evangelium nicht in geschlossenen Kreisen gepredigt, sondern mitten in der Stadt[32]. Bei den Vertretern der Gesetzesfrömmigkeit trifft das natürlich auf Widerstand, denn sie mögen sich nicht unter den »gemeinen Haufen« mengen, der zu diesem öffentlichen Gottesdienst zusammenkommt. Aber für den rechten Christen, dessen Heilsgewißheit nicht an seinem eigenen Glaubensstand, sondern an der von außen kommenden festen Zusage hängt, ist eben diese Äußerlichkeit und Öffentlichkeit das sichere Pfand, an das er sich halten kann.

Diese Öffentlichkeit der Verkündigung hat Luther auch institutionell gesichert: Wer das öffentliche Predigtamt ausüben will, muß dazu ordentlich berufen sein. Diese Berufung ist in der Regel eine äußere, durch Menschen vermittelte. (Ausnahmen gibt es nur bei den Aposteln und Propheten.) Eine Gemeinde hat das Recht, ihre Prediger zu wählen und zu berufen, wenn keine rechten Bischöfe da sind, die diese Berufung vornehmen. Auch dann dürfen sie nur berufen, wenn die Gemeinde zustimmt. In Notlagen kann die Obrigkeit einen Prediger berufen oder ein einzelner das Amt übernehmen, wenn nämlich keine Gemeinde da ist, die in der Lage wäre, einen Pfarrer zu berufen. Diese Regelungen sind für Luther keine unwesentlichen Äußerlichkeiten, sondern theologisch hoch befrachtet. Wer sich eigenmächtig zum Predigen drängt, der ist Gott ungehorsam. Frucht schafft nur der, der ohne seinen Willen zum Lehren berufen wird. Wer unberufen lehrt, tut sich selbst und seinen Hörern Schaden, denn Christus ist nicht mit ihm[33].

Die Bindung der Verkündigung an die ordentliche Berufung (die dann in CA XIV niedergelegt wurde) hat die lutherischen Kirchen tatsächlich vor der Auflösung in kleine Gruppen bewahrt. Aber der Preis, der dafür bezahlt wurde, war hoch. Die Verkündigung wird vom allgemeinen Priestertum gelöst und einem besonderen Priestertum zugeordnet. Zwar vertritt Luther gegenüber Rom die Vollmacht des allgemeinen Priestertums mit Nachdruck und sagt, daß jeder Christ das Recht und die Pflicht habe, Gottes Wort zu bekennen, zu lehren und auszubreiten. Aber um dies öffentlich und für die ganze Gemeinde tun zu können, braucht es die ordentliche Berufung. Für den Laien bleibt nur die Verpflichtung zur Seelsorge mit dem Trost des Wortes an dem Bruder, der dessen bedarf, einschließlich der Vollmacht zur Vergebung der Sünden. In der Praxis führt das zu einer Klerikalisierung der Verkündigung und einer Institutionalisierung durch die Bindung an den öffentlichen Gottesdienst. Die Laienpredigt, die im Mittelalter von der Kirche mit aller Gewalt unterdrückt wurde[34], wird auch jetzt wieder verboten. Natürlich ist es historisch leicht verständlich, daß Luther sich dieser institutionellen Waffe gegen eine Bewegung bediente, die unreformatorische Gedanken vertrat. Aber er legt damit den Grund für eine Klerikalisierung, die er im Ansatz überwunden hatte. In seiner Theologie des allgemeinen Priestertums ist ein Verständnis der Verkündigung angelegt, das diese als Gemeinschaftsaufgabe begreift, verschiedenartige Stimmen zuläßt und eine Vielförmigkeit der Verkündigung fördert. Luther hat den Laien auch in Sachen Verkündigung für mündig erklärt, nimmt dies dann aber unter dem Druck der schwärmerischen Entartungen praktisch zurück. Nicht daß Luther kein Verständnis für Vielfalt gehabt hätte! Die Zeremonien (d. h. Gottesdienstformen) können ganz verschieden sein. Die Berufe der Christen sind so vielfältig, daß die Werke der Liebe immer wieder eine andere Gestalt annehmen. Auch die Prediger und Theologen als Personen sind ganz verschieden und können doch im wesentlichen eins sein[35]. Aber dort, wo er bei den Winkelpredigern und himmlischen Propheten einen teuflischen Geist am Werk sieht, genügt ihm die Bindung des Geists an das Wort nicht mehr, er versucht sie durch die institutionelle Bindung an das Predigtamt zu sichern.

Die Schwärmer haben Luthers Ansatz vom allgemeinen Priestertum besser bewahrt. Karlstadt geht 1522 in die Häuser und läßt sich von Bürgern und Handwerkern die Schrift auslegen. In Müntzers Gottesdienstordnung wird die Gemeinde stark beteiligt. Sowohl die Zwickauer Propheten als auch die Schweizer Täufer beanspruchen das Recht zur Predigt für jeden Christen und berufen sich dabei auf 2 Kor 4,13: »Ich glaube, darum rede ich.« In Zürich, St. Gallen, Memmingen und anderen Orten bilden sich Kreise, in denen die Schrift gemeinsam gelesen und ausgelegt wird. Nach den Schleitheimer Artikeln hat der Hirte nicht die Heilige Schrift in der Predigt mit verbindlicher Autorität auszulegen, sondern nur aus der Schrift vorzulesen, so daß Spielraum für das gemeinsame Finden der Wahrheit in der Schrift bleibt. Das eigentliche Predigen wird hier überhaupt nicht erwähnt. Während Luther in der Auseinandersetzung eine klerikalistische Wendung nimmt, herrscht bei den Täufern ein scharfer Antiklerikalismus[36]. Die Gedanken vom Zeugnisauftrag des Laien werden später im Pietismus unter ausdrücklicher Berufung auf Luthers Lehre vom allgemeinen Priestertum wiederaufgenommen und spielen heute in der kirchenkritischen und in der charismatischen Bewegung eine große Rolle. Sie sollten ebensowenig verlorengehen wie die Wortbindung des Geistes, die Luther den Schwärmern gegenüber mit Recht vertreten hat.

3. Heiliger Geist und Rhetorik als Alternative

Sowohl die Renaissance der Rhetorik als auch die Wiederentdeckung des Heiligen Geistes haben sich auf dem Gebiet der Homiletik ausgewirkt, und zwar nicht nur auf diesem oder jenem Teilgebiet. In den Programmen von G. Otto und R. Bohren bestimmen sie den Ansatz der Homiletik überhaupt, allerdings so, daß Otto, der rhetorisch ansetzt, von der Pneumatologie nichts wissen will, und Bohren, der pneumatologisch beginnt, von der Rhetorik nichts hält. Im folgenden möchte ich die beiden Konzeptionen kurz darstellen und kritisch befragen. Dabei ist meine These, daß sie wegen ihrer Einseitigkeit gegensätzliche Schwächen aufweisen. Otto, der bei der Empirie ansetzt, verweigert eine theologische Begründung; Bohren, der theologisch ansetzt, gewinnt keinen Zugang zur Empirie.

a) Predigt als Rede (G. Otto)

Für G. Otto ist die Predigt eine Rede. Homiletik hat daher Rhetorik zu sein[37]. Im erklärten Gegensatz gegen theologische Setzungen geht er aus von dem empirischen Faktum Rede. In der Redesituation sind Form und Inhalt, Wahrheit und die Weise ihrer Mitteilung untrennbar ineinander verwoben. »Es gibt keinen Inhalt für sich, sondern was Inhalt einer Predigt ist, wird immer durch den Hörer *mitkonstituiert*. Andernfalls kann einer noch so viel reden, es ist Nicht-Inhalt. Nicht-Inhalt bewirkt nichts. Jede Rede aber will wirken, will etwas bewirken, und so auch die Predigt.«[38] Dieser Grundgedanke taucht immer wieder auf. Für Otto ist die Wirkung der Predigt der eigentliche Richtpunkt. Er setzt Wesen und Wirkung in eins. Es ist das Wesen der Predigt, daß sie wirken will. Die öffentliche Reaktion, vor allem der Nicht-Kirchgänger, die Predigten für belanglos, langweilig, schulmeisterlich-moralisch oder überflüssig halten, läßt ihn nicht ruhen. Er will zu einem Predigtverständnis und einer Predigtpraxis helfen, die dieses Urteil widerlegt[39]. Um das zu erreichen, muß Homiletik Rhetorik sein Denn: »Wo immer das, was uns beschäftigt, sprachlicher Art ist, um so Wirkungen zu erzielen, haben wir es mit Rhetorik zu tun. Rhetorik erwägt den sprachlichen Vorgang und reflektiert seinen Inhalt ebenso wie seine Ermöglichung und Verwirklichung.«[40]

Welche Rhetorik meint Otto? Ohne sich mit anderen Konzeptionen ausführlich auseinanderzusetzen (er verzichtet in seinem Buch bewußt auf wissenschaftliche Abgrenzungen), knüpft er an der emanzipatorisch-aufklärerischen Rhetorik an. Die Predigt soll die Hörer zu mündigen Gesprächspartnern machen. Auch als Monolog braucht sie die dialogische Struktur. »Die Rede des einzelnen rechtfertigt sich insofern, als sie aus dem Dialog entsteht, den Dialog in sich darstellt und erneut den Dialog eröffnen, weiterführen hilft. Rede ist Teil des Dialogs, der weitergeht. Rede ist der glatte Gegensatz zum Diktat.« Predigt will deshalb nicht nur Mund der Stummen sein, sondern gleichzeitig dem Hörer helfen, selbst Redner zu werden. Das schließt nicht aus, daß der Redner beim Hörer etwas bewirken will. Die inhaltliche Parteinahme ist konstitutiv für jede Rede. »Dabei ist das Charakteristikum inhaltlicher Parteinahme in rhetorischer Perspektive nicht das Diktat des Richtigen, das unmündig macht, sondern die Offenlegung des Wegs, die Abwägung, die Aufschlüsselung des Pro und Kontra, damit der Hörer durchschauen kann, woran er ist – bis hin zur Möglichkeit, eine andere als des Redners Position zu beziehen.«[41]

In diesem Konzept werden auch Erkenntnisse der Soziolinguistik und (etwas zurückhaltender) der Kommunikationswissenschaft aufgenommen. Denn Otto hat ein umfassendes, an der gesamtgesellschaftlichen Situation orientiertes Interesse an »Befähigung zu besserer Kommunikation der Glieder einer Gruppe, letztlich der Gesellschaft untereinander; Überwindung von die Kommunikation zerstörenden Macht- und Herrschaftsverhältnissen; Hilfen, die sprachlich verkürzte Kommunikation wieder in den Reichtum ihrer Möglichkeiten zu überführen.«[42]

Eine spezielle Wendung bekommt Ottos Konzeption durch sein Interesse an der poetischen Predigtsprache. Das ist nicht als Stilmittel oder Dekoration gemeint, Poesie als instrumentell angewandte Form, vielmehr bringt erst die Poesie in der Rede die Emotionalität des Hörers zu ihrem Recht, ermöglicht »die Fülle und Vieldimensionalität des Lebens zu artikulieren, jenes konkreten Lebens, das von der Sprache der Logik und des Begriffs immer nur partiell erreicht werden kann.«[43] Die Poesie allein ermöglicht auch, in der Rede die Situation nach vorn zu transzendieren und von konkreten Utopien zu reden. »Einfachstes Beispiel: Wenn ich den Entwurf einer Zukunft zur Sprache bringen will, muß ich nicht nur gegenwärtige Verhältnisse und gegenwärtige Erfahrungen übersteigen, sondern ich muß zugleich die gegenwärtige Alltagssprache übersteigen, weil die gegenwärtige Alltagssprache gar nicht leisten kann, was zu sagen ist.«[44]

Otto will die Trennung von Rhetorik und Poetik, die im 18. Jahrhundert stattgefunden hat, rückgängig machen: »Rhetorik und Poetik sind ursprünglich verwandt, und beide sind dabei als erlernbar gedacht. Auch wenn wir weder alte rhetorische noch alte poetische Stilmuster werden imitieren wollen, die Nähe zwischen Rhetorik und Poetik, also die Sprache der Bilder als Sprache der Rede, werden wir nicht entbehren können. Bilder literarischer Herkunft, aus verschiedensten Bereichen, Fabel oder Parabel, Lyrik oder Sprichwort, Bilder der Umgangssprache oder des alltäglichen Lebens, wir sind auf ihre transzendierende, d. h. den Hörer weiterbringende Sprachkraft angewiesen, wenn wir mehr sagen wollen als Banalitäten, die nicht tragen.« »Wird Predigt nicht ansatzweise ›poetisch‹, so läuft sie Gefahr, nur zu verdoppeln, was ist – also die Lebensstrukturen zu befestigen, die in unserer Alltagssprache aufbewahrt und immer wiederholt werden.«[45] Der Begriff des Poetischen ist hier weit gebraucht. In Ottos Verständnis bezeichnet er die Sprachebene der gestalteten Bilder im Gegensatz zum logischen Diskurs und faktischen Bericht, wobei die Bilder keine bloßen Illustrationen, sondern die einzig mögliche Sprachform für den Inhalt sind.

An dieser Stelle hat die Kritik schon eingesetzt. H.-J. Benedict plädiert gegen die poetisch-literarische für eine alltagssprachliche, erfahrungsbezogene Predigt, die auch die Trivialsprache von Werbung und Schlager aufnimmt[46]. In der Tat zeigt sich hier bei Otto eine schichtspezifische Beschränkung. Die Ausrichtung an P. Hacks, E. Bloch, P. Neruda, G. Kunert, P. Härtling u. a. zeigt den literarisch Interessierten und Gebildeten. Ihn schaudert vor billiger Konkretisierung, salopper Modernisierung und modernem Slang. Hier »wird ins Arsenal der Banalitäten und Geschmacklosigkeiten gegriffen. Das Deutsch der Regenbogenpresse auf der Kanzel.«[47] Jeder einigermaßen Gebildete wird Otto darin gern folgen. Aber die Frage ist, ob guter Geschmack schon poetische Sprache verlangt und ob beide zu Kriterien der Predigt gemacht werden dürfen. Denn kultivierte Sprache und guter Geschmack sind schichtspezifisch. Wer nicht zu lesen gewohnt ist, steht verständnislos vor den Verfremdungen moderner Literatur. Wenn der Prediger sich an der bewußten Verknappung und rätselhaften Offenheit ausrichtet, die die Stärke der Poesie ausmachen, wird er bei den Kundigen hohes Entzücken, bei den Unkundigen nur Kopfschütteln ernten. Die Frage ist also, ob Otto die soziolingustischen Erkenntnisse, die er zitiert, wirklich ernst nimmt[48].

Weiter wird man kritisieren müssen, daß Otto die psychologischen Beiträge zur Rhetorik so gut wie gar nicht beachtet. Das gilt sowohl für die tiefenpsychologischen Beiträge zum Verständnis der Predigertypen als auch für die Kreativitäts- und Lernpsychologie.

Otto beschreibt zwar im Rahmen eines Predigtvorbereitungsprotokolls seine persönliche Eigenart sehr sensibel und selbstkritisch und sieht, daß ihm diese Eigenart den Zugang zu der einen Gruppe von Hörern eröffnet und zu einer anderen erschwert. Er möchte die biographische Bedingtheit jeder Predigt positiv verstehen und auf keinen Fall ausschalten. Er stellt auch einen Fragekatalog auf, mit Hilfe dessen sich der Prediger seiner Beziehung zu den unterschiedlichen Hörern bewußt werden kann[49]. Aber es fehlt eine psychologische Konzeption, mit Hilfe derer diese Beobachtungen eingeordnet werden könnten, und es fehlt die viel weitergehende Frage, ob nicht jeder Predigertyp seine eigene Sprache und damit auch seine eigene Rhetorik habe.

Ähnlich ist es, wenn Otto die Predigtvorbereitung beschreibt. Er nennt sieben verschiedene Fragerichtungen und ordnet sie zu einem rhetorischen Zirkel. Wo sich der einzelne in die Kreisbewegung hineinbegibt, ist dem persönlichen Geschmack oder der jeweiligen Situation überlassen.

Die Bewegung innerhalb des Kreises braucht nicht in einer bestimmten Richtung zu verlaufen. Der Prediger kann sich einmal so herum und einmal anders herum oder auch hin und her bewegen[50]. Der Vorgang der Predigtvorbereitung ist bei Otto sehr offen, aber auch recht beliebig. Daß es sich beim Predigtmachen um einen kreativen Prozeß handeln könnte, der eine innere Gesetzmäßigkeit besitzt, und daß daher die rhetorischen Aufgaben nicht beliebig zu verteilen, sondern den Phasen dieses Prozesses zuzuordnen sind, kommt bei ihm nicht in den Blick.

Dasselbe gilt für die Überlegungen zum Predigtaufbau. Auch hier notiert Otto eine ganze Reihe anregender Fragen. In ihnen werden aber so viele, auch gegensätzliche Möglichkeiten vorausgesetzt, daß die Entscheidung fast schon wieder beliebig wird. Otto bemerkt zwar, der Aufbau müsse dem Hörer und dem Ziel der Predigt angemessen sein, nennt aber keine Maßstäbe dafür[51]. Auch hier fehlt eine psychologisch-rhetorische Konzeption.

Alle diese Fragen sind rhetorischer Art, Fragen die sich aus den Erkenntnissen einer interdisziplinär arbeitenden Rhetorik ergeben, also Fragen, die bei Ottos eigenem Ansatz ansetzen. Ich möchte aber noch einen Schritt weitergehen und Ottos Entwurf theologisch befragen. Es fällt mir auf, daß er eine theologische Begründung für seine Konzeption konsequent verweigert. Allem Anschein nach kann sich Otto eine theologische Begründung nur so vorstellen, daß Exegeten oder Dogmatiker, die beide von Homiletik wenig oder nichts verstehen, Normen für die Predigtarbeit statuieren. Gegen solche Kompetenzüberschreitung polemisiert er kräftig, spricht von »dogmatischen Setzungen«, »fachtheologischen Axiomen«, »steilen Prämissen« und »theologischem Monopolanspruch«[52] und verweist nun seinerseits seine theologischen Kollegen auf die untergeordneten Plätze. Wofür ist »Fachtheologie überhaupt nützlich«? »Als Hilfswissenschaft um historischer, Überlieferungs- und wirkungsgeschichtlicher Sachklärungen willen, mit wichtiger also, aber eindeutig begrenzter Funktion.«[53] Warum reagiert Otto hier so empfindlich? Warum verweigert er sich so total? Hier liegt eine Blockade vor, die im Ansatz selbst nicht begründet ist.

Auf diese Weise wird jedoch eine Verbindung abgebrochen, die für die Homiletik lebenswichtig ist. Wenn die Homiletik den Zusammenhang mit der exegetischen, historischen und systematisch-theologischen Arbeit verliert, verliert sie die Verbindung zu ihrem Ursprung und zu ihrem Inhalt. Auch Ottos Konzeption verlangt eine theologische Begründung. Er sagt: Form und Inhalt sind nicht zu trennen. Er sagt aber nicht: Der Inhalt wird durch die Form, konstituiert; sondern: Der Inhalt wird durch die Form *mit*konstituiert[54]. Daraus müßte folgen, daß auch die Form durch den Inhalt mitkonstituiert wird. Der Inhalt ist aber nicht ohne exegetische und systematisch-theologische Arbeit zu bestimmen. Folglich braucht auch eine homiletische Rhetorik im Sinn Ottos eine theologische Begründung. Diese dürfte sich nicht nur auf die allgemeinen Kategorien beziehen, sondern müßte überall dort geliefert werden, wo wichtige Weichen gestellt werden. Otto sagt: Rhetorik will den Zuhörer nicht als Befehlsempfänger, sondern als mündigen Gesprächspartner und wendet sich damit gegen ein »Glaubensverständnis, das sich primär und eindeutig aus Gehorsamsvorstellungen ergeben hat.«[55] Läßt sich diese Weichenstellung auch theologisch begründen? Ich meine, das sei möglich. Ich meine aber auch, daß eine solche Begründung wirklich geliefert werden muß und nicht verweigert werden darf. Wenn Hörer und Situation für die Predigt so eminent wichtig sind, daß von Inhalt und Ziel der Predigt überhaupt nicht ohne sie geredet werden kann, dann darf das nicht nur rhetorisch, sondern muß auch theologisch begründet werden. Sonst tritt an die Stelle der Fremdherrschaft der Exegese über die Homiletik nur die Fremdherrschaft der säkularen Rhetorik. Die Homiletik wird ihrer Sache nur dann gerecht werden können, wenn sie die theologische und rhetorische Fragestellung miteinander zu verschmelzen vermag.

O. Fuchs, ein katholischer Kollege, ist G. Ott an dieser Stelle zu Hilfe gekommen. Er verteidigt Ottos Konzeption gegen ein manipulatives Rhetorikverständnis und nennt dabei auch theologische Gründe. Dem Wesen der christlichen Wahrheit entspricht die Mitteilung in der freien Begegnung. »Die Wahrheit Gottes ist, soweit sie auf den Menschen zugekommen ist, mit seiner Mitteilung identisch. Wo er den Menschen begegnet, ereignet sich Wahrheit ... Wirkungslos war diese ›Methode‹ der Offenbarung und Verkündigung oft genug, weil ihr alle artfremden Instrumente und Strategien der Macht und des Zwangs fern sind. Aber hier geht es eben nicht um pragmatische Wirkung, sondern um Verwirklichung christlicher Wahrheit ... Wozu sonst die ganze Investition, das ganze Drama der Menschwerdung Gottes, sein Verzicht auf die Herrschaftsmöglichkeiten der Erfolgreichen (vgl. Joh 18,36), wenn nicht auch die Verkündigung sich an diesem normativen Kern der Begegnung zwischen Gott und Mensch ausrichtete.«[56]

Man wird an dieser Stelle einsetzen, aber nicht bei ihr stehenbleiben können. Denn die eigentliche Frage ist die nach dem Verhältnis von Menschwerdung und Verkündigung. Die heutige Verkündigung der Kirche darf nicht einfach mit der Menschwerdung gleichgesetzt werden, denn sonst wird die Einzigartigkeit Christi nicht mehr ernst genommen. Wie ist aber die Differenz zwischen Verkündigung und Menschwerdung zu beschreiben, ohne daß die Verbindung verlorengeht? Die beste Möglichkeit dafür scheint mir die Pneumatologie zu sein. Denn nach biblischem Verständnis ist der Geist die Weise, in der Christus gegenwärtig ist, und Verkündigung und Geist werden aufs engste miteinander verbunden. Eine pneumatologische Begründung der Homiletik hält die Verbindung zur Christologie und verfällt doch nicht in den Fehler, der Predigt dieselbe Würde wie Christus zuzuschreiben; sie ist entschieden theologische Begründung und steht doch auf dem Boden der Realität. Eben dies ist das Ziel von R. Bohren, dessen Konzeption ich mich jetzt zuwende. Dabei wird auch zu prüfen sein, wieweit er das Ziel erreicht, das er sich steckt.

b) Predigt als Werk des Geistes (R. Bohren)

Bohren geht aus von der dialektischen Theologie, will aber nicht bei ihr stehenbleiben. Er anerkennt die empirische Kritik, sieht aber auch hier Gefahren. »Verzichtet man in der Homiletik auf die Formfrage und fragt man nur nach dem Was der Predigt, wird diese doketisch spätestens in dem Moment, wo sich die überkommene Form verbraucht hat und nicht mehr dem Inhalt entspricht. Abstrahiert eine Predigtlehre vom Inhalt, um sich dem Rhetorischen zuzuwenden, in Absehung von dem, was zu verkündigen ist, verliert sie den Inhalt an ein fremdes Gesetz.« »So sehe ich mich gezwungen, nach einem Neuansatz zu suchen, in dem der Empirie zwar nicht der Primat, wohl aber eine neue Dignität zukommt. Die ganze Anlage dieser Predigtlehre ... zeigt den Versuch, das Predigen als menschliches Werk zu betonen, ohne die Herkunft von einer Theologie des Wortes verleugnen zu wollen.«[57]

»Der pneumatologische Ansatz ermöglicht – ohne den theologischen Primat zu leugnen –, dem anthropologischen Aspekt gerecht zu werden ... Im Horizont der Pneumatologie sollen der Prediger und der Hörer neu zu Ehren kommen.«[58]

Das ist Bohrens zentrale These. Sie wird in Anknüpfung an A. A. van Ruler erläutert durch einen Vergleich von Christologie und Pneumatologie, der den anthropologischen Aspekt der Pneumatologie hervortreten läßt. 1. In Christus wird Gott Mensch, im Geist wohnt Gott im Menschen. Man kann daher sagen, daß Christus Gott ist, nicht aber, daß die Christen, die Kirche oder die Schrift Gott seien. Sie bleiben Gemächte, Geschöpfe. 2. In Christus wird die menschliche Natur angenommen, im Geist wird die menschliche Person in ihrer Individualität und in ihrer Gemeinschaftlichkeit ergriffen. Der Glaube, der nicht nur den zweiten, sondern auch den dritten Glaubensartikel kennt, bezieht sich nicht nur auf die Erlösung und den Erlöser, sondern auch auf den Menschen und die Welt als die Erlösten. Glaube ist also Selbstbejahung, Annehmen der Welt, Begeisterung für das Sein. 3. Zu Christus gehört die Stellvertretung, zum Geist die Reziprozität, d. h. Wechselseitigkeit, Austausch, Partnerschaft. Solche Gegenseitigkeit ist gottgesetzt, sie ist theonome Reziprozität. 4. Werk und Person Christi sind vollkommen. Das Werk des Geistes bleibt immer Fragment. 5. Während in der Fleischwerdung das Wort einstimmig spricht, wird das Reden an Pfingsten polyphon. Zur Christologie gehört die Einheit und Eindeutigkeit, zur Pneumatologie die Vielfalt und Vieldeutigkeit[59].

Bohrens Fassung der Pneumatologie ist theologisch beachtlich, weil sie Erfahrbarkeit und Unverfügbarkeit des Geistes gleich stark betont und im Schlüsselbegriff der theonomen Reziprozität in Beziehung zueinander setzt. »Die Rede von der theonomen Reziprozität umschreibt den Primat Gottes und vergißt nicht des Menschen Dabeisein: Die Geistesgegenwart gerät in Bewegung, die Begriffe werden austauschbar. Die Gegenwart des Geistes wird zur Geistesgegenwart des Sprechenden und Hörenden, ohne in ihr aufzugehen.«[60]

Beachtlich ist ferner, daß die Verbindung von Heiligem Geist und Methode keine nebensächliche Folge, sondern mit dem Ansatz selbst gegeben ist: »Unter dem Gesichtspunkt der Pneumatologie ist alles Machbare auch wunderbar. Wunder und Technik sind – pneumatologisch gesprochen – keine Gegensätze, sie signalisieren lediglich verschiedene Aspekte der theonomen Reziprozität. Beim Werk des Geistes in uns, mit uns, durch uns spreche ich vom Wunder. Wo wir aber vom Geist ans Werk gesetzt werden und uns also selbst ans Werk setzen, kommen Methoden ins Spiel, wird Technik angewandt, Kunst geübt, Wissenschaft gebraucht. In der Partnerschaft des Geistes werden Methode, Kunst, Technik, Wissenschaft nicht ausgeschlossen, auch wenn sie in die Krisis des Geistes hineingeraten.«[61]
Wie sieht nun die Durchführung aus? Gelingt es Bohren, die Empirie theologisch zu begründen? Vermag er die rhetorischen Fragestellungen aufzunehmen? Integriert er die soziologischen und psychologischen Beiträge zur Rhetorik in die Homiletik? Prüfen wir es zunächst exemplarisch am Gedanken der Vielfalt, der Bohren sehr wichtig ist.
Er findet im Neuen Testament eine Vielfalt im Bemühen, den Auferstandenen auszusagen, und wendet dies kritisch gegen die Monotonie in den christologischen Aussagen gegenwärtiger Predigten. Christus hat viele Weisen der Gegenwart. Er ist der Erhöhte und der Erniedrigte, der in der Gemeinde Existierende und der Weltschöpfer. Jede Weise ist Gegenwart Christi, aber jede ist nur eine unter vielen und als solche zu verkündigen. Das Ganze der Schrift ist ein vielstimmiges Orchester, nicht nur in dem, was sie sagt, sondern auch in ihren Formen und Gattungen. Der Schematismus und die Klischees der gängigen Predigtweise können aufgebrochen werden, wenn die Predigt die Form des Textes aufnimmt und damit Vielfalt gewinnt[62].
Unter pneumatologischem Blickwinkel ist auch die Solistenrolle des Predigers fragwürdig. Das gilt im Blick auf die Prediger untereinander und im Blick auf das Verhältnis von Theologen und Laien. Durch den Geist bezeugt sich Christus in seinen Zeugen. Jeder ist Vorbild, aber nur ein Vorbild unter vielen. Jeder ist Stückwerk, ein Steinchen nur im großen Mosaik. Deshalb will Bohren die Strukturen des Predigtdienstes aufbrechen, Predigt im Zweier- oder Dreierteam, Laienpredigt und Ergänzung der Predigt durch das Gespräch. Da auch die Hörer eine Vielfalt sind, muß sich der Prediger beim Predigen aus einem Privaten umsetzen in eine Vielzahl. Und weil er nur einer ist und sein Predigen Stückwerk bleibt, ist die Predigtkritik der Hörer, in der sich die Mündigkeit der Gemeinde erweist, eine Förderung und Fortsetzung der Predigt[63].
Dieser kurze Querschnitt durch die Predigtlehre zeigt, daß Bohren nicht bei programmatischen Forderungen stehenbleibt. Er behauptet nicht nur, daß sich aus seinem Ansatz empirische Konsequenzen ergeben, sondern zieht sie im einzelnen. Seine Denkbewegung geht aber immer von biblischen oder systematisch-theologischen Gedanken hin zu Prediger, Hörer und Predigt. Die Theologie stellt Fragen an die Empirie. Die Empirie selbst darf nichts sagen. Wenn Bohren von Vielfalt

spricht, ignoriert er so gut wie alles, was die empirisch arbeitenden Humanwissenschaften dazu zu sagen haben. Von Redeformen ist nur biblisch, nicht rhetorisch, von Predigertypen nur im paulinischen Vorbildgedanken, aber nicht psychologisch, von Verkündigungssituationen und -strukturen nur vom dogmatischen Gemeindeverständnis, nicht aus soziologischem Blickwinkel die Rede.

Bohren müht sich um die Empirie, aber mit den empirischen Wissenschaften mag er sich nicht recht einlassen. Man muß hier freilich differenzieren. Der Grad der Aversion ist verschieden. Am wenigsten hat er für die Rhetorik übrig. Sein Sprachgebrauch ist von der alten Rhetorikverachtung des 19. und der ersten Hälfte des 20. Jahrhunderts geprägt. Rhetorik ist Reichtum an leeren Worten, Haschen nach Effekten, falscher Glanz, sie sucht Menschen und nicht Gott zu gefallen[64]. Vor der »neuen wissenschaftlichen Rhetorik« macht er buchstäblich das Kreuz: »Das Predigen kann . . . nie zu einem Kommunikationsprozeß werden, den wir beherrschen; denn sonst würde Gott verfügbar und der Glaube machbar. Zwischen einer ›neuen wissenschaftlichen Rhetorik‹ und dem Predigen besteht eine unaufhebbare Differenz in der Macht des Geistes selbst. Ich kann den Satz des Paulus ›Der Glaube kommt aus der Predigt ...‹ nicht ersetzen durch den Satz: ›Der Glaube kommt aus der Überredung‹ – auch wenn die Predigt formal gesehen nichts anderes ist als Überredung. Das Wort vom Kreuz ist die Nachricht von einer mißlungenen Kommunikation, und seine Gestalt wird von dieser mißlungenen Kommunikation geprägt.«[65] Hier werden Fragen abgeblockt. Es kommt nicht einmal zu einer Auseinandersetzung. Es bleibt nur das Verdikt. Dabei ist Bohren selbst ein Rhetoriker von hohen Graden, und nicht nur seine Predigten sondern auch seine Predigtlehre sind auf weite Strecken rhetorische Meisterstücke[66].

Auf die Soziologie läßt sich Bohren gar nicht ein; sie erscheint nur in summarischen Bemerkungen am Rande. Anders ist es mit der Kommunikationswissenschaft. Bohren erklärt sie für beinahe ebenso wichtig für die Predigt wie die Exegese. »Geht es beim Predigen und Hören menschlich zu, darf man das Instrumentarium, das neue Wissenschaften uns darbieten, nicht verschmähen. Man würde dem Wunder der Predigt einen schlechten Dienst tun, wollte man ihren Effekt dem Zugriff wissenschaftlicher Analyse entziehen.«[67] An einigen Stellen werden dann auch Ergebnisse der Kommunikationswissenschaft aufgenommen: Die Glaubwürdigkeit des Kommunikators ist wichtig für die Wirkung einer Information; werden zwei gegensätzliche Informationen vom gleichen Kommunikator gegeben, ist die erste tendenziell überlegen, weshalb man den Teufel nicht an die Wand predigen soll; im Problem der Redundanz begegnen sich göttliches und menschliches Erinnern in theonomer Reziprozität; der Prozeß des selektiven Hörens zeigt, wie der Heilige Geist mit anderen Geistern um den Hörer kämpft[68]. Diese Stellen bleiben jedoch einzelne Fleckchen im Gewebe der Predigtlehre, während die Fäden der Exegese überall durchgehen. Die Kommunikationswissenschaft ist für Bohren eben doch nicht ganz geheuer. Er befürchtet, daß entweder der Hörer zum Götzen des Predigers wird oder der Prediger den Hörer bewußt manipuliert. »Wird die

Wirkung der Predigt im voraus berechenbar und fixierbar, bin ich den Zauberern näher als den Propheten Israels. Joseph Goebbels betritt dann die Kanzel.«[69] Diese Furcht ist so stark, daß sich Bohren nicht wirklich auf die Kommunikationswissenschaft einläßt. Obwohl er sie grundsätzlich für wichtig erklärt, verzichtet er darauf, das Predigtgeschehen an einem Kommunikationsmodell darzustellen, es bleibt bei der ekklektischen Anwendung einiger kommunikationswissenschaftlicher Erkenntnisse.

Mit der Psychologie ist es ähnlich. Sie ist für Bohren ebenfalls nicht ganz geheuer. »Psychologisierung« ist für ihn immer noch ein Schimpfwort[70]. Eine Psychologie des Hörers oder des Hörens fehlt daher. Aber Bohren verwendet Ergebnisse der Kreativitätspsychologie ganz gern: brainstorming im Prozeß der Predigtvorbereitung, Sicherheit und Freiheit des Predigers in seiner Beziehung zur Gemeinde als kreativitätsfördernde Faktoren, Zeit haben und beharrlich aushalten als Voraussetzungen des Einfalls[71]. Hier fehlt der aggressive Ton und die sonst übliche Warnung vor Gefahren.

Geht man also ins Detail, sieht man, daß Bohren durchaus von den empirischen Wissenschaften profitiert und auch freundliche Worte für sie findet. Aber er verwendet eben doch nur, was in sein theologisch abgestecktes Feld paßt. Er betreibt, was er selbst einmal die »divinatorische Auswertung der Empirie« nennt[72]. Er läßt nicht zu, daß die Theologie von dort aus ernstlich befragt wird. Sobald er grundsätzlich von den empirischen Wissenschaften spricht, herrschen Distanzierung, Kritik, ja Verdammung vor. »Wenn die Erkenntnisse der Kommunikationsforschung auf den Kanzeln erst fruchtbar werden, werden sie vermutlich zu einer Apokalypse der Sprachlosigkeit führen, weil dann gekonnterweise deutlich wird, wer redet, ohne zu sagen.« So »bedarf es keiner Weissagung, um vorauszusehen, daß die Aporien des Predigers durch die neuen Wissenschaften wachsen werden.«[73] Dieses Urteil hat sich bei Bohren seit dem Erscheinen der Predigtlehre nicht geändert. Vielmehr sind seine Äußerungen in dieser Richtung in den letzten zehn Jahren eher schärfer geworden. Im Blick auf die Bemühungen von Dahm, Bastian und Neidhart sagt er: »Die hier angedeutete Richtung praktischer Theologie vermag der Kirche nicht zu helfen, ihrer Zeit gerecht zu werden, indem sie sich unkritisch zur Zeit verhält. Diese praktische Theologie steht nicht auf der Höhe der Zeit. Sie läuft ihr nach und sitzt ihr auf.«[74] Im Nachwort zur vierten Auflage der Predigtlehre sagt Bohren, in der Homiletik bahne sich ein neuer Konsens an, der darin bestehe, daß man bei der Empirie einsetzt. »Nach meinem Urteil entspricht der sich anbahnende Konsens haargenau der Entwicklung, die die Kirche in ihrer Predigt im letzten Dezennium nahm. Das Evangelium wird als Ware vermarktet, nachdem man das theologische und exegetische Gewissen zum Schweigen gebracht hat. Eine Homiletik, die empirisch einsetzt, wird den Geist der Empirie vermitteln: den landesüblichen Geist eines religiösen Merkantilismus. Sie paßt zu einer Kirche, die auf Kirchentagen den ›Markt der Möglichkeiten‹ eröffnet.«[75]

c) Das Ziel der Untersuchung

Hie Rhetorik, dort Heiliger Geist, hie Empirie, dort Theologie. Bei Otto und Bohren werden die Begriffe zu einem scharfen Entweder-Oder. Sie stehen darin exemplarisch für die gegenwärtige Situation der Homiletik überhaupt. Die Homiletiker, die Methoden und Ergebnisse der empirischen Wissenschaften aufnehmen, sind ganz auf das Gespräch mit diesen konzentriert und kehren ihren theologischen Kollegen die meiste Zeit den Rücken zu. Sie bemühen sich darum, die Wissenschaftlichkeit der Homiletik im Horizont der Humanwissenschaften darzulegen, und vernachlässigen damit die Verbindung zum eigenen Ursprung. Die Homiletiker, die theologisch ansetzen, befinden sich im Gespräch mit Exegese und Dogmatik und blicken nur hin und wieder zu den empirischen Wissenschaften hinüber. Sie mögen sich in kein Gespräch einlassen, weil sie den methodischen Atheismus dieser Wissenschaften fürchten und Angst haben, er könne ihre Theologie verderben. Damit hüten sie zwar den Ursprung der Predigt, aber verschließen sich für ihre Wirklichkeit.

Diese Lage ist nicht nur für die praktische Theologie und ihre Studenten unbefriedigend, sondern auch für die Pfarrer in der Praxis. Die unter ihnen, die von der Theologie des Wortes Gottes (in ihren verschiedenen Ausformungen) geprägt sind, gewinnen keinen Zugang zu den neueren Veröffentlichungen aus der empirischen Homiletik. Das bedeutet, daß sie mit den Erfahrungen, die sie in ihrer eigenen Predigtarbeit, mit ihren Kollegen und ihren Gemeinden machen, allein gelassen sind. Es fehlen die Kategorien, mit denen sie ihre Erfahrungen verstehen und kritisch reflektieren könnten. Die theologischen Kategorien ihres Predigtverständnisses sind dafür nicht offen, die humanwissenschaftlichen Kategorien verbinden sich nicht mit ihrem theologischen Selbstverständnis. Andere Pfarrer, die sich schon im Studium mit den empirischen Wissenschaften befaßt haben, haben Schwierigkeiten mit der theologischen Legitimation dessen, was sie tun. In der Predigtarbeit zeigt sich das an der Vernachlässigung der Exegese, in den Predigten selbst an dogmatischen oder bekenntnismäßigen Passagen, die seltsam unverbunden in der Predigt dastehen. Entsprechend tauchen in der Gemeindearbeit immer dann große Verständigungsschwierigkeiten auf, wenn Gemeindeglieder ein naives oder evangelikales Bibelverständnis vertreten, weil sich die Pfarrer in biblischen Kategorien nicht verständlich machen können.

An dieser Stelle möchte ich einen Beitrag zur Annäherung und Verständigung geben. Ich glaube, daß das nicht nur notwendig, sondern auch möglich ist. Ottos Entwurf enthält theologische Ansatzpunkte, wenn auch gleichsam im Negativabdruck. Bohrens Ansatz bei der Pneumatologie läßt sich weiterentwickeln. Bei beiden gibt es Blockaden, die von der Sache her nicht notwendig sind. Wenn sie aufgelöst werden, könnten sich Verbindungen eröffnen. Dazu kommen Anregungen bei anderen Homiletikern, die aufgenommen und weitergeführt werden können. Natürlich besteht die Gefahr, daß ich bei diesem Unternehmen von beiden

Seiten argwöhnisch beobachtet oder völlig verurteilt werde. Grenzgänger sind bei Territorialherren nicht beliebt. Aber sie können zur Verständigung beitragen, und manchmal danken es ihnen die Menschen, die in den verschiedenen Gebieten wohnen. Ich entfalte im folgenden Gedanken, die mich seit längerem beschäftigen. Das bedeutet freilich nicht, daß sie in sich abgeschlossen wären. Vielmehr hoffe ich nicht nur auf Zustimmung, sondern auch auf Widerspruch und weiterführende Beiträge. Die Kluft ist zu groß, als daß sie von einem einzigen überbrückt werden könnte. Ich vertraue aber darauf, daß vielen an einer Brücke liegt.

Kapitel II:
Die Pluralität des Geistes und der Verkündigung

1. Neutestamentliche Beobachtungen

Im Neuen Testament stehen der Heilige Geist und die Verkündigung des Evangeliums in engster Beziehung. Paulus sagt: Es gibt keine Verkündigung ohne den Geist. Denn niemand kann Jesus den Herrn nennen außer im Heiligen Geist (1 Kor 12,3). Wenn jemand es versuchen wollte, käme bei aller Überredungskunst nur Menschenweisheit heraus. Paulus kann und will nicht so reden. Er spricht im Geist und in der Kraft Gottes. Deshalb erweist sich in seiner Verkündigung der Geist und die Dynamis Gottes (1 Kor 2,4). Dabei springt der Geist von dem, der verkündet, auf den über, der hört. In den galatischen Gemeinden war das jedem klar. Deshalb konnte Paulus gleich zweimal herausfordernd fragen: »Nur das will ich von euch erfahren: Habt ihr den Heiligen Geist durch die Werke des Gesetzes empfangen oder durch die Predigt vom Glauben, das heißt dadurch, daß ihr gehört habt, wie ich den Glauben verkündigt habe?!« (Gal 3,2.5) Die Verkündigung lebt nicht nur aus dem Geist und durch den Geist, sondern sie schenkt auch den Geist.
Dieser Zusammenhang findet sich ebenso bei Lukas, dessen Geistverständnis sich von dem des Paulus im übrigen nicht wenig unterscheidet. In der Eingangsszene der Apostelgeschichte verkündet der Auferstandene den Jüngern als Programm für die kommende Epoche: »Der Heilge Geist wird auf euch kommen, ihr werdet seine Kraft empfangen und werdet meine Zeugen sein in Jerusalem, in ganz Judäa und Samaria und bis an das Ende der Erde« (Apg 1,8). Es gibt keine Verkündigung ohne den Geist. Ohne Geist sind die Jünger stumm; in dem Augenblick, in dem sie ihn empfangen, beginnen sie zu predigen (Apg 2,4)[1].
Auch bei Johannes findet sich der enge Zusammenhang von Geist und Zeugnis. In den Abschiedsreden sagt Jesus: »Der Geist der Wahrheit, der vom Vater ausgeht, wird Zeugnis für mich ablegen, und ihr werdet Zeugnis ablegen: (Joh 15,26 f). Dabei handelt es sich nicht um ein doppeltes Zeugnis, sondern um denselben Akt der Verkündigung. Denn es heißt kurz vorher: »Der Geist der Wahrheit bleibt bei euch und wird in euch sein« (Joh 14,17). So ist die Gabe des Geistes die Voraussetzung für den Zuspruch der Sündenvergebung, einen zentralen Akt der Verkündigung. Am Schluß des ursprünglichen Johannesevangeliums sendet der Auferstandene die Jünger hin mit den Worten: »Nehmet den Heiligen Geist! Wem ihr die Sünden erlaßt, dem sind sie erlassen; und wem ihr sie behaltet, dem sind sie behalten« (20,22). Das Neue Testament kennt also keine Verkündigung ohne den Geist. Der Geist wirkt nicht nur in der Verkündigung, aber die Verkündigung hat ihre Kraft nur aus dem Geist.
Diese Aussagen gewinnen ein noch schärferes Profil, wenn man sie mit dem griechischen Verständnis des Geistes vergleicht. Der Sehergeist (pneuma mantikon) hat manches mit dem Heiligen Geist des Neuen Testaments gemeinsam. Hier wie dort geht es um ein gottergriffenes Reden, die Erfahrung einer übermächtigen, erfüllenden und ergreifenden Gewalt. Aber die Gestalt der Pythia, der berühmtesten Mantikerin, ist völlig verschieden von der des geisterfüllten Zeugen im Neuen

Testament. Dort aufgelöstes, sich sträubendes Haar, keuchender Atem, stammelnde, unartikulierte, oft kaum vernehmbare Laute, hier ein Reden, dessen Kraft sich darin zeigt, daß es unmittelbar verstanden wird, daß es den Hörer packt, daß es durchs Herz geht (Apg 2,37). Die Pythia braucht den Hermeneuten, den delphischen Priester bzw. Propheten, um den zu erreichen, der sie etwas gefragt hat. Und selbst dann bleibt die Rede orakelhaft, doppeldeutig, so daß der Priester recht behält, ob sich nun das Geschick des Fragenden zum Guten oder zum Bösen wendet. Der Heilige Geist dagegen redet verstehbar, er ist ein Sprachgeist, ja selbst Sprachereignis. Sein Reden ist eindeutig, führt in die unverborgene Wahrheit (Joh 14,17; 16,13). Visionen, Auditionen und Glossolalie sind zwar auch Manifestationen des Geistes, aber sie bleiben Begleiterscheinungen[2]. Oepke Noordmans nennt den Geist daher zutreffend den Dolmetsch[3].

Eindeutigkeit des Geistes bedeutet aber nicht Einförmigkeit. Im Gegenteil! Der Geist ist Wirklichkeit nur in den Geistesgaben, und diese sind vielfältig. In Korinth sind sie in reicher Fülle vorhanden (1 Kor 12–14), aber auch in Thessalonich und Rom setzte Paulus sie voraus (1 Thess 5, 19–22; Röm 12, 4–8). Das ist wohlbekannt und oft dargestellt. Weniger beachtet wird, daß die Verkündigung kein Einzelcharisma, sondern im Grund eine Sammelbezeichnung für eine ganze Anzahl von Charismen ist, die erst Spätere, aus weniger charismatisch geprägter Erfahrung, zu diesem Sammelbegriff vereinigt haben. Paulus unterscheidet sieben Verkündigungscharismen: die Prophetie (1 Thess 5,20; 1 Kor 12,10.28; 13,2; 14,1.5 f.; Röm 12,6), die Lehre (1 Kor 12,28 f.; 14,26; Röm 12,7), das Wort der Weisheit (1 Kor 12,8; Röm 12,8), das Wort der Erkenntnis (1 Kor 12,8; 13,2; Röm 12,8), das Wort des Geheimnisses (1 Kor 13,2; 15,51; Röm 11,25), die Offenbarung (1 Kor 14,6.26) und die Ermahnung (Röm 12,8). Auch die Zungenrede gehört, wenigstens indirekt, dazu, dann nämlich, wenn sie ausgelegt wird (1 Kor 14,5.27 f.; Röm 12,10). Am wichtigsten ist die Prophetie, die Paulus in seiner wertenden Aufstellung als Charisma Nr. 2 gleich nach dem Apostolat nennt (1 Kor 12,28) und die er in Korinth allen Gemeindegliedern wünscht (Kap 14,1.5). Die Prophetie ist in sich noch einmal mehrgestaltig. Sie ist sowohl die zur Rechenschaft ziehende und überführende Rede (1 Kor 14,24 f.) als auch Erbauung, Ermahnung und Tröstung (Kap 14,3). Paulus hat also ein ganz differenziertes Bild von der Verkündigung. Er meint auch nicht, er selbst besitze alle Gaben. Er gesteht Apollos seine besondere Bedeutung zu (1 Kor 3,5 ff.).

Nun könnte man sagen, das alles spiegele eben die Erfahrung der hellenistischen Gemeinden der ersten Generation und die besondere Theologie des Paulus wider und man dürfe daraus keine systematischen oder praktisch-theologischen Konsequenzen ziehen. Im Laufe der Kirchengeschichte habe sich eben das eine Predigtamt herausgebildet, dem die Verkündigung des Evangeliums anvertraut sei. Aber so einfach ist die Sache nicht.

Schon Jesus sendet die Zwölf je zwei und zwei (Mk 6,7), und bei der Aussendung der 70 berichtet das Lukasevangelium dasselbe (Lk 10,1 ff.). Dahinter steht der alttestamentliche Rechtsgrundsatz: »Es soll kein Einzelzeuge gegen jemand auftreten ..., sondern durch zweier oder dreier Zeugen Mund soll eine Sache gültig sein« (Dtn 19, 15, vgl. Num 35,30; Dtn 17,6), der noch an weiteren Stellen des Neuen Testaments zitiert wird (Joh 8,17; 2 Kor 13,1; Hebr 10,28). Die Aussage eines einzelnen, so glaubwürdig er sein mag, genügt nicht. Er sieht und hört nur einen Teil. Er bedarf der Ergänzung. Das gilt für die Verkündigung des Evangeliums ebenso wie für den Prozeß vor Gericht.

Die Apostelgeschichte des Lukas zeigt, daß diese Ordnung auch in hellenistischen Gemeinden fortgeführt wurde. Während eines Gottesdienstes in Antiochia spricht der Heilige Geist: »Beauftragt mir Barnabas und Saulus mit dem Werk, zu dem ich sie berufen habe!« (Apg 13,2) Das ist der Beginn der ersten Missionsreise, der Anfang der Missionstätigkeit des Paulus überhaupt[4]. Diese war also keineswegs eine solistische Unternehmung. Der Geist liebt die Vielfalt, auch wenn es sich um so eigenwillige und entschiedene Persönlichkeiten handelt wie Paulus. Barnabas und er sind, auch wenn sie zusammen auftreten, nicht einfach identisch. Sie sind verschieden wie Zeus und Hermes (Apg 14,12). Obwohl deutlich ist, daß Paulus der Wortführer war (Apg 13,9 ff.; 14,12), ist Barnabas nicht nur sein Trabant. Er hat durchaus seinen eigenen Willen. Sonst wäre es nicht zum Apg 15,36–41 beschriebenen Streit gekommen, der bekanntlich zu einer bleibenden Trennung führte. Diese Trennung ändert aber nichts daran, daß beide weiterhin bevollmächtigte Sendboten bleiben. Die Tätigkeit des Barnabas und Markus auf Zypern gehört ebenso zur Geschichte des Urchristentums wie die weitere Tätigkeit des Paulus. In 1 Kor 9,6 erwähnt Paulus, daß Barnabas ebensowenig wie er selbst von seinem Recht Gebrauch macht, sich von den Gemeinden unterhalten zu lassen. Die Selbstverständlichkeit, mit der er auf ihn zu sprechen kommt, zeigt, daß er ihn weiterhin als gleichberechtigten Apostel anerkennt und daß er auch in Korinth als solcher bekannt war. Die spannungsvolle Pluralität ist konstitutiv für die geistgewirkte Verkündigung und zerbricht ihre Einheit nicht. Wenn es zu einer Trennung kommt, so ziehen die zwei, die sich trennen, nicht als Einzelkämpfer weiter, sondern bilden neue Zweiergruppen: Barnabas und Markus, Paulus und Silas (Apg 15,39 f.). Von hier aus gesehen gewinnt es mehr als beiläufige Bedeutung, daß Paulus für die meisten seiner Briefe nicht allein zeichnet, daß er neben dem entschiedenen Ich das ebenso entschiedene Wir verwendet und daß in den Grußlisten die Namen der Mitarbeiter eine hervorgehobene Rolle spielen (Röm 16, 1 Kor 16, Phlm 23 f.).

Es ist bekannt, daß Lukas die Konflikte in der ältesten Christenheit herunterspielt oder umdeutet (z. B. den Konflikt zwischen Hebräern und Griechen in der Urgemeinde Apg 6,1 ff.). Als Geschichtsschreiber der zweiten Generation tendiert er dazu, die erste Zeit der Kirche friedlicher darzustellen, als sie in Wirklichkeit war. Er geht darin aber nicht so weit, daß er die Spannungen ganz vertuscht oder daß er behauptet, es habe keine Unterschiede der Verkündigung gegeben. Sonst hätte er den Streit zwischen Paulus und Barnabas nicht erwähnt und auch den

Ausgang des Apostelkonzils anders erzählt (Apg 15,22 ff.). Daran wird sichtbar, daß man auch in der zweiten Generation die spannungsvolle Pluralität der Verkündigung bejaht hat. Man ist noch weit entfernt von einer einlinigen, amtlichen Beauftragung einiger weniger, die einer nur hörenden und gehorchenden Mehrheit gegenüberstehen. Vielmehr legt Lukas den größten Wert darauf, daß der Geist auf alle Christen ausgegossen wird und daß alle Propheten sind (Apg 2,17.33; 19,1–6[5]). Die Pluralität ist kein Zugeständnis an die unvollkommene und sündhafte Welt, sondern ergibt sich aus der Universalität des Evangeliums und seiner die Welt durchdringenden und vollendenden Kraft. Das zeigt sich an der Zahlensymbolik der Johannesapokalypse. Die sieben Gemeinden der Provinz Asia stehen trotz oder gerade in ihrer geschichtlichen Unterschiedlichkeit und Unvollkommenheit für die runde Ganzheit der Kirche. Auch die Leuchter von Sardes und Laodizea stehen in dem Kreis um den Menschensohn, und er hält ihre Sterne in seiner Hand, so scharf auch die Sendschreiben ausfallen, die er an sie diktiert (Apk 1,20; 3,1 ff.14 ff.). Bezeichnend ist auch die Schau vom himmlischen Jerusalem (Apk 21,10 ff.). Der Riesenkubus von mehr als 2000 km Seitenlänge ist nicht nur der Inbegriff von Licht und Transparenz (Gold wie Glas), sondern auch der herrlich strukturierten Vielfarbigkeit. Das Licht ist farbig wie der Jaspis, der die Komplementärfarben grün und rot enthält; die Tore sind Perlen, durchscheinend, aber nicht durchsichtig und in zarten Pastelltönen schimmernd; und die Fundamente der Tore bilden 12 verschiedene Edelsteine. Bei diesen Edelsteinen handelt es sich um Steine ganz verschiedener Farben, verschiedenen Wertes, verschiedener Herkunft und verschiedener Verwendung. Sie scheinen nach einer systematischen Ordnung auf die vier Seiten des Kubus verteilt zu sein, so daß nach jeder Himmelsrichtung die Farben Grün, Rot und Blau (in jeweils verschiedener Schattierung) leuchten. Die Zahl 12 steht sowohl für die Fülle des Gottesvolks (12 Stämme Israels, 12 Apostel) wie für die Ganzheit der Welt nach Raum und Zeit (12 Tierkreiszeichen, 12 Monate, 12 Stunden). Die Tatsache, daß auch die Weltstadt Rom mit ihrer Völkervielfalt, als Hure Babylon das Gegenbild des himmlischen Jerusalem, geschmückt ist mit Gold, Edelsteinen und Perlen (Apk 17,4.15; 18,16), verleitet den Seher nicht dazu, Jerusalem einfarbig zu sehen, sei es im asketischen Grau oder im Weiß der Unschuld. Die Himmelsstadt ist die Vollendung der Vielfalt der Welt wie der Vielfalt der Gnade.

2. Kirchengeschichtliche Streiflichter

Die allegorische Deutung der 12 Edelsteine hat in der Kirchengeschichte bis ins 18. Jahrhundert hinein eine große Rolle gespielt. Nach der Methode der Allegorese kann jedes Ding so viele Bedeutungen bekommen, wie es Eigenschaften besitzt. Da man sehr viele Eigenschaften der Edelsteine kannte, ergaben sich je nach Kontext die verschiedensten Deutungen. Die Edelsteine deuten auf Personen oder Personengruppen in der Kirche, Ereignisse der Heilsgeschichte, christliche Tugenden, Gaben des Heiligen Geistes, Glaubensartikel, Dogmen, Sakramente und Wesenszüge des ewigen Lebens. Ich möchte hier nur auf eine solche Deutung hinweisen, die nicht nur gelehrte Spekulation blieb, sondern auch im täglichen Leben wirksam war und zum Teil bis heute nachwirkt.

Man brachte die 12 Edelsteine in Verbindung mit den 12 Sternbildern des Tierkreises und ihrer schicksalhaften Bedeutung für die unter ihnen Geborenen. Man begann nach der alten Zählung mit dem Monat März, ordnete ihm das ungefähr darauf fallende Sternbild des Widders und den Jaspis als den ersten Grundstein des himmlischen Jerusalem zu. Dann folgte der April mit dem Saphir, der Mai mit dem Chalzedon usw. (wobei es dann durchaus verschiedene Varianten gab). Diese Edelsteine wurden nun von den in diesem Monat Geborenen als Amulette getragen, die ihnen Glück bringen sollten. Der Jaspis spielte dabei noch eine besondere Rolle. Im Mittelalter verstand man darunter den roten oder rotbraunen Jaspopal. Ein besonders schönes Exemplar dieser Gattung, genannt »der Waise« (weil es einen solchen nicht noch einmal gab), war an hervorragender Stelle der Kaiserkrone angebracht. Damit bekannte sich der Kaiser in seinem Amt als den ersten Bürger der himmlischen Stadt. Aber auch jedem anderen war schon von Geburt an dieses Bürgerrecht verheißen. Die schöpfungsgemäße Vielfalt ist dazu bestimmt, in geläuterter Form die eschatologische Vielfalt zu bilden. Die magische Sitte der Monatssteine hat den guten Sinn, daß Schöpfung und Erlösung einander korrespondieren, aber nicht einfach identisch sind. Es genügt nicht, sich den kosmisch verstandenen und astrologisch interpretierten Schöpfungskräften zu überlassen, die das Schicksal jedes einzelnen formen. Es braucht die Verbindung zum himmlischen Jerusalem. Indem der im April Geborene einen Saphir trägt, stellt er sich in den Machtbereich Christi und in den Strom der Gnade, deren vielfältige Wirkung seine irdische Individualität zum Edelstein läutert. Wer ein solches Amulett trägt, bekennt: »Unsere Heimatstadt ist im Himmel« (Phil 3,20). So gelingt ein Leben. Das ist Glück[6].

Es wäre reizvoll, wenn auch nicht ganz einfach, zu verfolgen, wie der Gedanke der geistgegebenen Vielfalt in der Geschichte der Kirche weitergewirkt hat. Deutlich ist, daß er sich in der Lehre keiner großen Beliebtheit erfreute. Denn diese sah darin immer eine Bedrohung der Einheit, der Eindeutigkeit und Verbindlichkeit, welche herzustellen ihr erstes Interesse war. Aber die Lehre und ihre Entwicklung spiegeln nur einen Einzelaspekt des gesamten Lebens. Als Beispiel für eine liturgische Entwicklung nenne ich jetzt nur die Vor- und Wirkungsgeschichte des Pfingsthymnus »Veni creator Spiritus« des Mainzer Erzbischofs Hrabanus Maurus (um 776 bis 856)[7].

Die altkirchliche Antiphon für die Pfingstnacht steht am Anfang der Entwicklung. »Alle Pfingstgesänge der christlichen Kirche, vor- und nachreformatorische, sind Derivationen, Ableitungen der Antiphon und gehen mittelbar oder unmittelbar auf diese zurück ... Daraus erklärt sich auch die weitgehende Übereinstimmung in Form und Inhalt aller unserer Pfingstlieder.« Dort ist in Anlehnung an Apg 2 von

der Vielfalt der Sprachen die Rede: »Veni Sancte Spiritus ... qui per diversitatem linguarum cunctarum gentes in unitatem fidei congregasti.«[8] Dieses Motiv wird weitergeführt und wesentlich erweitert, indem um die sieben Gaben des Heiligen Geistes gebetet wird. Seit wann das geschieht, läßt sich nicht mehr genau feststellen. Jedenfalls stellt Augustin in seinen Sermonen die sieben Gaben des Geistes den sieben Todsünden entgegen, oder er wendet sie in umgekehrter Reihenfolge auf die sieben Bitten des Vaterunsers an. Das ist keine freie Spielerei, sondern eine Aufnahme von Jes 11,2: »Auf ihm wird ruhen der Geist des Herrn, der Geist der Weisheit und des Verstandes, der Geist des Rates und der Stärke, der Geist der Erkenntnis und der Furcht des Herrn.« Zählt man nach, sind das allerdings nur sechs Gaben. Die Vulgata hat jedoch als sechstes Glied die pietas, was als Liebe verstanden wird, und die Furcht des Herrn (timor Domini) erst an siebter Stelle zu Anfang von V 3. Der Pfingsthymnus des Hrabanus Maurus rückt die sieben Gaben in den Mittelpunkt. In Luthers Übersetzung: »Du bist mit Gaben siebenfalt der Finger an Gotts rechter Hand« (EKG 97,4), was dann in den weiteren Versen im einzelnen entfaltet wird. (Luther hat V 3 und 4 umgestellt, so daß sich im EKG das Thema in V 4, die Entfaltung in V 3, 5 und 6 findet.) Interessant ist die Bezeichnung des Geistes als Finger an Gottes rechter Hand. Das bezieht sich auf Lk 11,20, wo Jesus sagt, daß er durch Gottes Finger die Dämonen austreibe, weiter auf die Gesetzestafeln, die mit dem Finger Gottes beschreiben waren (Ex 31,18), und Ps 8,4, der die Himmel als das Werk der Finger Gottes bezeichnet. Das Werk des Heiligen Geistes ist damit mit Hilfe biblischer Anspielung trinitarisch verklammert.
Das Motiv von den siebenfältigen Gaben des Geistes ist liturgiegeschichtlich sehr wichtig. Köhler schreibt: »Die Fortwirkung im Lied der Kirche ist schier unübersehbar. Luthers Pfingstlieder genauso wie die Michael Schirmers (Nr. 103), Niedlings (Nr. 104), Paul Gerhardts (Nr. 105), Heinrich Helds (Nr. 106), sind samt und sonders Einschmelzungen des Hymnus in neuem Gewand. Nr. 101 geht über die bereits im Mittelalter davon abgeleitete Pfingstsequenz, Nr. 107 über ein Gebet der zeitgenössischen Andachtsliteratur darauf zurück.«[9] Eines spielt freilich keine Rolle, daß die Gaben, die der Gemeinde in ihrer Fülle gegeben werden, bei den einzelnen recht unterschiedlich und bruchstückhaft vertreten sind. Für Müntzer ist die wahre Geistbegabung sogar erst dann geschehn, wenn ein Mensch den Geist siebenfältig empfangen hat (s. o. S. 28).
Daß die Manifestationen des Heiligen Geistes Bruchstücke und gegenseitig ergänzungsbedürftig sind, ist allerdings an einer ganz entscheidenden Stelle in der Kirchengeschichte festgehalten woden, bei der Kanonsbildung. Die alte Kirche hat vier Evangelien in den Kanon aufgenommen, obwohl ihre Unterschiede Zweifel an der Eindeutigkeit und Verbindlichkeit des Evangeliums ermöglichen und die vielfache Überschneidung der Worte und Erzählungen zu einer vereinfachenden und ausgleichenden Zusammenfassung verleitet. Beide Wege wurden ja auch im 2. Jahrhundert begangen. Marcion nahm nur ein einziges Evangelium, einen verkürzten Lukas, in seinen Kanon auf, womit er eine eindrucksvolle Eindeutigkeit, aber

zugleich eine häretische Einseitigkeit erreichte. Tatian schuf mit seinem Diatessaron die erste Evangelienharmonie, die zwar in der syrischen Kirche 250 Jahre im Gebrauch war, sich aber in der übrigen Christenheit nicht durchsetzen konnte. Interessant ist, daß man sich dabei nicht nur auf die Tradition und den Gebrauch bei den wichtigsten Kirchen berief, sondern daß Irenäus auch eine theologische Begründung für die Vierzahl der Evangelien versuchte. Aus der Vierzahl der Wesen um den Thron Gottes in Offenbarung 4 und ihrer unterschiedlichen Gestalt leitet er ab, daß es vier Evangelien sein müssen, nicht mehr und nicht weniger. Das ist nicht nur Spielerei, sondern spricht die Erkenntnis aus, daß die schöpfungsmäßige Vielfalt kosmischer Kräfte und die Vielfalt der Manifestationen des Geistes einander korrespondieren. Die Unterschiede und Widersprüche zwischen den Evangelien spielten dann allerdings erst in der historisch-kritischen Erforschung des Neuen Testaments seit der Aufklärung eine größere Rolle. In neuerer Zeit kam es zu einer Debatte darüber, ob der Kanon die Einheit der Kirche oder die Unterschiedlichkeit der Konfessionen begründe. Auf die innerkirchliche Ökumene und die Methoden der praktischen Theologie wurde der Gedanke der notwendigen Vielfalt aber noch kaum angewandt. Dies kann auch nicht so geschehen, daß aus neutestamentlichen Stellen direkt homiletische Konsequenzen gezogen werden. Zuvor muß in einer dogmatischen Besinnung die innere Begründung des Gedankens und seine Beziehung zur Christologie bedacht werden.

3. Dogmatische Überlegungen

Das Wirken des Heiligen Geistes ist in engster Beziehung zu Christus zu sehen. Man könnte sogar sagen, das Ziel seines Wirkens sei nichts anderes, als die Christen in Beziehung zu Christus zu setzen. Das ist eine durchgehende Linie bei aller Unterschiedlichkeit der neutestamentlichen Aussagen über den Geist. Deshalb wird der irdische Jesus als der Geistträger schlechthin geschildert. Deshalb erscheint der Auferstandene als Geber des Geistes. Und deshalb ist es schon in den Synoptikern, stärker bei Paulus und am entschiedensten bei Johannes die entscheidende Tat des Heiligen Geistes, den Zusammenhang zu Jesus zu öffnen. Wenn im folgenden von wichtigen Strukturunterschieden zwischen Christologie und Pneumatologie die Rede sein wird, kann es nicht darum gehen, diese enge Beziehung zu lockern. Die Pneumatologie muß trinitarisch verankert werden, sonst wird sie schwärmerisch. Umgekehrt kann aber auch die Christologie nur dann eine sinnvolle Gestalt gewinnen, wenn sie trinitarisch verankert wird, also der Versuchung widersteht, die Pneumatologie in sich selbst hineinzuschlingen. Von Gott in Christus kann nur dann sinnvoll geredet werden, wenn bedacht wird, daß Christus in den Christen nur durch den Geist gegenwärtig ist und die Gegenwart Gottes in Christus und in den Christen eine unterschiedliche Struktur hat.

Jesus Christus ist der Mittelpunkt des christlichen Glaubens. In ihm hat sich Gott ganz gezeigt, durch ihn sind wir erlöst und mit Gott versöhnt. Was er für uns getan hat, kann kein anderer tun und braucht kein anderer zu tun. In diesem Sinn ist Jesus Christus einzigartig und unvergleichlich. Die Aussagen, die der Glaube über Gottes Gegenwart in ihm und Gottes Wirken in ihm und durch ihn macht, können und dürfen nicht auf die Christen übertragen werden, wenn nicht der reformatorische Grundsatz »solus Christus« aufgegeben werden soll. Die Heilsgewißheit hängt daran, daß das Heil extra nos vollbracht wurde. Die scharfe Betonung der Singularität Christi wirft aber die Frage auf: Wie kann das Heil gleichzeitig ganz und gar extra nos vollbracht und zugleich ganz und gar in nobis wirksam und gegenwärtig sein? Wie kann von der Gegenwart Gottes in dem einen Jesus Christus und gleichzeitig in den vielen Christen geredet werden, ohne daß die Singularität Christi aufgelöst wird? Wie kann umgekehrt gesagt werden, daß das in Christus vollbrachte Heil den vielen zugute kommt, wenn es so stark an seine Person gebunden wird, die ihren unverwechselbaren Platz in Raum und Zeit hat? Kurz gesagt: wie können Singularität und Universalität Christi, die sich beide aus dem »solus Christus« ergeben, gleichzeitig ausgesagt werden? Die Spannung löst sich ohne Einbuße, wenn hier trinitarisch differenziert, d. h. die Strukturunterschiede von Christologie und Pneumatologie beachtet werden. Es ist derselbe Gott, der in Christus und im Geist am Werk ist, aber er wirkt auf verschiedene Weise. Dem Werk Gottes in Christus eignet Singularität und Partikularität, dem Wirken Gottes durch den Geist Pluralität und Universalität[10]. Es zeigt sich also, daß die Christologie aus ihrem ureigensten Zentrum heraus auf eine Pneumatologie hindrängt, die die Vielfalt der Geistesgegenwart betont. Warum wirkt der Geist nun aber nicht vereinheitlichend? Warum gleicht er die Christen nicht einander an? Warum gibt er nicht allen dieselbe Gabe? Warum sind die Geistesgaben so unterschiedlich? Das hat seinen Grund darin, daß das Wirken des Geistes die Schöpfungswirklichkeit nicht überspielt, sondern zu Ehren bringt. Die Vielfalt und Vielgestaltigkeit der Schöpfung gefällt Gott, wie der Schöpfungsbericht der Priesterschrift betont. Das bezieht sich nicht nur auf Pflanzen und Tiere, sondern auch auf den Menschen. Der Mensch wird nicht eingestaltig geschaffen, sondern als Mann und Weib, wie Gen 1,27 ausdrücklich sagt; und diese Aussage steht in unmittelbarem Zusammenhang, ja geradezu parallel zu dem Satz, daß Gott den Menschen zu seinem Bild geschaffen habe. Das bedeutet, daß die Gottebenbildlichkeit, die den Menschen auszeichnet, nicht in dem besteht, was jeder Mensch mit allen Menschen gemeinsam hat, sondern daß er gerade in der Individualität, die ihn von anderen Menschen unterscheidet, Gottes Ebenbild ist. Der Mann ist Gott entsprechend nicht in dem, was er mit der Frau gemeinsam hat, sondern in seiner spezifischen Männlichkeit, so wie die Frau ihrerseits in ihrer spezifischen Weiblichkeit Gott entspricht. Die Pluralität gehört zur Fülle und Vollkommenheit der Schöpfung. Der Geist bringt diese Schöpfungswirklichkeit wieder zu Ehren, indem er sie von der Verzerrung und Entfremdung durch die Gottlosigkeit befreit. Es ist deutlich, daß auch die Schöpfungslehre zur Pluralität der Geistesgegenwart hindrängt.

Bohren, der ebenfalls auf die pluralistische Struktur der Pneumatologie zu sprechen kommt[11] (freilich ohne ihre doppelte Verankerung in der Trinitätslehre zu bedenken), spricht davon, daß sich der Geist polyphon artikuliere. Das ist eine Analogie, die geeignet ist, das Wirken des Geistes näher zu beschreiben. Im polyphonen Satz gibt es nicht die eine, führende Stimme, der alle anderen zu- und untergeordnet sind; sondern alle Stimmen sind gleichberechtigt. Es gibt auch nicht ein einziges Thema, das eine feste Gestalt hat und dann nach den in ihm ruhenden Möglichkeiten durchgeführt wird, sondern es entwickeln sich immer neue Linien und Figuren. Wenn einmal, wie in der Fuge, ein Thema die Führung hat, dann taucht es in allen Stimmen auf. Dennoch herrscht keine Unordnung und Disharmonie, sondern der polyphone Satz folgt festen harmonischen Gesetzen. Diese sind freilich (anders als im homophonen Satz der Klassik) nicht mit Händen zu greifen und einfach zu beziffern, sondern scheinen sich aus der Bewegung der untereinander unabhängigen Stimmen wie von selbst zu ergeben.

Man kann der Analogie von der Polyphonie des Geistes noch eine weitere an die Seite stellen und von der Polychromie, der Vielfarbigkeit des Geistes sprechen. In der Malerei spricht man von den Lokalfarben. Es sind dies die Farben, die den einzelnen Gegenständen je an ihrem Ort eigen sind. Wenn es dunkelt oder der Himmel trübe wird, werden sie stumpf und schwach. Das bleiche Licht des Mondes läßt keine Farben leuchten. Bei Nacht sind alle Katzen grau. Das helle Sonnenlicht dagegen läßt die Farben lebendig werden, und eine Landschaft wird um so farbiger, je höher die Sonne steht. Deshalb sind Bilder aus den Tropen in ihren Farben viel intensiver als solche aus dem hohen Norden. Dabei hat das Sonnenlicht selbst keine Farbe. Es ist weiß, d. h. enthält alle möglichen Farben in sich selbst. Trifft es mit seinem starken Leuchten auf einen farbigen Gegenstand, so reflektiert dieser den Teil des Sonnenlichts, der seiner eigenen Farbe entspricht. So kennt auch der Geist nicht die eine, wahre Manifestation, sondern er erweckt beim einzelnen Menschen die ihm eigene schöpfungsmäßige Möglichkeit. So kommt es zur vielfarbigen Gnade (poikile charis), von der 1 Petr 4,10 f. spricht.

Die Pluralität des Geistes hat aber nicht nur einen protologischen, sondern auch einen eschatologischen Aspekt. Paulus nennt den Geist »Erstlingsgabe« (aparche Röm 8,23) und »Angeld« (arrabon 2 Kor 1,22; 5,5; Eph 1,14). Das hat zwei Seiten. Es heißt, daß das Neue im Alten schon gegenwärtig ist. Die letzten Tage sind in ihm schon da, die eschatologische Metamorphose beginnt. Mit dem Erstlingsopfer wird im Alten Testament symbolisch die ganze Ernte Gott übergeben; die Anzahlung ist zugleich Unterpfand, Garantie für das Ganze, das noch aussteht. Deshalb auch die Verbindung zum Bild der Versiegelung und der Ton der Vergewisserung in 2 Kor 1,22 u. Eph 1,14. »Erstlingsgabe« und »Angeld« heißt aber zugleich, daß das Ganze noch aussteht. Die Opfergabe ist nicht die ganze Ernte, die Anzahlung noch nicht die ganze Kaufsumme. Deshalb tauchen diese Bezeichnungen für den Geist in solchen Zusammenhängen auf, wo Paulus vom Ausstehen der Vollendung redet: »Auch wir selbst, die wir den Geist als Erstlingsgabe haben, seufzen in uns selbst und warten auf die Kindschaft, die Erlösung unseres Leibes« (Röm 8,23). »Denn solange wir in dieser Hütte sind, seufzen wir und sind beschwert, weil wir lieber nicht entkleidet, sondern überkleidet werden wollen, damit das Sterbliche vom Leben verschlungen wird. Gott aber ist es, der uns dazu bereitet und uns den Geist als Unterpfand gegeben hat« (2 Kor 5,4 f.) Der Geist selbst ist also nicht das Ganze, sondern Fragment. Genauer gesagt: die Gaben des Geistes sind Fragmente. Denn es gibt den Geist ja nur in der Pluralität der Geistesgaben. In keiner von ihnen manifestiert sich der Geist so vollkommen, daß diese Manifestation nicht der Ergänzung durch die anderen Manifestationen bedürfte. Die Geistesgaben sind also Fragmente des Ganzen. Deshalb werden sie auch vergehen, wenn das Vollkommene kommt (1 Kor 13,8–12).

Dieser eschatologische Aspekt muß zum protologischen hinzutreten, wenn das Wesen der Pluralität richtig verstanden werden soll. Die Vielgestaltigkeit des Geistes hat ihren Grund nämlich nicht nur im Schöpferwirken des Vaters, sondern auch im Versöhnerwirken des Sohnes. Dieses tritt zu einer bestimmten Zeit in die Geschichte ein und versetzt diese in Spannung auf die Vollendung hin. Der Geist macht das Werk des Sohnes in der jeweiligen geschichtlichen Situation wirksam, gegenwärtig und erfahrbar. Er setzt sich also in Beziehung zur geschichtlichen Situation, in der Schöpfungswirklichkeit, Sünde und anbrechendes Gottesreich zu einem unentwirrbaren Knäuel verflochten sind. Da keine geschichtliche Situation der anderen vollkommen gleicht, der Geist aber wirklich in jede von ihnen eingeht, hat sein Wirken eine so vielfältige Gestalt. Der Geist scheut nicht die Brechung durch die Geschichte, denn er ist die Dynamik der wirklichen Gegenwart Gottes. Diese Brechung bringt einerseits eine prächtige Vielfalt, andererseits eine schmerzliche Begrenzung.

Die Bruchstückhaftigkeit des Geisteswirkens bezeichnet einen wichtigen Strukturunterschied zwischen Pneumatologie und Christologie[12]. Die Gegenwart Gottes in Christus ist keine fragmentarische, sondern eine ganzheitliche. Sie ergreift seine Person und sein Handeln vollkommen. Deshalb bedarf das, was er für uns getan hat, keiner Ergänzung. Das kann von den Christen nicht gesagt werden, und zwar weder vom einzelnen Christen noch von der jeweiligen Christengemeinde, in der sich die einzelnen Christen gegenseitig ergänzen, noch auch von der Christenheit in ihrer Gesamtheit nach Raum und Zeit, in der sich die jeweiligen Gemeinden und Kirchen wiederum ergänzen. Denn alle diese Ergänzungen schaffen nicht das Ganze. Der Geist selbst bleibt Fragment, solange das Vollkommene noch nicht gekommen ist. Wer das leugnen wollte, müßte die eschatologische Spannung verleugnen, in die das gesamte Wirken des Geistes eingespannt ist.

Bruchstückhaftigkeit bedeutet schmerzliche Begrenzung. Deshalb sind die Manifestationen des Geistes in den Christen trotz aller Vielstimmigkeit und Vielfarbigkeit so ärmlich und unansehnlich. Deshalb fehlt ihnen der Glanz, der alles andere Licht so unübersehbar überstrahlt, daß ihn jedermann wahrnehmen muß. Deshalb fehlt ihren Stimmen die Fülle des großen Klangs, den keiner überhören kann. Wenn bei einer archäologischen Expedition Fragmente einer griechischen Vase gefunden und dann im Zelt des Ausgrabungsleiters zusammengetragen werden, dann sieht der Laie nichts als einen Scherbenhaufen. Es bedarf der Imagination des Archäologen, der vergleichliche Vasen in heilem Zustand gesehen hat, um die Einzelscherben zusammenzusetzen und in den Teilen, die sich so ergeben, das ganze Gefäß und die ganze Malerei und ihre Bedeutung zu erkennen.

Der Enthusiasmus aller Schattierungen will von dieser Bruchstückhaftigkeit nichts wissen. Er behauptet immer, ein einzelner Geistträger oder eine geistgetriebene Gruppe besitze das Ganze, sei es die ganze Erkenntnis oder die ganze Kraft zur Tat. Dann wird behauptet, man könne die Tiefen der Gottheit erkennen und ergründen oder man könne das Reich Gottes hier und jetzt verwirklichen. Alles, was dem im Wege steht, wird dann mit Sünde und Ungehorsam in Verbindung gebracht. Alle Bruchstückhaftigkeit geht auf das Konto menschlicher Schuld. Das ist nicht völlig falsch. Denn wir dürfen nicht vergessen, was Paulus über den Kampf zwischen Fleisch und Geist schreibt und was Luther auf einer neuen Stufe der Reflexion durchdacht und auf die Formel »simul iustus et peccator« gebracht hat. Die schuldhafte Gottlosigkeit des Menschen, die auch der Christ noch nicht überwunden hat, widerstrebt dem Wirken des Geistes und versucht, den Geist zu ersticken. Aber auch dann, wenn er durchbricht, tritt nicht das Vollkommene, sondern ein Fragment zutage. Die Armseligkeit christlicher Existenz und Verkündigung allein auf die Sünde zurückzuführen ist so einseitig, daß die Aussage falsch wird und in der Konsequenz zu gefährlichen Ansichten führt.

Wie eng im übrigen die Beziehung von Pneumatologie und Christologie trotz der strukturellen Unterschiede ist, zeigt sich auch an dieser Stelle. Der fragmentarische Charakter des Geisteswirkens korrespondiert dem Skandalon des Kreuzes, und zwar sowohl im Sinn der Parallelität als der wechselseitigen Bezogenheit. Im Kreuz ist das Heil unter seinem Gegenteil verborgen. Es ist deshalb nicht einfach als Heil erkennbar. Es bedarf vielmehr des Wirkens des Geistes, um zu erkennen, daß hier schon das ganze Heil verwirklicht ist. Eben diese Gegenwart des Geistes in den Christen ist aber so fragmentarisch, daß sie als solche das Heil ebenfalls nicht erkennen läßt. Erst der in ihrem Wesen liegende Bezug auf das außerhalb ihrer selbst liegende Christusgeschehen, in dem das Ganze sichtbar wird, läßt das Heil erkennen. Das hat seinen Grund darin, daß sowohl Christus als auch der vom Geist ergriffene Christ unter den Bedingungen der Endlichkeit leben, die weder im einen noch im anderen Fall aufzuheben sind. Eben das aber wollen die Enthusiasten aller Schattierungen. Es ist daher kein Zufall, daß sie mehr von der Auferstehung als vom Kreuz zu reden wissen und das Kreuz als bloßes Durchgangsstadium zur Auferstehung verstehen wollen. Damit verlieren sie aber zugleich den Boden der Realität und werden schwärmerisch. Dies gilt es auf jeden Fall zu vermeiden. Man wird also gut tun, auch im Blick auf die vielfältigen Formen der Verkündigung, denen wir uns jetzt zuwenden, keine übertriebenen Erwartungen zu hegen, sondern nüchtern und realistisch zu bleiben.

4. Die Pluralität der Predigt und ihrer Ziele

Die dialektische Theologie hat Wesen und Vollzug der Predigt einseitig christologisch verstanden. Es galt, Christus als das eine Wort Gottes zu verkündigen. Dem entsprach die Textpredigt als die einzig mögliche Form der Predigt und der Weg vom Text zur Predigt, von der Exegese zur Homilie als die einzig legitime Weise der Predigtvorbereitung. Geschlossenheit und Eindeutigkeit waren die Ziele. Thurneysen erklärt programmatisch: »Keine Abwechslung in der Predigt. Es muß jeden Sonntag alles und darum jeden Sonntag das gleiche gesagt werden.«[13] Das brachte den Predigern dieser theologischen Richtung, besonders in der ersten Generation, eine eindrucksvolle Einstimmigkeit und Eindrücklichkeit. Barth konnte zusammen mit seinem Freund Thurneysen Predigten herausgeben, ohne zu bezeichnen, welche Predigt von welchem Prediger stammt. Ebenso verzichteten die Mitarbeiter des Andachtsbuchs »Erhalt uns, Herr, bei deinem Wort!«[14] auf namentliche Kennzeichnung ihrer Beiträge. In beiden Fällen ist es fast unmöglich, festzustellen, wer der Verfasser im einzelnen war. Was in der scharfen Frontstellung der geschichtlichen Situation und aus der Erfahrung einer beglückenden Arbeitsgemeinschaft heraus frisch und kräftig gelang, mußte, auf neue Generationen übertragen und zur Methode für alle gemacht, seine bedenklichen Schattenseiten enthüllen. So schreibt M. Doerne schon 1959 über das »faßbare Gesamtbild der evangelischen Predigtpraxis: ... Irrlehre und natürliche Theologie scheinen aus dem Felde geschlagen. Dafür weht durch die Predigten auf deutschen Kanzeln nicht selten ein Hauch gespenstischer Monotonie.«[15] Dieses Urteil ist in der Folgezeit oft zitiert worden und hat mit dazu beigetragen, daß die Homiletik seit Jahren versucht, mit empirischen Ansätzen zu einer neuen Lebendigkeit zu kommen.

Im folgenden will ich einige Versuche nennen, die Pluralität der Predigt und ihrer Ziele zu beschreiben, mit Hilfe humanwissenschaftlicher Methoden zu begründen und aus beidem methodische Eckwerte für die Predigtarbeit zu gewinnen. Dabei gilt mein Hauptinteresse nicht der ausführlichen Darstellung dieser Typologien, sondern der Verbindung zwischen den empirischen Fragestellungen und Ergebnissen und den oben zitierten biblischen und dogmatischen Aussagen über die Vielfalt einer vom Heiligen Geist bestimmten Verkündigung.

a) Textgruppen und Kirchenjahr

Die 1964/65 von L. Schmidt und C. H. Peisker herausgegebene »Kleine Predigt-Typologie« in drei Bänden dokumentiert eine große Vielfalt von Predigttypen. Neben dem »Grundtyp« der Gemeindepredigt werden im ersten Band die Lehrpredigt (bei Bibelstunden oder besonderen Predigtgottesdiensten), die evangelistische Predigt, die Kasualpredigt, die Dialogpredigt, die Predigt durch Laien, die Lesepredigt, die Predigt im Hörfunk und im Fernsehen und die Kinderpredigt aufgeführt.

Es sieht so aus, als seien hier Hörergruppen und Verkündigungssituationen die organisierenden Prinzipien der Typologie. Aber schon die Bezeichnung der Gemeindepredigt als Grundtyp macht stutzig, weil sie die anderen Formen ins zweite Glied stellt. Erst recht fragt man sich bei der Lektüre der beiden nächsten Bände, wo die Typen des ersten Bandes bleiben[16]. Nicht nur, daß hier fast nur noch Gemeindepredigten abgedruckt sind, auch die Einteilungsraster haben nichts mehr mit den verschiedenen Hörergruppen und Verkündigungssituationen zu tun. Sowohl der alttestamentliche als auch der neutestamentliche Band sind eingeteilt nach Textgruppen und nach dem Kirchenjahr. Da gibt es dann u. a. Urgeschichts-, Landnahme- und Psalmpredigten, Einzelwort-, Gleichnis-, Wunder- und eschatologische Predigten. Die Einteilung ist ganz vom Bibeltext bestimmt und unter dem Blickwinkel der exegetischen Wissenschaft gesehen. Im zweiten Teil folgen dann u. a. Weihnachts-, Passions- und Pfingstpredigten; hier ruht der Blick auf der Tradition der Feste im Kirchenjahr. Damit ist der situationsbezogene Ansatz des ersten Bandes aufgegeben. An seine Stelle tritt eine Sicht von der Vielfalt der Verkündigung, die eine große Tradition hat. Sie orientiert sich am Inhalt des christlichen Glaubens. Dieser ist ein großes, organisches Ganzes, das sich aus vielen unterschiedlichen Teilen zusammenfügt. Man kann nicht alle Teile gleichzeitig betrachten. Deshalb hat jede Predigt partikularen Charakter. Die Einzelteile lassen sich aber zu einem Ganzen zusammenfügen, und das Kirchenjahr sorgt dafür, daß dieses Ganze im Blick bleibt. Jeder Prediger und jeder Hörer hat das Ganze, zwar nicht in jedem Augenblick, aber doch im Durchlaufen des Zyklus. Das ist auch die Konzeption der Perikopenordnung: Wenn die sechs Predigtreihen durchschritten sind, fehlt nichts Wesentliches mehr.

Auf diese Weise kommt die Vielfalt der biblischen Texte gut zur Geltung, aber die Vielfalt der Prediger, der Predigtsituationen und der einzelnen Hörer gerät ganz aus dem Blick. Die Typologie, die hier entsteht, ist daher sehr einseitig. Ja, es ist zu fragen, ob das harmonische Bild, das ihr zugrunde liegt, sich mit dem skizzierten Wirken des Geistes in der Verkündigung verträgt. Die schöpfungsgemäße Verschiedenheit, die der Geist zu Ehren bringt, wird völlig vernachlässigt, und es sieht so aus, als seien alle Prediger im Grunde gleich und man könne letztlich doch dasselbe von ihnen erwarten. Ebenso wird die eschatologische Bestimmtheit der Verkündigung und der Fragmentcharakter der Geistesgaben vergessen und ein zyklisches Konzept an die Stelle eines eschatologisch-geschichtlichen gesetzt. Wären die Ansätze des ersten Bandes, neben der Gemeindepredigt auch andere Formen der Verkündigung zu beschreiben, weitergeführt worden, wären ihre Bedingungen, Ziele und Wirkungen empirisch untersucht und ihr Nebeneinander reflektiert worden, hätte das über die traditionelle Sicht der beiden nächsten Bände hinaus geführt. Aber 1964 war die These der dialektischen Theologie, daß es im Grunde nur eine einzige Predigt gäbe, noch unangefochten.

b) Die drei antiken Redeformen

Einen guten Schritt weiter führt R. Heue, der in der Analyse von Predigten die drei Redeformen der antiken Rhetorik als heuristisches Modell verwendet und dabei drei unterschiedliche Predigttypen entdeckt[17]. Jeder Typ hat seine Redeweise, die einer bestimmten Suchbewegung beim Hörer korrespondiert und ihn in einem bestimmten Empfangsbereich erreicht. Der erste Typ ist die gewißmachende Predigt (analog der epideiktischen oder Lobrede, dem genus demonstrativum), die auf die Suche des Hörers nach Lebenssinn antwortet und sich an das Gefühl wendet. Der zweite Typ ist die informierende Predigt (analog der Gerichtsrede, dem genus iudiciale), die dem Bedürfnis nach Orientierung entspricht und sich an den Verstand wendet. Der dritte Typ ist die herausfordernde Rede (analog der Ratsrede, dem genus deliberativum), die auf das Bedürfnis nach konkreter Anweisung für das christliche Handeln eingeht, kritische Fragen aufgreift, zur Entscheidung ruft und sich an den Willen wendet.

In der antiken Rhetorik ist das genus durch die Situation bestimmt. Vor Gericht braucht es die Gerichtsrede, in der Ankläger wie Verteidiger den Sachverhalt darlegen und den Richter durch Argumente zu einem bestimmten Urteil bringen wollen. In der Volksversammlung, in der eine Entscheidung zu treffen ist, hat die Ratsrede ihren Platz, in der der Redner einen bestimmten Rat gibt, entsprechend begründet und zur Entscheidung aufruft. Bei der Ehrung eines Staatsmanns oder der für das Vaterland Gefallenen hat die Lobrede ihren Platz.

Bei der Predigt sind die Situationen nicht klar unterschieden. Ja, man könnte sagen, es handle sich im Grund immer um dieselbe Situation. Heue geht deshalb auf die Situation überhaupt nicht ein, sondern typisiert von den Hörern her. Da gibt es Gefühls-, Verstandes- und Willensmenschen, die entsprechende Erwartungen an die Predigt haben. Oder es ist das Lebensalter, das seine typische Suchbewegung hat; so drängt z. B. die Jugend auf konkrete Konsequenzen des Glaubens und braucht daher die herausfordernde Predigt. Oder ein Mensch steht in seiner Beschäftigung mit dem christlichen Glauben in einer bestimmten Phase. Zuerst braucht er Gewißheit, Ruhe, Geborgenheit und Sinn. Dann braucht er Information, warum ihm Gott in seiner Not hilft und worin der feste Grund besteht, auf dem er stehen kann. Zuletzt braucht er den Impuls, den christlichen Glauben auch konkret zu leben.

Verschiedene Predigttypen werden nach Heue aber auch durch die Predigttexte gefordert. »Die biblischen Texte sind auf ihr rhetorisches Profil (genus) hin zu untersuchen. Das hat Folgen für die Predigt. Ein Lobpreis kann nur als Lobpreis gepredigt werden.«[18] Schließlich ist es auch der Prediger selbst, der sein bestimmtes Profil hat. Dieses ist zu einem guten Teil von der Tradition bestimmt, in der er steht. Protestprediger »geben sich oft nüchtern-lehrhaft und verdrängen dabei ihre Gefühlswelt. Die Predigt soll nicht schön oder feierlich sein, sondern ernst und inhaltsreich. Das Idealbild protestantischer Prediger ist der Professor. In Vorlesungen haben sie Theologie gelernt, über den Empfangsbereich Verstand. Ohne sich dessen bewußt zu werden, meinen viele Prediger, man brauche nur die Inhalte eines Predigttextes richtig zu erklären, die Hörer würden dann schon verstehen, worum es geht.«[19] Daneben gibt es freilich auch die evangelistische Tradition und die politische Predigt, die beide herausfordernde Reden sind, obwohl theologisch oft diametral entgegengesetzt. Jeder Prediger hat ein eigenes rhetorisches Profil, hinter dem eine bestimmte Einstellung zur Welt und zur Gemeinde steht. Daher kommt es, daß ihm bestimmte Redeweisen besser gelingen und andere weniger gut.

Heues Ansatz zeigt, daß die Pluralität der Predigt sofort zutage tritt, wenn die dogmatische These von der einen Predigt aufgegeben und statt dessen die Predigt empirisch als Rede betrachtet und der Blick nicht nur auf den Text, sondern auch auf den Hörer und den Prediger gelenkt wird. Die Vielfalt erscheint dabei nicht als leidige Begrenzung, die eben in Kauf genommen werden muß, sondern als notwendige Differenzierung. Die Predigt, die alles will, kann nichts richtig. Wenn sie aber ein bestimmtes Ziel verfolgt und andere, auch mögliche Ziele auf der Seite läßt, kann sie sich entfalten und hat eine weit größere Chance, beim Hörer zu erreichen, was sie will. Die Beispiele, die bei Heue/Lindner angeführt werden, zeigen, daß eine Predigt desto sprechender wird, je deutlicher ihr rhetorisches Profil ausgeprägt ist, wobei Form und Inhalt untrennbar ineinander liegen. Auf diese Weise wird der Prediger aus der Pflicht entlassen, in jeder Predigt alle inhaltlich-theologisch wichtigen Gesichtspunkte zu berücksichtigen. Er braucht nicht mehr zu meinen, er müsse immer Zuspruch *und* Anspruch, Gabe *und* Aufgabe, Indikativ *und* Imperativ verkündigen. Gleichzeitig muß er den Anspruch aufgeben, mit einer einzigen Predigt alles Wichtige sagen zu können.

Man könnte nun den Verdacht hegen, daß sich diese Homiletik nicht nur von der dogmatischen These von der einen Predigt, sondern überhaupt von einer theologischen Begründung absetzt und die Predigtarbeit den Einflüssen der antiken Rhetorik öffnet, die aus einem ganz anderen geistigen Wurzelgrund kommt als der christliche Glaube. Das ist aber nicht richtig. Heue weist darauf hin, daß die drei genera dicendi drei entscheidenden Inhalten der christlichen Botschaft entsprechen, zugleich aber auch durch diese Botschaft stark modifiziert werden. Die antike Lobrede lobt die Schönheit und den Erfolg; die christliche Predigt hat den Gekreuzigten zu preisen, der keine Gestalt noch Schönheit hatte. Die antike Gerichtsrede argumentiert und überläßt das Urteil dem Hörer; die christliche Predigt hat zu bedenken, daß Gottes Urteil allem Urteilen des Hörers vorausliegt und daß daher das Argumentieren Grenzen hat. Die antike Ratsrede ist Tugendrede und geht auf menschliche Möglichkeiten; der christliche Appell geht von Möglichkeiten aus, die der Menschen nicht selbst schaffen kann[20].

Diese theologischen Gedanken wollen zeigen, daß es möglich ist, antike Rhetorik und christliche Verkündigung miteinander zu verbinden. Sie zeigen aber nicht, warum es notwendigerweise verschiedene Predigttypen geben muß. Das wird bei Heue psychologisch und nicht theologisch begründet. Dadurch kann der Eindruck entstehen, als sei die theologische Begründung erst sekundär und das ganze Interesse doch anders motiviert. Werden seine Überlegungen jedoch in einen pneumatologischen Zusammenhang hineingestellt, gewinnen sie eine festere theologische Begründung und der genannte Verdacht müßte schwinden. Weil die Christusbotschaft nur durch den Heiligen Geist gegenwärtig wird, dieser Geist sich aber notwendigerweise in der Vielzahl der Geistesgaben manifestiert, kann es gar nicht die eine Predigt geben, auch nicht einen Grundtyp, sondern die Predigt muß, will sie dem Geist entsprechen, nach Form und Ziel vielfältig sein. Das Interesse an der Empirie, an der wirklichen Predigt und ihrer Wirkung, ist theologisch geboten. Denn das Wirken des Geistes verwirklicht Christus, indem es die Schöpfungswirklichkeit zu Ehren bringt und das Eschaton schon jetzt fragmentarisch Wirklichkeit werden läßt.

Ich halte also Heues Ansatz für theologisch legitim, ja geboten. Er wirft aber auch eine Reihe von Fragen auf. Zunächst zur psychologischen Basis: Läßt sich die antike Trichotomie Gefühl – Wille – Verstand heute noch zum Ausgangspunkt einer Psychologie des Predigers und des Hörers machen? Müßten hier nicht neuere Erkenntnisse, vor allem aus der Tiefenpsychologie, aufgenommen werden? Dann zum Begriff des Typs: Stehen dem einzelnen Prediger prinzipiell mehrere Predigttypen zu Gebote, oder ist er durch sein Persönlichkeitsprofil auf einen einzigen festgelegt? Kann ein Hörer durch verschiedenartige Redeweisen angesprochen werden? Einerseits spricht Heue davon, daß Prediger und Hörer ein bestimmtes Profil haben; andererseits spricht er davon, daß Prediger und Hörer durch das Kennenlernen anderer Redetypen einen weiteren Spielraum gewinnen können. Wie groß ist dieser Spielraum? Weitere Fragen gelten der Beziehung von Predigttext, Hörer und Prediger: Welcher dieser Faktoren bestimmt den Typ der Predigt? Welcher soll ihn bestimmen? Wie gestaltet sich die Kommunikation, wenn hier Differenzen auftreten? Was geschieht zum Beispiel, wenn ein Prediger, der informieren und zum Verstehen helfen will, einen hymnischen Text Hörern zu predigen hat, die nach konkreten Weisungen für ihr Leben verlangen? Schließlich noch Fragen zum situativen Rahmen: Ist der Gottesdienst offen für alle Redeformen? Gibt es bestimmte Gottesdienste, die bestimmte Redeformen verlangen und andere ausschließen? Gibt es Predigtformen und Predigtziele, die sich im Gottesdienst nie entfalten können, sondern immer nur in Kümmerformen auftreten?

Die Mehrzahl der eben genannten Fragen wird von F. Riemann und A. Denecke nicht nur gestellt, sondern auch beantwortet. Es lohnt sich deshalb, sich mit dieser Konzeption zu befassen.

c) Die vier menschlichen Grundstrebungen[21]

Riemann unterscheidet den schizoiden, depressiven, zwanghaften und hysterischen Menschen und findet diese Persönlichkeitsstrukturen auch unter den Predigern. Die

Herkunft dieser Begriffe aus der Psychopathologie liegt auf der Hand. Die Namen der vier großen Neurosen dienen zur Bezeichnung der vier Persönlichkeitstypen. Das hat seinen Grund darin, daß diese Typen von der Tiefenpsychologie in der Beschäftigung mit psychisch Kranken entwickelt wurden. Werden diese Bezeichnungen jedoch auf den Prediger übertragen, so stößt dies auf starke emotionale Widerstände. Die Nomenklatur macht Angst, weil sie den Eindruck erweckt, es gäbe nur psychisch kranke Prediger und der Unterschied sei bloß, an welcher Neurose einer leide. Dabei ist das gar nicht Riemanns Meinung. Er beschreibt die Stärken des einzelnen Typs ebenso eingehend wie seine Schwächen. Er geht nur – wie alle Tiefenpsychologen – davon aus, daß beim kranken Menschen die menschlichen Grundbestrebungen besonders deutlich hervortreten und im übrigen ein fließender Übergang vom gesunden zum kranken Menschen besteht. Da die Bezeichnungen auch nach Riemanns Intention qualifizieren und nicht abqualifizieren sollen, setzt Denecke positiv gefüllte Begriffe an ihre Stelle. Er spricht vom tiefsinnigen Prediger der Erkenntnis, vom einfühlsamen Prediger der Liebe, vom verantwortungsvollen Prediger der Ordnung und vom wandlungsfähigen Prediger der Freiheit. In der Arbeit des Stuttgarter Pfarrseminars verwenden wir auch die Bezeichnungen Kritiker, Partner, Bewahrer und Beweger. Solche Begriffe mit positiven Konnotationen sind nach meiner Erfahrung besser geeignet, die gemeinte Vielfalt des Predigens offen ins Auge zu fassen.

Riemann spricht im Anschluß an Freud von vier Grundstrebungen im Menschen, von denen jeweils zwei in polarer Spannung zueinander stehen. Die jeweilige Stärke oder Schwäche dieser Grundstrebungen beim einzelnen Menschen bilden sich in den ersten sechs Lebensjahren und bestimmen das weitere Leben auch und gerade dann, wenn der Mensch sich dessen nicht bewußt ist. In jedem Menschen ist das Streben nach Distanz und in polarer Spannung dazu das Streben nach Nähe, außerdem der Wunsch nach Dauer und der komplementäre Wunsch nach Veränderung. Diese Strebungen sind bei den einzelnen Menschen verschieden stark ausgebildet. Das Mischungsverhältnis ist bei jedem Menschen anders.

Kein Mensch gleicht also dem anderen völlig. Trotzdem kann man von Typen sprechen, denn Menschen mit ähnlichen Mischungsverhältnissen zeigen eine ähnliche Persönlichkeitsstruktur und typische Verhaltensweisen. Die völlig ausgewogene Persönlichkeit gibt es nicht. Eine Persönlichkeit gewinnt ihre Konturen gerade dadurch, daß ein Pol überbetont ist, während die anderen unterbetont sind, ohne ganz zu fehlen. Beobachtungen zeigen, daß meist eine Hauptdominanz und eine Nebendominanz vorhanden sind, während die beiden übrigen Strebungen latent im Hintergrund bleiben. Hat z. B. das Streben nach Dauer die Hauptdominanz, so führt der Wunsch nach Veränderung ein Schattendasein. Nebendominant können dann das Streben nach Distanz oder nach Nähe sein. Hat das Streben nach Nähe die Nebendominanz, tritt der Wunsch nach Distanz zurück, jedoch nicht so stark wie der Wunsch nach Veränderung, da auch der Wunsch nach Nähe nicht so stark ausgeprägt ist wie der Wunsch nach Dauer. Jeder Mensch äußert sich bewußt oder

Schizoid	Depressiv	Zwanghaft	Hysterisch
tiefsinnig → Erkenntnis	einfühlsam + Liebe	verantwort.voll → Ordnung	wandlungsfähig → Freiheit
Kritiker	Partner	Bewahrer	Beweger
Distanz	Nähe	Dauer	Veränderung

unbewußt hauptsächlich auf der Linie seiner Hauptdominanz und ist auf dieser Linie besonders ansprechbar. Aber auch die anderen Strebungen bestimmen ihn in seinen aktiven und passiven Möglichkeiten, je nach ihrer Stärke in größerem oder kleinerem Maß. Auch die Schatten sind von Bedeutung, denn sie repräsentieren die geheimen Wünsche und Sehnsüchte, die sich oft unbewußt oder unkontrolliert zu Worte melden.

Auf den Prediger angewandt, sehen die vier Grundtypen folgendermaßen aus:

1. Der verantwortungsvolle Prediger der Ordnung:

Er ist der Bewahrer, dem es in erster Linie um Verläßlichkeit geht, um Tradition und Dauer, um Klarheit und Verantwortung. Wichtig ist ihm das Objektive, das ewig Gültige, das Bleibende in allem Wandel. Er spricht daher von Gottes Herrlichkeit, von der Herrschaft Christi, von Autorität und von Leitbildern.

2. Der wandlungsfähige Prediger der Freiheit:

Er ist der Beweger, dem es in erster Linie um den Aufbruch geht, um Veränderung und Wandel, um Offenheit und Beweglichkeit. Er vertritt Sorglosigkeit und Lebensbejahung, ist heiter und stark nach außen gewandt. Er spricht daher von Chancen und Möglichkeit des Glaubens, von Aufgaben und ihrer Lösung.

3. Der tiefsinnige Prediger der Erkenntnis:

Er ist der Kritiker, der Distanz und Kühle braucht, um zu sich selbst zu kommen; denn Selbstwerdung, Unabhängigkeit und Selbständigkeit sind seine Ziele. Er empfindet Gegensätze, stellt in Frage, problematisiert und findet sich mit Mißständen nicht ab. Er spricht von der Erkenntnis Christi und der Gewißheit, die sie vermittelt, von tiefen und ernsten Gedanken.

4. Der einfühlsame Prediger der Liebe:

Er ist der Partner, der sich ganz dem Du zuwendet, der Nähe und Geborgenheit sucht und gibt und seine Gewißheit in der Liebe findet. Ihm geht es um das Dienen und Hergeben, um das geduldige Sich-Fügen und Leiden. Er spricht vom Kreuz Christi, von Dunkelheitserfahrungen, Enttäuschungen und Hilflosigkeit.

Jeder dieser Prediger hat seine Stärken und seine Schwächen. Dabei empfindet ein Hörer, der eine ähnliche Persönlichkeitsstruktur hat wie der Prediger, besonders die Stärken, während der Gegentyp vor allem die Schwächen spürt. Ein Partner-Hörer wird von einem Kritiker-Prediger am wenigstens befriedigt sein (und sich doch im geheimen vieles wünschen, was dieser hat). Der Kritiker-Prediger wird aber auch bei Bewahrer-Hörern und Beweger-Hörern auf Widerstand stoßen (und eine umgekehrt proportionale Anziehung auf sie ausüben).

Denecke beobachtet an konkreten Predigten, daß jeder Prediger persönlich predigt, daß seine Person aber kaum direkt zum Bestandteil der Predigt wird. Sein Ziel ist es nun, die indirekt persönliche Predigtweise in eine direkte umzuwandeln. »Wenn es gelingt, die Vielfältigkeit, persönlich zu predigen, sich bewußt zu machen, sie direkt, offen und kontrolliert in der Predigt einzusetzen – die spezifischen Gefahren des je besonderen Kommunikationsprofils berücksichtigend –, dann werden für den Hörer Verstehensbarrieren abgebaut und neue Kommunikationsmöglichkeiten eröffnet. Der Hörer kann sich in Anknüpfung und Widerspruch zu dem offengelegten persönlichen Anteil des Predigers an seiner Predigt selbst entdecken, kann bewußt zustimmen oder sich davon absetzen und in alledem seine eigene persönliche Betroffenheit erkennen. Wenn der Prediger offen (und nicht mehr nur verborgen) von sich redet und ›ich‹ sagt, kann auch der Hörer offen persönlich die Botschaft aufnehmen und zu *seinem* Glauben finden.«[22]

Deneckes Programm »Persönlich predigen!« möchte den Prediger dazu veranlassen, sein Kommunikationsprofil mit seinen Stärken und Schwächen bewußt zu akzeptieren, dabei aber nicht stehenzubleiben, sondern dieses Profil Schritt für Schritt zu erweitern und seine Schwächen partiell zu überwinden. Wenn z. B. der wandlungsfähige Prediger der Freiheit sieht, daß er mit seiner lockeren und freundlichen Art in der Gefahr ist, den Hörer einzufangen und kritiklos zu machen und dem Inhalt und seinen Problemen nicht die nötige Aufmerksamkeit zu schenken, kann er sich schrittweise um mehr Durchsichtigkeit auf der Beziehungsebene und mehr logische Prägnanz, Zielstrebigkeit und Ernsthaftigkeit auf der Inhaltsebene bemühen, indem er die Möglichkeiten seiner Persönlichkeit aktiviert, die weniger dominant sind. Denecke entwickelt für alle vier Typen entsprechende Lernschritte, bietet also eine typenbezogene Rhetorik, die aus der Praxis kommt und nach meinen Erfahrungen in der Vikarsausbildung durchaus praktikabel ist.

Ich halte Deneckes Programm für sehr beachtlich und hilfreich, nicht nur weil es die Typisierung auf eine solide psychologische Grundlage stellt, sondern auch weil es, ohne daß sich Denecke dessen bewußt ist, wichtige Ziele einer pneumatologisch begründeten Homiletik verwirklicht. Wenn ein Prediger sein Kommunikationsprofil akzeptiert und seine Schwächen schrittweise überwindet, so verwirklicht sich hier der Geist, der die vielgestaltige Schöpfungswirklichkeit wieder zu Ehren bringt, indem er sie aus der Verzerrung und Entfremdung durch die Gottlosigkeit befreit. Daß der entsprechende Lernprozeß auch bei bestem Ausbau der Methode Stückwerk bleibt, hängt mit dem fragmentarischen Charakter des Geistes zusammen, braucht also nicht zur Resignation zu führen, da das Fragment schon Unterpfand des Vollkommenen ist.

Der Zusammenhang von Schöpfung, Sünde und Gnade scheint mir für den rechten Gebrauch dieser Methode wichtig. Der Typ, dem der einzelne zugehört, ist ihm vom Schöpfer gegeben. Das will nicht heißen, daß er durch die Erbanlage festgelegt sei. Physische und psychische Anlagen sind zwar von Geburt an gegeben, wie man schon an der häufigen Korrespondenz zwischen bestimmten Körperformen und bestimmten Persönlichkeitsprofilen sehen kann. Aber sie bilden sich, wie Riemann zeigt, erst im Laufe des Lebens aus, vor allem in den ersten sechs Lebensjahren. Dabei spielt die Umwelt unserer Kindheit mit den Persönlichkeiten von Eltern und Erziehern und der jeweiligen Gesellschaft mit ihren Spielregeln eine entscheidende Rolle. Auch darin, und nicht nur im Erbgang ist der Schöpfer am Werk: creatio continuata. Allerdings sind es nicht nur gute und fördernde Einflüsse, sondern auch hemmende und böse, die hier wirksam werden. Eltern und Erzieher machen sich an ihren Kindern schuldig, und das kann im Extremfall bis zu einer Verzerrung führen, die einer Zerstörung der Persönlichkeit gleichkommt. Man kann hier die Wirkung von Schöpfung und Sünde nicht sauber auseinanderhalten, denn wir haben die konkrete Schöpfungswirklichkeit immer nur zugleich mit ihrer Verzerrung. Auch persönliche und überpersönliche Schuld lassen sich nicht im einzelnen auseinanderlegen. Wenn Eltern die Persönlichkeitsentwicklung ihres Kindes hemmen, so spielt dabei meist die gesellschaftliche Umwelt, in die sie schicksalhaft hineingestellt sind, eine wichtige Rolle. Für die Schwächen und destruktiven Züge ihrer eigenen Persönlichkeitsstruktur sind sie ebenfalls nur zum Teil persönlich verantwortlich. Jeder hat hier Teil an einer Gesamtschuld, steht in einem verderblichen Geflecht. Allerdings flicht er selbst daran mit, indem er seine Schwächen und destruktiven Züge nicht als solche akzeptiert, sondern zu Stärken umlügt oder für sachlich notwendig erklärt. Ich kann als Prediger meine Persönlichkeitsstruktur mit ihren destruktiven Zügen nur bejahen, weil ich ein von Gott gerechtfertigter Sünder bin. Dieses Urteil Gottes gibt mir den Blick frei auf eine unverstellte Wirklichkeit meiner selbst und gibt mir zugleich die Hoffnung auf eine entscheidende, wenn auch nur stückweise Veränderung aus der Kraft des Geistes.

Diese theologische Perspektive, die bei Riemann und Denecke nicht berücksichtigt ist, kann ihre Methode vor zwei entgegengesetzten, aber gleich naheliegenden Entartungen bewahren. Die eine ist die pessimistisch-resignative. Aus der Praxis weiß ich, daß die Analyse einer Predigt auf die Persönlichkeitsstruktur des Predigers hin für diesen sehr überzeugend und sehr niederschmetternd sein kann. Er sieht weniger seine Möglichkeiten als seine Grenzen, und wie er sich selbst im Wege steht[23]. Er steht in der Gefahr, ganz zu resignieren. Wird dann aber die genannte theologische Perspektive aufgezeigt und die Analyse mit weiteren Predigten fortgesetzt, kann dieser Tendenz gewehrt werden. Die zweite Entartung ist die optimistisch-technokratische. Sie bedroht vor allem den Ausbilder, der mit der Methode arbeitet. Er erweckt leicht den Anschein, ein Instrumentarium zu besitzen, das unfehlbar zu einem größeren Erfolg in der Predigttätigkeit führt. Wird aber seine Arbeit in den pneumatologischen Horizont gestellt, muß dieser Anspruch fallen.

Für Denecke spielen diese pneumatologischen Zusammenhänge, wie gesagt, keine Rolle. Er gibt seinem Programm vielmehr eine knappe christologische Begründung, die allerdings erhebliche Schwächen hat und daher im Unterschied zur pneumatologischen Begründung keine regulative Funktion gewinnen kann. Die Begründung konzentriert sich ganz auf die Inkarnationslehre: Wie Gott in Christus Fleisch wurde, wird er heute im Prediger Fleisch. »Persönlich zu predigen, das ist nicht nur eine Möglichkeit neben anderen, sondern eine Notwendigkeit christlicher Predigt überhaupt ... Die unumkehrbare Tendenz des Wortes Gottes, sich in dieser profanen Welt einzunisten, zwingt uns geradezu dazu, persönlich zu predigen ... Denn das Wort Gottes hat sich verleiblicht und will eben in dieser Leiblichkeit gefunden werden ... Der konkrete Ort dieser Verleiblichung ist in der Predigt zunächst der Prediger selbst ... In, mit und unter der Person des Predigers – und der Person des Hörers – will Gott sich finden lassen.«[24] Während die reformierte Tradition einschließlich Barth die bleibende Unterschiedenheit von Gott und Mensch in der Inkarnation betonen, geht es Luther und der lutherischen Orthodoxie mit ihrer Betonung der communicatio idiomatum um die untrennbare Einheit beider. Hier knüpft Denecke an und versteht sich deshalb als lutherischen Homiletiker.

Die Schwäche dieser Begründung besteht darin, daß Christus und der heutige Prediger viel zu schnell parallelisiert werden. Die Person des Predigers bekommt sakramentalen Charakter, was in der Konsequenz noch fatalere Folgen haben muß als Barths These vom sakramentalen Charakter einer druckreifen Textpredigt. Wenn sich Gott selbst im Prediger verleiblicht, welche Rolle spielen dann die destruktiven Seiten seiner Persönlichkeit? In welchem Verhältnis stehen die vielen Inkarnationen in den Predigern (und Hörern) zueinander und zum Fleisch gewordenen Sohn? Warum die Pluralität, warum die Bruchstückhaftigkeit? Ganz am Ende seines temperamentvollen Aufsatzes sieht Denecke die Gefahr solcher Mißverständnisse. »Die Gefahr dieser Predigtlehre besteht dort, wo ... die Verleiblichung des Glaubens in der Person des Predigers in seiner Sichtbarkeit, Greifbarkeit und Angreifbarkeit selbst *direkt* für das Wort Gottes genommen wird.« Er sagt deshalb über den Prediger: »Seine Person ist kein Selbstzweck, sondern hat exemplarischen Verweischarakter auf Christus hin.«[25] Aber diese Differenz, die eigentlich alles vorher Gesagte modifizieren müßte, wird nicht mehr ausgeführt.

Deneckes Äußerungen scheinen mir ein Beispiel dafür zu sein, wie man es nicht machen darf. Allzu schnelle, plakative, dogmatische Thesen genügen nicht zur theologischen Begründung empirischer Homiletik. Entweder werden sie nicht ernstgenommen, dann sind sie überflüssig. Oder sie werden genau betrachtet, offenbaren ihre großen Schwächen und schaden dann dem ganzen Unternehmen. Der Rekurs auf die Inkarnation kann in unserem Zusammenhang durchaus eine Rolle spielen. Ich werde weiter unten auf strukturelle Parallelen zwischen Inkarnationschristologie und Pneumatologie zu sprechen kommen. Aber erst, wenn neben der Parallelität auch von der Differenz gesprochen wird, ergeben sich vertretbare Aussagen.

Eine letzte Frage zu Deneckes Konzept darf nicht übergangen werden: Wie steht es bei ihm mit dem Predigttext? Die Reflexion darüber steht nicht im Mittelpunkt seiner Untersuchung, wird aber am Ende in sinnvoller Weise einbezogen. Ebenso wie beim Prediger und Hörer fragt Denecke beim Text nach dem Kommunikationsprofil, und zwar sowohl nach dem Profil des biblischen Autors als auch nach dem der einzelnen Perikope. »Ist ein Text schwerpunktmäßig auf Dauer oder auf Wandel, auf Ordnung oder Freiheit, auf Distanz oder Nähe, auf Erkenntnis oder Liebe angelegt?« Damit wird schon in der Exegese und erst recht in der Meditation nicht nur die Inhalts-, sondern auch die Beziehungsebene reflektiert. Die alte Frage nach dem Skopus des Textes und der Intention der Predigt bekommt ein neues, lebendigeres Gesicht. Dabei soll es nicht dazu kommen, daß der Prediger das aus dem Text nimmt, was ihm liegt. Er wird sich vielmehr fragen: »Ist meine eigene Vorliebe für bestimmte Texte oder auch meine Ablehung von dem Kommunikationsprofil des biblischen Textes und meinem eigenen Kommunikationsprofil abhängig? Wie kann ich meine Fähigkeit, mit mir zunächst vielleicht fremden und unsympathischen biblischen Texten konstruktiv umzugehen, erweitern? Und zwar so, daß ich nicht nur von außen aus der dogmatisch korrekten Einsicht heraus, daß in allen biblischen Texten sicher etwas Sinnvolles steht, einen sperrigen Text – quasi zwanghaft – akzeptiere, sondern so, daß ich ihn auch innerlich bejahe und in mein Leben zu integrieren versuche? Denn erst dadurch wird meine Predigt über diesen Text echt und kommunikabel.«[26] Denecke rechnet durchaus damit, daß das Ergebnis einer solchen Beschäftigung mit dem Text je nach Persönlichkeitsstruktur des Predigers sehr verschieden ausfallen wird. Und diese Annahme ist nichts anderes als realistisch. Er zeigt aber auch an vier Predigten über Lk 2, daß jeder Typ einen Aspekt aufnimmt, der im Text selbst schon angelegt ist. Keine Predigt vermag die ganze Weihnachtsbotschaft zu fassen. Kein Aspekt darf auf Kosten eines andern als der eigentliche herausgehoben werden. Erst in der Pluralität der Predigt zeigt sich die Unerschöpflichkeit der Weihnachtsbotschaft[27]. Man kann fragen, ob auf diese Weise die kritische Funktion des Bibeltextes genügend berücksichtigt ist. Man wird Denecke aber nicht bestreiten können, daß er Prediger, Hörer und Text gleichgewichtig ins Spiel bringen will.

5. Verschiedene Verkündigungssituationen

Prediger, Redeform, Hörer und Text spielen bei Heue und Denecke eine wichtige Rolle. Unberücksichtigt bleibt die konkrete Verkündigungssituation. Es wird stillschweigend angenommen, daß es sich immer um den normalen Gottesdienst am Vormittag irgend eines Sonntags handelt und daß diese Situation offen ist für alle Redeformen und Predigertypen. Das ist aber in mehrfacher Hinsicht zu wenig differenziert.

Zunächst kann man sich unschwer vor Augen führen, daß es schon innerhalb des Kirchenjahrs Gottesdienste mit unverwechselbar eigenem Gepräge gibt, einem Gepräge, dem sich der jeweilige Predigttext unterzuordnen hat. Dazu gehört besonders der Gottesdienst am Heiligen Abend, aber auch am Altjahrsabend, an Neujahr, am Erntedankfest und am Totensonntag, je nach örtlicher Tradition auch am Reformationsfest. Predigten, die an solchen Tagen gehalten werden, können nicht auf dem Weg des Predigttausches eine Woche vorher oder nachher in der Nachbargemeinde gehalten werden, es sei denn, eine solche Predigt z. B. am Totensonntag habe nichts mit Totengedenken zu tun und verfehle somit ihre Aufgabe von vorneherein. Solche Gottesdienste markieren ihren speziellen Charakter durch bestimmte Zeichen, die jedem, der kommt, signalisieren, daß heute kein »gewöhnlicher Sonntag« ist. Einige dieser Gottesdienste finden an einem bestimmten Datum statt, einerlei, ob das auf einen Sonntag fällt oder nicht. Einige sind am Abend und nicht am Morgen. Einige sind durch verbale Zeichen bestimmt, wie die Verlesung der Verstorbenen des letzten Jahres, oder durch nonverbale, wie den geschmückte Altar am Erntedankfest oder Fahnen und Posaunen am Reformationsfest. Sie haben dies mit den Kasualgottesdiensten gemeinsam, bei denen durch zwei Stühle vor dem Altar, einen Sarg in der Kirche oder den Einzug der festlich gekleideten Konfirmanden auch dem zufälligen Besucher signalisiert wird, in welcher gottesdienstlichen Situation er sich befindet. Man kann die genannten Gottesdienste deshalb als Gottesdienste mit kasuellem Charakter bezeichnen. Daß die Predigt an diesen Tagen dem Kasus gerecht werden muß, ist im Grunde unbestritten. In den letzten Jahren sind eine ganze Reihe von Materialsammlungen und Situationsanalysen dazu erschienen[28], die das stärker berücksichtigen als die gängigen Predigtmeditationen, die oft zu stark auf den Text fixiert sind. Was weniger reflektiert wird, ist die Tatsache, daß sich hier eine situativ bedingte Pluralität der Verkündigung zeigt, die ebenso ernst zu nehmen ist wie die psychologisch bedingte. Diese Pluralität ist nicht einfach die der durch das Kirchenjahr gegebenen Themen (vgl. Schmidt/Peisker), sondern ist gekennzeichnet durch die bewußte Zuordnung der christlichen Botschaft zu einer gemeinsamen, jetzt und nur jetzt gegebenen Befindlichkeit. Geht die Predigt darauf ein, gewinnt sie ein klares Profil.

Hat man diese Vielfalt erst einmal akzeptiert – und ich sehe nicht, was dem entgegenstehen könnte –, so wird der Blick frei für eine weitere Differenzierung der sonntäglichen Gottesdienste. Seit langem hat man gesehen, daß der sogenannte Hauptgottesdienst seine Funktion, der Gottesdienst der ganzen Gemeinde zu sein, nicht mehr erfüllt, sondern mehr oder minder in die Richtung eines Sondergottesdienstes für die Alten, Frauen, Alleinstehenden, Konfirmanden, schlecht Angepaßten, Außenseiter und Versager (die Ernst Lange das Ensemble der Opfer der Zeit genannt hat) geht. Dazu haben Theologie und Kirche das ihre beigetragen. In noch stärkerem Maße ist es jedoch das Ergebnis gesellschaftlicher Entwicklungen. Es steht der Gemeinde Jesu schlecht an, diese Entwicklung nur zu beklagen. Ein Blick auf Jesu Botschaft für die Armen und die Knechtsgestalt der Gemeinde in Korinth müßte genügen, um klar zu machen, daß die Verkündigung hier nicht nur eine legitime, sondern eine genuine und besonders notwendige Aufgabe hat[29].

Damit sind aber die Möglichkeiten des Gottesdienstes noch nicht ausgeschöpft. Wenn man sieht, daß der »Hauptgottesdienst« in Wirklichkeit ein Zielgruppengottesdienst ist, werden Bemühungen um Gottesdienste für andere Zielgruppen notwendig. G. Kuglers Forderung nach einem »2.« oder gar »3. Programm« hat bei den Pfarrern ein gutes Echo gefunden. Es sind vor allem Familien-, Jugend-, Kranken- und Schulgottesdienste versucht worden. Von ihnen erwiesen sich die Familiengottesdienste am ehesten als lebensfähig. Sie erreichen vor allem die 25- bis 40jährigen mit kleineren Kindern, eine Gruppe, die sonst im Gottesdienst sehr schwach vertreten ist. Die Lebensfähigkeit der Jugendgottesdienste hängt weniger vom guten Willen und der Kommunikationsfähigkeit des Pfarrers als von einer funktionierenden Jugendarbeit in der Gemeinde ab. Je nachdem gelingt es hier tatsächlich, eine völlig andere Zielgruppe zu erreichen als sonst. Die Pluralität zeigt hier ihren Fragmentcharakter sehr deutlich: Der Jugendgottesdienst vertreibt die »normalen« Kirchenbesucher, wie der »normale« Gottesdienst die Jugendlichen vertreibt. Akzeptiert man jedoch die Pluralität als Merkmal des Geistes, so kann, ja muß man beides bejahen.

Wird das Postulat von der einen Predigt und das Postulat des einen Gottesdienstes aufgegeben, müssen konsequenterweise auch das Monopol des Theologen und das Monopol des Kirchenraumes aufgegeben werden. Das zweite scheint kein großes Problem zu sein. Zur Kirche treten nicht nur das Gemeindehaus, sondern auch Zelt und Stadion als Orte der Evangelisation, Wald und Feld als Orte der »Kirche im Grünen«, Tagungsstätten als Orte von Rüstzeiten und Akademietagungen, Zeltplätze und Sanatorien in der Kur- und Urlaubsseelsorge, Messehallen bei Kirchentagen, Hörfunk und Fernsehen, Bücher, Zeitschriften und Schallplatten als Medien, die die Verkündigung in die Wohnungen und in den Privatbereich des einzelnen tragen. Gestritten wird nur darüber, wie hier Verkündigung aussehen soll und ob es sich überhaupt in jedem Fall um Verkündigung handelt. Strittig ist vor allem aber der Stellenwert aller dieser kirchlichen Aktivitäten. Die These, in der Ortsgemeinde geschehe die eigentliche kirchliche Arbeit und der Gottesdienst am Sonntagmorgen sei ihre wichtigste Lebensäußerung, wird besonders von Kirchenleitungen und Gemeindepfarrern nach wie vor kräftig vertreten. Oft versucht man die These durch den Hinweis zu stützen, daß keine andere Form so viele Menschen erreiche, was sich allerdings leicht widerlegen läßt. Denn schon die kirchlichen Fernsehsendungen erreichen bei einer Einschaltquote von 8–13 % ein Mehrfaches. Wichtiger als diese quantitative Argumentation ist jedoch auch hier der Hinweis auf die Pluralität als Wesensmerkmal des Geistes. Würden diese biblischen Gedanken wirklich bejaht, könnte hier manche Polemik verschwinden.

Dasselbe müßte eigentlich für die Beteiligung der Laien an der Verkündigung gelten. Auch hier kann man nicht sagen, es gäbe sie nicht. In Sondergottesdiensten und Evangelisationen, bei Kirchentagen und im Fernsehen sind Laien durchaus beteiligt. Aber es besteht eine gefährliche Tendenz, den Laien nach dem Bild des Theologen zu formen. Bei Evangelisationen haben die Laien vor allem Glaubenszeugnisse abzulegen, d. h. ein Kernelement der erwecklichen Predigt des Theologen zu duplizieren und zu verstärken. Im Gefüge der Landeskirche werden sie zu Lektoren ausgebildet, die das vorzulesen haben, was Theologen für sie schreiben. Dabei steht es dem Lektor nicht einmal frei, zu wählen, welchem Theologen er sich anschließen will. Er soll sich an die kirchlich approbierte Lektorenpredigt halten. Damit wird unterstellt, daß der Laie von sich aus nichts zu sagen weiß, jedenfalls nichts, was mit Verkündigung zu tun hat; und wenn er etwas zu sagen wüßte, muß es doch dabei bleiben, daß er nichts zu sagen hat. Man sieht, wie wenig selbstverständlich die Forderung ist, die Vielstimmigkeit des Geistes anzuerkennen.

6. Der Hörer predigt mit

Das Thema von der Vielfalt der Verkündigung muß noch ein letztes Mal erweitert werden. Eine bestimmte Predigt, die ein Prediger in einer konkreten Situation hält, bleibt nicht diese eine Predigt, sondern sie mulitpliziert und modifiziert sich durch die Zahl der Hörer, die sie aufnehmen. Das Hören ist nicht nur ein passiver, sondern gleichzeitig auch ein höchst aktiver Vorgang. Während jemand eine Predigt hört, stellen sich bei ihm eine Menge von Bildern, Erinnerungen und Assoziationen ein, die in direktem oder indirektem, bewußtem oder unbewußtem Zusammenhang mit dem Gehörten stehen. Das Gehörte und das Assoziierte laufen nun aber nicht säuberlich getrennt nebeneinander her, sondern beeinflussen sich gegenseitig, verbinden und vermischen sich. Das gilt schon für die kognitive und erst recht für die emotionale Seite des Hörens. Wie jemand eine Predigt erlebt, dazu trägt er selbst ebensoviel bei wie der Prediger. Die wirkliche Predigt, die Predigt nämlich, die beim Hörer wirkt und nachwirkt, wird vom Hörer gemeinsam mit dem Prediger gemacht. Selbst wenn es der Prediger gar nicht will: der Hörer wirkt an seiner Predigt mit[30].

Man kann diese empirische Feststellung zähneknirschend zur Kenntnis nehmen oder aus vollem Herzen bejahen und bewußt fördern. Nach dem bisher Gesagten kann kein Zweifel sein, auf welcher Seite ich stehe. Dieser Standpunkt ist aber alles andere als selbstverständlich. Er wird scharf bestritten, und zwar mit ehrenwerten theologischen Gründen. Wie ist es möglich, daß der Prediger die Verantwortung für seine Predigt so weitgehend aus der Hand gibt? Wo bleibt da die Verbindlichkeit der Predigt? Geht sie nicht völlig unter in Vieldeutigkeit und Beliebigkeit? Hat dieser Prediger ganz vergessen, daß er im Auftrag der höchsten Autorität eine Botschaft zu verkündigen hat, die Gehorsam fordert? Wie kann er da dem Hörer überlassen, wie er sich zu dieser Botschaft stellen will? Wie kann er zum Glauben rufen, ohne Gehorsam zu fordern?

Diese Fragen sind so ernst, daß sie nicht einfach ignoriert werden dürfen. Sie sind auch nicht dadurch zu erledigen, daß man nachweist, daß sie am empirischen Befund vorbeigehen. Da sie theologisch argumentieren, brauchen sie eine theologische Antwort; und da in ihnen neben Falschem auch Richtiges enthalten ist, muß diese Antwort differenziert ausfallen. Wir werfen dazu einen Blick auf das biblische Verhältnis von Glauben und Gehorsam.

Paulus verbindet in der Tat Glauben und Gehorsam aufs engste. Jesus ist der Herr, dem die Christen Gehorsam schulden wie die Sklaven ihrem Herrn. Dementsprechend bezeichnet Paulus sich selbst als Sklaven Christi Jesu (Röm 1,1 und andere Stellen; Luther übersetzt mit »Knecht«) und wendet dieselbe Bezeichnung auch auf andere Christen an (z. B. Röm 6,16 ff.). Was aber will dieses Bild sagen? Paulus verwendet es an solchen Stellen, an denen er davon spricht, daß die Christen dadurch, daß sie zum Glauben kamen, von einem Machtbereich in den anderen übergewechselt sind. Vorher waren sie Sklaven der Sünde, jetzt sind sie Sklaven

Gottes. Damals dienten sie der Ungerechtigkeit, jetzt der Gerechtigkeit aus dem Glauben. Damals liefen sie in den Tod, jetzt ins Leben. (Man lese dazu das ganze Kapitel Römer 6.) Das Bild vom Sklaven dient also dazu, die ausschließliche Zugehörigkeit des Christen zu Christus auszudrücken. Es will nicht sagen, daß der Gehorsam, den wir Christus schulden, ein sklavischer Gehorsam sei in dem Sinn, wie wir heute diesen Ausdruck benutzen.

Wenn Paulus beschreibt, welcher Art der Gehorsam im Reich Christi ist, unterscheidet er zwischen Sklave und Sohn (Gal 4). Solange die Zeit noch nicht erfüllt war, standen wir unter der Knechtschaft der Mächte dieser Welt, zu denen auch das alttestamentliche Gesetz gehört. Jetzt aber hat Christus uns erlöst und als Söhne angenommen. »So bist du nun nicht mehr Sklave, sondern Sohn« (Gal 4,7), mündiger, freier, verantwortlicher Sohn (vgl. Röm 8,14–16).

Derselbe wichtige Gedanke findet sich bei Johannes, und zwar mit ganz ähnlichen Begriffen. »Wer Sünde tut, der ist Sklave der Sünde. Wenn euch nun der Sohn frei macht, so seid ihr wirklich frei« (Joh 8,34.36). Und noch deutlicher: »Ihr seid meine Freunde, wenn ihr tut, was ich euch gebiete. Ich nenne euch nicht mehr Sklaven, denn der Sklave versteht nicht, was sein Herr tut. Euch aber habe ich Freunde genannt; denn alles, was ich von meinem Vater gehört habe, habe ich euch wissen lassen« (Joh 15,14 f.). Hier ist ganz deutlich die Rede von einem mündigen Gehorsam im Gegensatz zu einem sklavischen.

Dieses Verständnis von Gehorsam, Mündigkeit und Verantwortung ist auch auf den Predigthörer anzuwenden. Für die wirkliche Predigt, die vom Hörer gemeinsam mit dem Prediger gemacht wird, sind Prediger und Hörer gemeinsam verantwortlich. Der Prediger muß also die Verantwortung für die Predigt weitgehend aus der Hand geben, wenn er nicht im üblen Sinn Gesetz predigen und den Hörer zum Sklaven machen will. Wenn der Sohn mündig ist, ist der Vater nicht mehr verantwortlich für das, was der Sohn tut. Der Sohn ist selbst verantwortlich. Die Aufgabe des Vaters besteht nicht darin, diese mündige Verantwortung einzuschränken, sondern sie zu bejahen und zu fördern. So kann und muß der Prediger dem Hörer seine Verantwortung einschärfen, aber er darf sie ihm dann auch ganz getrost überlassen[31].

Die Angst vor der Vieldeutigkeit und Beliebigkeit, in die die Predigt gerät, wenn sie dem Hörer so weitgehend überlassen wird, ist eine ungeistliche Angst. Denn sie ist Angst vor der Vielgestaltigkeit und Kreativität des Geistes. Es entspricht dem Wesen des Geistes, daß er den einzelnen in seinem Innersten ergreift und bewegt. Da die einzelnen aber ganz verschieden sind, gestaltet sich die Wirksamkeit des Geistes ganz verschieden. Der Buchstabe ist für alle gleich und will alle gleichmachen. Der Geist ist jedoch der Gegenspieler des Buchstabens. »Wo der Geist des Herrn ist, da ist Freiheit« (2 Kor 3,17). Was kann dem Prediger eigentlich Besseres geschehen als dies, daß seine Predigt in dieser Weise befreit? Muß er nicht froh und dankbar sein, wenn seine Predigt die Hörer nicht kalt läßt, sondern in ihnen weitergeht und sich schöpferisch in ihnen multipliziert? Hier ist der Geist konkret erfahrbar.

Wer garantiert aber, daß es wirklich der Geist ist, der sich hier zeigt? Könnte es nicht auch ein Ungeist sein? Müssen die Modifikationen der Predigt im Hörer wirklich immer geistgewirkt sein? Könnte es nicht sein, daß Uneinsichtigkeit, Bequemlichkeit, Stolz und Unverträglichkeit die Botschaft im Hörer modifizieren und seinem alten Adam akzeptabel machen? Das ist sehr wohl möglich und auch sehr wahrscheinlich. Denn so konkret und erfahrbar der Geist einerseits ist, so wenig verfügbar ist er doch. Erfahrbarkeit und Unverfügbarkeit sind die in polarer Spannung zueinander stehenden, nicht voneinander zu trennenden Merkmale des Geistes. Um die Modifikationen des Geistes von denen des Fleisches zu unterscheiden, braucht es die Prüfung der Geister (von der im nächsten Kapitel die Rede sein wird.) Soviel muß jedoch klar sein: diese Prüfung der Geister erstreckt sich nicht nur auf die Hörer, sondern auch auf die Prediger. Der Prediger ist in keiner Weise davor gefeit, geistlos zu predigen. Er kann genausowenig über den Geist verfügen wie der Hörer. Jeder muß seinen Teil an der Predigt verantworten. Insofern ist weder der Anteil des Predigers noch der Anteil des Hörers ein beliebiger. Für den Hörer gelten hier keine anderen Maßstäbe als für den Prediger. Daher sehe ich keinen Grund, warum ich die Mitwirkung des Hörers an der Predigt nicht aus vollem Herzen bejahen und bewußt fördern sollte.

7. Ergebnis

»Dämpfet den Geist nicht!« (1 Thess 5,19) Diese Mahnung des Paulus gilt heute allen, die für eine Uniformierung der Verkündigung eintreten. Die Pluralität der Verkündigung darf nicht betrachtet werden als eine leidige Sache, der wir in unserer pluralistischen Gesellschaft eben nicht entgehen können, sondern sie ist etwas Gutes und Positives, weil sie aus der Pluralität des Geistes kommt. Damit ist freilich noch zuwenig gesagt. Man könnte sonst denken, diese Vielfalt sei zwar zu begrüßen und zu fördern, wenn sie jedoch fehle, so schade es auch nichts. Dann würde die Pluralität zum bene esse der Verkündigung gehören, aber nicht zu ihrem esse. Das ist deshalb nicht möglich, weil dann Geist und Verkündigung getrennt wären. Die Pluralität gehört ebenso zum Wesen der Verkündigung wie zum Wesen des Geistes. Wird das vergessen, wird die Verkündigung dem tötenden Gesetz ausgeliefert[32].

Kapitel III:
Die Einheit des Geistes und der Verkündigung

Der Geist ist die Kraft der Vielfalt und zugleich das Prinzip der Einheit. Beide Aussagen sind gleich wichtig. Paulus nennt sie deshalb gleich zu Beginn des Abschnitts, in dem er über die Geistesgaben schreibt, in einem Atemzug: »Es gibt verschiedene Gnadengaben; aber es ist ein Geist« (1 Kor 12,4). Dann zählt er nicht weniger als neun verschiedene Geistesgaben auf und faßt dann zusammen: »Dies alles aber wirkt der eine und selbe Geist und teilt jedem das seine zu, wie er will.« (Vers 11). Das bedeutet, daß weder die Vielfalt noch die Einheit isoliert werden dürfen. Wird die Einheit überbetont, so verschwindet die Vielfalt und es bleibt die Uniform, die die Form des Geistes zwar noch zu sein beansprucht, aber in Wirklichkeit nicht mehr ist. Wird die Vielfalt der Verkündigung, die sich aus der Vielzahl der Texte, Prediger, Hörer und Situationen ergibt, verdrängt, so bleibt die »gespenstische Monotonie«. Wird aber die Vielfalt überbetont, so verschwindet die Einheit und es bleibt ein vielfarbiger Wirrwarr ohne Zusammenhang und Zusammenhalt. Wird die Einheit der Verkündigung nicht mehr gewahrt, so entsteht das babylonische Sprachengewirr, in dem keiner den anderen versteht, und dieses Sprachengewirr ist der Antitypus von Pfingsten, an dem in der Vielfalt der Sprachen die Gemeinschaft der Kirche entsteht, indem jeder den anderen versteht. Auf das Kapitel, das sich mit der Vielfalt des Geistes und der Verkündigung beschäftigt, muß deshalb notwendig eines über die Einheit des Geistes und der Verkündigung folgen.

1. Die Prüfung der Geister

Die Vielfalt und Dynamik des Geistes hat etwas Mitreißendes, Begeisterndes. Je mächtiger sie sich entfaltet, desto größer ist daher die Gefahr des Enthusiasmus, der die Einheit verliert. Perioden des Aufbruchs, wie z. B. die Zeit der Urkirche und der Reformation, waren durch den Enthusiasmus besonders gefährdet. In ihnen war die Einheit das Problem. Wenn also kritisch nach der Echtheit des Geistes gefragt wurde, mußte geprüft werden, ob die Geistesäußerungen die rechte *Einheit* bewahren. Die Geister (Plural!) wurden auf ihre Einheit geprüft. In Zeiten der Konsolidierung, in der eine Amtskirche mit uniformierender Tendenz den Geist für sich beansprucht, muß ebenfalls kritisch nach der Echtheit des Geistes gefragt werden. Aber dann geht es um die notwendige Vielfalt. Dazu kann man nicht auf die neutestamentlichen Stellen zurückgreifen, die explizit von der Prüfung der Geister reden, sondern muß (wie im vorigen Kapitel geschehen) von anderen Stellen ausgehen. Im jetzigen Zusammenhang, wo es um die *Einheit* des Geistes geht, sind jedoch die Stellen von der Prüfung der Geister von großem Interesse. Denn sie nennen Kriterien für die rechte Einheit, die sowohl der kritischen Prüfung als auch der Förderung und Entfaltung der Einheit dienen können.

Ich beginne mit der jüngsten der drei Hauptstellen: 1 Joh 4,1–3. Hier ist die Situation kritisch. Die Empfänger des Briefes sind in der Gefahr, nicht mehr unterscheiden zu können. Sie hören viele Propheten, wahre und falsche, von denen alle behaupten, sie sprächen aus dem Geist. Der Verfasser warnt: Nicht jeder Geist ist Gottes Geist. Es gibt auch den Geist des Antichristen. Und er nennt ein klares Kriterium: »Daran sollt ihr den Geist Gottes erkennen: Jeder Geist, der bekennt, daß Jesus Christus ins Fleisch gekommen ist, der ist von Gott; doch jeder Geist, der Jesus nicht bekennt, der ist nicht von Gott« (Vers 2 f.). Gegenüber einem doketischen Christusverständnis wird hier festgehalten, daß der geschichtliche Mensch Jesus das Heil verkörpert. In der damaligen Situation war damit Klarheit geschaffen und der entscheidende Punkt für die Einheit des Geistes markiert. Das läßt sich natürlich nicht schematisch auf andere Situationen übertragen. Der Doketismus ist nicht die einzige Entartung des Christusbekenntnisses. Wir können aber festhalten, daß das rechte Bekenntnis zu Christus in jedem Fall konstitutiv ist für die Einheit des Geistes. Wenn wir also nach der Einheit der Verkündigung fragen, so müssen wir danach fragen, wie das Christusbekenntnis in ihr so zum Zug kommen kann, daß ihre Einheit entfaltet und bewahrt wird[1].

Einen völlig anderen Akzent setzt die nächstältere Stelle, die zur Unterscheidung aufruft: Mt 7,15–23. Auch hier geht es um die Unterscheidung von wahren und falschen Propheten. Aber hier steht nicht das Christusbekenntnis zur Debatte. Das ist bei den falschen Propheten durchaus in Ordnung. Sie bekennen sich zu Jesus als dem Herrn (der Kyrios-Titel wird im prägnanten Sinne gebraucht: V 21). Das ist auch keine leere Floskel. Vielmehr reden sie als Propheten in seinem Namen, treiben in seinem Namen Dämonen aus und vollbringen Wunder (V 22). Aber sie tun nicht »den Willen meines Vaters im Himmel« (V 21). Deshalb heißt das Kriterium diesmal: »An ihren Früchten sollt ihr sie erkennen« (V 16–20). Damit fällt der Blick auf das ethische Verhalten als den entscheidenden Punkt. Obwohl Mt großes Interesse an Einzelgeboten hat, versteht er das Tun des Willens Gottes nicht als gesetzliche Haltung. Alle Gebote sieht er zusammengefaßt und inhaltlich geeint in der Gottes- und Nächstenliebe (22,34–40). Die Gesetzlosigkeit, die in der beginnenden Endzeit die Gemeinde bedroht, ist nichts anderes als das Erkalten der Nächstenliebe (24,12). In einer Situation der beginnenden Verfolgung, in der sich prophetischer Enthusiasmus mit Rücksichtslosigkeit und Eigensucht (»reißende Wölfe« V 15) verbindet, ist die Nächstenliebe ein eindeutiger Maßstab für die Echtheit des Geistes. Auch das läßt sich nicht schematisch auf andere Situationen übertragen. Es gibt noch andere Entartungen ethischen Verhaltens. Aber wir können festhalten, daß die Liebe in jedem Fall konstitutiv ist für die Einheit des Geistes. Unsere Frage nach der Einheit der Verkündigung ist deshalb zugleich die Frage danach, wie sich die Liebe in der Verkündigung verwirklicht und damit ihre Einheit entfaltet und bewahrt.

Auf den ersten Blick sind freilich die beiden Kriterien des Christusbekenntnisses und der Liebe recht verschieden. Aber man muß sich hüten, daraus einen Gegensatz zu machen, etwa so, daß Matthäus nur ethisch, der 1. Johannesbrief nur dogmatisch interessiert sei. Auch bei Matthäus ist das Bekenntnis zu Christus wichtig, ja, es gewinnt durch die Verfolgungssituation geradezu entscheidende Bedeutung (Mt 10,32); und in 1. Johannes 4 wird als weiteres Kriterium für die Unterscheidung zwischen dem Geist der Wahrheit und dem Geist der Verführung das Hören auf die genannt, die aus Gott sind. Außerdem bildet die Ermahnung zur Nächstenliebe den zweiten thematischen Schwerpunkt des 1. Johannesbriefs neben dem Einschärfen des rechten Bekenntnisses.

Stärker jedoch als in diesen beiden Schriften des Neuen Testaments wird die innere Zusammengehörigkeit von Christusbekenntnis und Liebe bei Paulus sichtbar. Für ihn sind beide Momente konstitutiv für die Einheit des Geistes. »Ich muß euch sagen, daß niemand Jesus verflucht, der durch den Geist Gottes redet; und niemand kann Jesus den Herrn nennen, außer durch den Heiligen Geist« (1 Kor 12,3). »Jedem einzelnen wird die Offenbarung des Geistes gegeben zum Nutzen aller« (V 7). Deshalb sind die Gaben der Zungenrede, der Prophetie, der Weisheitsrede, des bergeversetzenden Glaubens, ja auch die Weggabe des ganzen Besitzes und das Martyrium, nichts ohne die Liebe (13,1–3). Die Einheit beider Momente wird deutlich am Bild vom Leib Christi. Die Gemeindeglieder und Gemeindegruppen mit ihren verschiedenen Geistesgaben sind, wenn sie in ihrer Verschiedenheit in der Liebe zusammenleben wie die Glieder des menschlichen Leibes, Christus selbst. Christus gewinnt in einer solchen Gemeinde durch das Wirken des Geistes körperliche Gestalt. Das Bekenntnis der Lippen und das Bekenntnis des Lebens sind so eng verbunden, daß keines ohne das andere zu denken ist.

Die enge Verbindung zwischen Christusbekenntnis und Geisteswirken ist in der Geschichte des christlichen Denkens nie in Frage gestellt worden. Die Aufgabe des Geistes wurde immer darin gesehen, den einzelnen und die Gemeinde in Verbindung mit Christus zu bringen, Christus in ihnen gegenwärtig und wirksam zu machen. Die Verbindung von Christologie und Pneumatologie war zeitweise so eng, daß eher die Gefahr bestand, daß die Pneumatologie zu einem Anhang der Christologie wird. Insofern ist die Betonung des Christusbezugs als Kriterium der Einheit des Geistes und der Verkündigung eine Selbstverständlichkeit.

Aber auch die Verbindung von Geist und Liebe hat weitergewirkt, freilich in eigenartiger Gestalt. Augustin hat diesen Gedanken zur Interpretation der immanenten Trinitätslehre verwandt. Der Geist ist die Gemeinschaft (communio), durch die der Vater und der Sohn miteinander verbunden sind. Er ist das Band des Friedens (vinculum pacis, nach Eph 4,3), die Liebe (amor, caritas) und das Sichschenken (donum). Als solcher ist der Geist die dritte Seinsweise Gottes, ohne die Vater und Sohn nicht wären, was sie sind. Der Vater wäre nicht der Gott-Vater ohne den Sohn und das Band der liebevollen Gemeinschaft. Der Sohn wäre nicht Gott-Sohn ohne den Vater und die Gemeinschaft der Liebeshingabe. Der Geist wäre nicht Gott-Geist ohne den Vater und den Sohn, von denen er ausgeht.

Wie können nun diese Gedanken homiletisch fruchtbar werden?

Wie können sie so zum Zuge kommen, daß die Einheit der Verkündigung gefördert und bewahrt wird, ohne daß deshalb die Vielfalt erstickt wird? Es genügt nicht, das Christusbekenntnis und die Nächstenliebe als *Inhalte* der Predigt zu verankern. Damit ist der Einheit der Verkündigung nur wenig gedient, so wenig wie der Vielfalt, wenn man nur von ihr redet. Wie eine Methode gefunden werden muß, um die homiletische Vielfalt zu fördern, so muß eine Methode gefunden werden, wie Christusbezug und Liebeshaltung im Vollzug der Verkündigung zum Zuge kommen. Beides versuche ich im folgenden so zu entfalten, daß der Christusbezug in der Bindung der Verkündigung an das Wort der Bibel und die Liebeshaltung durch die Bindung an die Hörer verwirklicht werden. Mit dem ersten nehme ich den reformatorischen Grundsatz auf, den Luther im Kampf mit den Schwärmern vertreten hat. Hier bewege ich mich in bekannten Bahnen. Doch wird darauf zu achten sein, wie sich diese Gedanken mit den in Kap. 2 entwickelten verbinden. Die zweite Linie, die Verbindung von Liebe und hörerorientierter Predigt, ist weniger geläufig. Sie ist aber geeignet, eine an der Verkündigung als Kommunikationsprozeß interessierte, empirische Homiletik vom Image eines manipulativen, auf Effektivität ausgerichteten Unternehmens zu befreien. Es gehört zum Wesen der Liebe, daß sie das Fremde überwindet und gewinnt. Die Versöhnung, die Christus vollbracht hat, ist Überwindung der Sünde und Gewinnung des Sünders. Wenn der Geist als Liebe die Verkündigung prägt, vermag diese die Fremdheit zwischen Text, Prediger und Hörer zu überwinden und alle Beteiligten für die Gemeinschaft der Liebe zu gewinnen. Alle Bemühungen um eine Verbesserung der Kommunikation sind, recht verstanden, nichts anderes als Formen der Liebe. Denn Liebe führt aus der Distanz in die Nähe, aus der Isolation in die Gemeinschaft, aus Unverständnis und Mißverstehen zum Verständnis. Wer eine pneumatologisch begründete Homiletik vertritt, kann keinesfalls auf eine sorgfältige Methode verzichten und sich auf das senkrecht von oben einbrechende Wirken des Geistes verlassen. Denn der Geist ist Liebe und will in allen Schritten des menschlichen Tuns Wirklichkeit werden.
Wer behauptet, der Heilige Geist lasse sich nicht in eine Methode fassen, weil er spontan und unberechenbar sei, verkennt das Wesen des Geistes. Dieser ist ja nicht das Unbekannte, Fremde, wider Willen Wegreißende, sondern die dem Christen wohlbekannte, von ihm immer neu ersehnte Kraft der Liebe, die ihn ergreift und die er in seinem Reden und Tun bewußt wirksam werden lassen kann. Die Befürchtung, daß die Spontaneität, Unberechenbarkeit und Dynamik des Geistes bei der Suche nach einer empirischen Homiletik der Liebe verloren gehen könnte, ist ohne Grund. Denn auch und gerade die Liebe ist spontan, dynamisch, kreativ und bleibt für den Christen das unverfügbare, immer neue empfangende Geschenk.

2. Bindung an das Wort

a) Die Komplementarität von Situation und Text

Die dialektische Theologie hat die reformatorische Bindung der Verkündigung an das Wort neu entdeckt und damit eine homiletische Wende herbeigeführt, die kirchengeschichtlich notwendig war. Heute ist zu prüfen, wie diese Intention unter veränderten Umständen neu zum Zug kommen kann und wieweit wir die Thesen und Methoden der dialektischen Theologie dabei übernehmen können.

Für die dialektische Theologie war Bindung an das Wort gleichbedeutend mit Textpredigt im strengen Sinn, sie ist die einzig legitime Form der Predigt. »Die Predigt ist nach Form und Inhalt unter allen Umständen gebunden als Schriftauslegung. Soll in der Kirche tatsächlich *die Wahrheit* geredet werden ..., so muß alles Reden in ihr in der Bewegung und Erwägung des Dokuments dieser Wahrheit geschehen.« »Wenn Gott allein in der Predigt sprechen will, so darf weder Thema noch Skopus dazwischentreten. Sollte nachträglich so etwas deutlich werden wie eine Überschrift, müßte ich mißtrauisch fragen, ob ich nicht doch einem eigenen Begriffsbild gefolgt bin oder eine Einheit vollbringen wollte, die nur Gott hier einbringen kann. Wir haben die dem Text eigentümliche Gedankenbewegung einfach mitzumachen, darin zu bleiben und nicht nach einem ›herausspringenden‹ Skopus zu fragen.«[2]

Diese von Karl Barth und seinen Freunden in den dreißiger Jahren formulierte Position wird auch heute noch vertreten, z. B. von G. Hennig: »Die Predigt nimmt teil an der Verheißung des ›im Namen‹ Gottes gehaltenen Gottesdienstes: Sie vertraut auf Christi Gegenwart (Mt 18,20). Die Predigt nimmt teil an der Verheißung des textgewordenen Gottesworts: Sie ist Anrede ›an Christi Statt‹ (2 Kor 5,20) ... Die Predigt entnimmt dem Text nicht nur dessen theologische ›Intention‹, sondern sie übernimmt auch seine ›Artikulation‹ des Evangeliums. Sie will, daß die konkreten Worte eines Bibeltextes dem Hörer als die konkrete Gestalt des Evangeliums vernehmbar und biographisch integrierbar werden.«[3] Hier wird aus dem notwendigen Christusbezug auf die Notwendigkeit der Textpredigt geschlossen. Dieser Schluß geht aber zu schnell und ist daher nicht schlüssig. Wenn die Homiletik nicht in eine gefährliche Gesetzlichkeit verfallen will, muß hier unterschieden werden zwischen innerer und äußerer Wortbindung. Innere Wortbindung ist für die Verkündigung unbedingt notwendig. Äußere Wortbindung bedarf immer der inneren, innere Wortbindung jedoch nicht in jedem Fall der äußeren. Es gibt sogar Fälle, in denen die äußere Wortbindung der inneren schadet.

Äußere Bindung an einen biblischen Text taugt nichts ohne innere Bindung an das Wort. Die innere Bindung geht verloren, wenn Bibelworte aus ihrem unmittelbaren Kontext gerissen werden (wie das nicht selten geschieht, wenn die Herrnhuter Losungen als Texte für Andachten oder Kasualien verwandt werden); wenn Perikopentexte ohne Rücksicht auf die neutestamentliche Schrift, in der sie stehen, ausgelegt werden (eine Untugend vieler Predigthilfen); wenn beim Predigen der Gesamtzusammenhang der Bibel Alten und Neuen Testaments aus dem Blick gerät; wenn die Schrift ohne Zentrierung auf Christus als die Mitte der Schrift verkündigt wird; wenn das Wort als Schrift und nicht als viva vox, als lebendige Anrede gepredigt wird. Die Vertreter der strengen Textpredigt sagen: »Genau das wollen wir. Alles andere ist eine Entartung unserer Position.« Bis hierher besteht also kein Dissens. Er taucht jedoch dort auf, wo sie sagen: »Um Christus als viva vox zu verkündigen, braucht es in jedem Fall die strenge Textpredigt.«

Dabei berufen sie sich gern auf das reformatorische sola scriptura, die lutherische Tradition der Perikopenpredigt und die reformierte Predigt über fortlaufende Bibeltexte, die keine Textwahl kennen, sondern den Prediger an den jeweils verordneten Text binden. Aber schon dieses historische Argument stimmt nicht. Man braucht dazu nicht auf die Aufklärung rekurrieren, in der textlose Predigten an der Tagesordnung waren. Schon Luthers Invokavit-Predigten waren ohne Text[4]. Auch K. Harms, wahrhaftig ein strammer Kirchenmann, schreibt: »Dürften wir auch noch die Behauptung wagen, daß das Predigen nach Texten nicht allein die Ausbildung der Predigtkunst, sondern ebenfalls die christliche Erkenntnis und selbst, was noch viel mehr sagen will, das christliche Leben sehr gehemmt habe? Daß es weit besser in der Kirche und um die Kirche stände, wenn den Predigern die Fessel des Textes nimmer wäre angelegt worden? Mir will es wirklich so vorkommen.«[5]

Es trifft zwar zu, daß die Perikopenbindung die Einheit der Verkündigung in eindrucksvoller Weise demonstriert; und wenn man sich vorstellt, es würden tatsächlich auf allen evangelischen Kanzeln Homilien von der geforderten Art über denselben Test gehalten, so träte die Einheit noch stärker hervor. Aber es wäre die Einheit der Uniformierung, in der die Vielfalt gewaltsam unterdrückt würde. Denn ganz abgesehen von der Verschiedenheit der Prediger dürfte ja die Besonderheit der jeweiligen Situation nicht berücksichtigt werden. Grundsätzlich paßt jeder Text in jede Situation. Wichtig an der jeweiligen Situation ist nur, was sie mit allen anderen Situationen gemeinsam hat. »Nicht das ist wichtig, daß es sich um einen Brief handelt, der seinem Wesen nach einen bestimmten Absender und Empfänger hat und konkrete Angelegenheiten behandelt, welche diese beiden betreffen, sondern daß es sich um einen Apostel Jesu Christi und eine christliche Gemeinde handelt. Und das, was dieser konkreten Gemeinde in ihren konkreten Verhältnissen gesagt ist, gilt darum auch jeder anderen Gemeinde in ihren mehr oder weniger andersartigen Verhältnissen, weil auch sie die Versammlung Gottes in Christo Jesu ist.«[6]

Dieses Zurückdrängen des Konkreten führt im Extremfall dazu, daß die Situation völlig ignoriert wird: »Hat sich z. B. in der vergangenen Woche in der Gemeinde ein Brand ereignet, unter dessen schrecklichem Eindruck die Gemeindeglieder zur Stunde noch stehen, dann hüte man sich, mit diesem Thema auch nur anspielungsweise in der Predigt aufzufahren. Das gehört zum Alltag, und jetzt ist es Sonntag, da will man nicht steckenbleiben in der Not des Alltags, da will man weiter und höher darüber hinaus.«[7]

E. Lange hat gezeigt, daß es gar nicht möglich ist, von der Situation abzusehen[8]. Den Text gibt es gar nicht abgesehen von der Situation. Wenn z. B. Röm 13,1–7 am Sonntag auf der Kanzel als Predigttext gelesen wird, so ist beim Prediger und bei den Hörern mit dem Text zugleich ein guter Teil seiner Wirkungsgeschichte präsent. Gleichzeitig ist unausgesprochen da, was die Kirche (bzw. die Kirchen) abgesehen von der Auslegung dieser Stelle zum Staat und seinen Ordnungen sagen und wie sie sich in politischen Fragen tatsächlich zum Staat verhalten. Dabei macht es einen großen Unterschied, ob der Text in Stuttgart oder in Leipzig gepredigt wird. Es gibt also beim Predigen den Text nicht ohne die Situation; diese ist mit gegenwärtig, sobald er gelesen wird. Andererseits ist die Situation auch vom Text geprägt. Wenn die Gemeinde diesen Text hört, sind beim Prediger und bei jedem einzelnen Hörer die Erfahrungen mit staatlichen Stellen, die Grundeinstellung gegenüber dem Staat und die jeweilige politische Überzeugung mehr oder weniger bewußt da. Daß sie aber als christliche Gemeinde versammelt sind, schließt gleichzeitig ein, was Katechismus, Frömmigkeitsstil, Begegnung mit führenden Leuten der Kirche etc. für die Stellung jedes einzelnen zum Staat bedeuten. Zugleich kennt oder ahnt er die Einstellung des Predigers und der anderen Gottesdienstbesucher und fühlt sich in der Gemeinschaft mit ihnen beim Hören des Textes mehr oder weniger wohl. Er ist aber jedenfalls bereit, sich auf diese Bibelstelle einzulassen oder sich damit auseinanderzusetzen, sonst hätte er längst aufgehört, in den Gottesdienst zu kommen, in dem die Predigt über bestimmte Texte eine beherrschende Rolle spielt. Sowenig es also beim Predigen den Text ohne die Situation gibt, sowenig gibt es die Situation ohne den Text.

Diese Komplementarität von Situation und Text muß gesehen und ernst genommen werden. Sonst wird die Predigt weder dem Hörer noch dem Text gerecht. Von der Verpflichtung gegenüber dem Hörer wird weiter unten die Rede sein. Im jetzigen Zusammenhang ist wichtig, daß die Abblendung der konkreten Situation den Text daran hindert, seine Botschaft zu entfalten. Wird das Ineinander von Text und Situation nicht ins Auge gefaßt, können die Unklarheiten und Probleme der Gemeinde angesichts des Textes ebensowenig zur Sprache kommen wie ihre guten und befreienden Erfahrungen. Wird nur im Blick auf den Text gepredigt, so wird ins Blaue hineingepredigt, und der Text wird nicht zum lebendigen Wort, das die Gemeinde und jeden einzelnen dort anredet, wo er sich befindet.

b) Die Notwendigkeit einer situationsbestimmten Themapredigt

Es gibt Situationen ohne scharfes Profil, und der Gottesdienst an einem gewöhnlichen Sonntagmorgen ist in der Regel eine solche. Da ist es durchaus sachgemäß, die Profilierung der Situation dem Text zu überlassen. Durch die Verlesung des Textes werden Erfahrungen und Probleme der Hörergemeinde aktualisiert, die latent schon beim Betreten der Kirche vorhanden waren. Wäre der Text ein anderer, würde aus dem großen Spektrum der Erfahrungen und Probleme, die jeder mitbringt, anderes hervorgerufen. Der Text gibt der Situation ihr konkretes Profil und bleibt zugleich ihr komplementäres Gegenüber.

Es gibt jedoch auch Situationen mit scharfem Profil. Das gilt schon für die Gottesdienste mit kasuellem Charakter wie Heiliger Abend, Altjahrsabend, Neujahr, Erntedankfest und Totensonntag. Erst recht gilt es für die eigentlichen Kasualien von der Taufe über Konfirmation und Hochzeit bis zur Beerdigung. Hier kommen die Vertreter der strengen Textpredigt in Schwierigkeiten und werden notgedrungen (oder glücklicherweise) inkonsequent. Bei den Kasualien ist die Textwahl nicht zu umgehen, die es eigentlich nicht geben dürfte. Denn hier bestimmt ja der Prediger den Text so, daß er zur Situation paßt. Die Situation bekommt die Vorhand, selbst wenn es in der Predigt gar nicht so aussieht. Auch bei Barth findet sich diese glückliche Inkonsequenz. G. Casalis schreibt über seine Predigt im Kirchenkampf: »Er verkündigt das Evangelium und hält keine politische Ansprache; seine Anspielung auf die Aktualität findet sich hier und da in einer kleinen Bemerkung ... – sehr diskret und transparent; meistens ist es die Wahl seines Textes, dessen Verlesung selber eine Herausforderung an die geschichtliche Umgebung des Predigers zu sein scheint.«[9] Auch für seine Predigten in der Strafanstalt in Basel hat sich Barth weder an eine Perikopenordnung noch an eine lectio continua gehalten, sondern seinen Text jeweils gewählt[10].

Bohren geht einen Schritt weiter: »So wichtig und schlechthin unentbehrlich der Text auch sein mag, so muß doch ausdrücklich die Möglichkeit textfreier Predigt behauptet und gefördert werden, auch wenn sie nicht für den sonntäglichen Predigtgottesdienst zu empfehlen ist ... Zwei Umstände vor allem raten von einer Predigt als Textauslegung ab: Einmal kann es Situationen geben, die unmittelbar eine direkte Verkündigung erheischen. Dies war offenbar die Situation der Invokavitpredigten. Soll der Text wirklich Text sein und nicht Dekorum, kann es Situationen geben, die eine Nachricht Gottes darstellen. Diese will nun gedeutet sein ... Eine Missionspredigt ohne liturgischen Rahmen wird das Kerygma auch ohne Text zu verkündigen wissen.«[11]

Indem Ausnahmen zugestanden werden, die die normale Praxis nicht berühren, scheint der Kritik der Wind aus den Segeln genommen und die beherrschende Stellung der Textpredigt neu befestigt zu sein. Die entscheidende Frage ist dabei weder gestellt noch beantwortet: Ist die äußere Bindung an den Bibeltext geeignet, den Hörern die Christusbotschaft als lebendige Anrede so zu verkündigen, daß sie sie in allen Bereichen, Erfahrungen und Problemen ihres Glaubens und Lebens erreicht? Gewichtige Gründe sprechen dafür, diese Frage mit nein zu beantworten. Die Perikopenordnung setzt voraus, daß die Christen im Kirchenjahr leben. Seine Gliederung gibt den Rhythmus ihres Werktags- wie ihres Sonntagslebens an. Das war einmal so, wie die enge Verquickung der Bauernregeln mit dem Heiligenkalen-

der beweist. Inzwischen ist es längst nicht mehr so. Wir Heutigen leben in verschiedenen Jahren: politisch im Rhythmus der Legislaturperioden mit den Wahlkämpfen auf Bundes-, Landes- und Kommunalebene; geschäftlich im Geschäftsjahr mit Hochsaison, Ruhezeiten und Abschlußdruck; als Schüler und Lehrer im Schuljahr mit Zeugnisterminen, kleinen und großen Ferien; beruflich im Wechsel von Arbeit und Freizeit, zusammengedrängter Arbeit, freiem Wochenende und teurem Urlaub; als Fernsehzuschauer im Takt der Olympiaden und Fußballweltmeisterschaften, der Kriminalserien und Gedenkreihen für verstorbene, berühmte Filmschauspieler. Soll das alles unberücksichtigt bleiben oder nur durch das Medium eines Lukas- oder Hebräertextes in den Blick kommen?
Jesus hat in seinen Gleichnissen Geschichten aus dem Alltag zum Medium der Verkündigung gemacht. Darin erscheinen immer wieder Bilder aus dem Kreislauf der Natur zwischen Frühjahr und Winter und aus dem Bogen des menschlichen Lebens zwischen Geburt und Tod. Diese Texte spiegeln auch heute Erfahrungen unseres Lebens direkt wider. Sollen aber nur diese Erfahrungen direkt angesprochen werden und alle anderen in der Distanz der Indirektheit bleiben? Würde man die Perikopenordnung durch die reformierte lectio continua ersetzen, wäre nichts gewonnen, auch nicht durch eine freie Textwahl. Denn für Erntebetstunde und Erntedankfest lassen sich ohne Mühe Texte finden, die der Gelegenheit entsprechen. Aber wo sind die Texte für die Bundestagswahl, die Fußballweltmeisterschaft und den Beginn der großen Ferien?
Zu ähnlichen Ergebnissen würde man kommen, wenn man die großen, überindividuellen Zusammenhänge der Politik, Wirtschaft, Gesellschaft, Kultur und Kirche und die dazugehörenden aktuellen Probleme zusammenstellen würde. Wo ist der Text zu einer Predigt über Arbeitslosigkeit, wo der zum numerus clausus, zum atomaren Wettrüsten, zur konfessionsverschiedenen Ehe? Wohlgemerkt, ich meine nicht, daß es zu diesen Fragen keine biblischen Texte gäbe. Es gibt eine ganze Menge von Texten, die dazu zu hören und zu predigen wären. Aber eine Textpredigt ist selbst dann, wenn sie nicht die strenge Form der Homilie hat, ungeeignet, solche Fragen direkt anzugehen. In Textpredigten werden diese Probleme immer nur indirekt vorkommen.
G. Hartmann hat 1965 eine Beobachtung gemacht, die nach meinen Erfahrungen heute noch genauso zutrifft. Er sagt: Ein Text enthält als wesentliche Aussage einen Grundgedanken des christlichen Glaubens. Dieser spricht zum Hörer aber nur dann, wenn er in sein konkretes Leben hineinspricht. Deshalb wählt der Prediger ein Beispiel aus einem der menschlichen Lebensbereiche. Sobald dieses Beispiel wirklich konkret wird und nicht in oberflächlichen Andeutungen hängenbleibt, zeigt sich, daß es eine Menge spezieller und komplexer Fragen enthält. »Nun steht der Prediger regelmäßig vor einer Aporie. Entweder er versucht, dem Beispiel gerecht zu werden, und entfernt sich vom Text. Er wird dann, wohl aus Anlaß des Textes, aber eben nur aus Anlaß, über das beispielhaft aufgegriffene Thema sprechen. Aber für die Beantwortung vieler wesentlicher, dem Beispiel anhaftender

Fragen muß er andere biblische Aussagen heranziehen, ausdrücklich oder unausgesprochen. Das Zugrundelegen eines bestimmten Textes ist dann nichts weiter als oberflächlicher Gehorsam gegenüber der strengen Sitte. Der Weg von der Textauslegung zu den inhaltlich wichtigen Aussagen, der rhetorische Weg zum eigentlichen Thema, ist eine künstliche, überflüssige Manipulation. Der Text wird dabei vergewaltigt; und weil das exegetisch geschulte Gewissen schlägt und man die Oberflächlichkeit auch so offenkundig nicht zeigen will, wird die Vorbereitung qualvoll und die Predigt mit unnötigen Gedankengängen belastet. So rächt sich der Text für die Gewalt, die man ihm antut. Oder aber der Prediger versucht, dem Text und seiner Vielfältigkeit gerecht zu werden und seinen Gehalt durch Beispiele zu erläutern. Im Raum der evangelischen Kirche mit ihrem starken Bewußtsein der Gebundenheit an die Schrift dürfte man meistens diesen Weg gehen: Mit Recht, wenn man schon Textpredigten hält. Aber dann stehen eben nur wenige, einfache Beispiele zur Verfügung, an diffizile Sachverhalte wagt man sich nicht heran. Von welchem der zur Verfügung stehenden Texte aus will man etwa das Problem der Geburtenkontrolle, der konfessionellen Mischehe, der Liebe im Wirtschaftsleben, oder auch des vermeintlichen Gegensatzes von Glaube und Naturwissenschaft usw. mit exegetischer und zugleich sachlicher Gründlichkeit behandeln? ... Als Anschauungsmaterial zur Verfügung stehen also nur jene Paradefälle, die jeder Prediger hat, die aber nur angeführt, nicht aber mit der nötigen Sorgfalt besprochen werden können. Die Monotonie ist so unvermeidlich und mit ihr die Wirklichkeitsfremdheit.«[12]

Als Konsequenz fordert Hartmann: »Neben die Gattung der Textpredigt sollte deshalb eine andere Gattung treten ..., eine Predigt, die nicht von einem Text ausgeht, sondern von einer bestimmten Situation, einer bestimmten aktuellen Fragestellung. Inhalt der Predigt soll die thematisch entfaltete Antwort des Evangeliums, die Deutung der Situation mit Hilfe des Evangeliums sein.«[13] Textfrei ist eine solche Themapredigt nur in dem Sinn, daß sie nicht von einem Text, sondern von einer Situation oder einem Problem ausgeht. Sie verwendet durchaus biblische Texte und Aussagen, in der Regel eine ganze Anzahl von ihnen, zieht sie aber nur begründend oder erläuternd heran, ohne sie in ihrer jeweils eigentümlichen Vielseitigkeit auszuschöpfen. Was an Intensität in der Beschäftigung mit dem Einzeltext verlorengeht, wird an Vielfalt der Textbezüge gewonnen. Eine thematische Predigt über den Staat (oder eine Einzelfrage aus diesem Bereich) wird nicht nur Röm 13, sondern auch Offb 13, 1 Petr 2,13 ff., Mk 10,42 ff. u. a., eine Predigt über die Sexualität (oder eine entsprechende Teilfrage) nicht nur 1Kor 6, sondern auch 1Mose 1, 1 Kor 7, Texte aus dem Hohen Lied, Eph 5,22 ff. o. a. verwenden. Dabei kommen auch Texte ins Spiel, die in der Perikopenordnung fehlen (fünf der ebengenannten neun Texte kommen dort nicht vor!). Die äußere Wortbindung fällt weg, nicht aber die innere. Vielmehr ist die Hoffnung, daß die Vielfalt und der innere Zusammenhang der ganzen Schrift deutlicher und die viva vox auf eben diese Weise klarer vernommen wird.

In die von Hartmann geforderte Richtung bewegen sich zwei recht unterschiedliche homiletische Unternehmen: die Gottesdienste in neuer Gestalt und die missionarische Predigt evangelikaler Prägung. Bei den Gottesdiensten in neuer Gestalt gibt es sehr verschiedene Ausprägungen. Ein Teil versteht sich direkt als thematische Gottesdienste. Aber auch dort, wo es sich um Zielgruppengottesdienste handelt (z. B. Familien-, Jugend- oder Schulgottesdienste), wird so gut wie nie von einem Einzeltext ausgegangen und seine Auslegung zum tragenden Gerüst gemacht. Vielmehr geht es immer um ein Thema, und einer oder mehrere biblische Texte werden zusammen mit anderen Medien zur Entfaltung und Behandlung des Themas herangezogen. Dort, wo Nicht-Theologen an der Gestaltung mitwirken, sagen, spielen oder zeigen sie meist etwas aus ihrem eigenen Lebensbereich. Die Textbezüge werden dem Theologen überlassen. Das gilt erst recht für die kirchliche Erwachsenenbildung (Seminare, Tagungen usw.), die sich mit oder ohne Zusammenhang mit solchen Gottesdiensten mit Fragen des christlichen Glaubens und Lebens beschäftigen und dabei bei einer gründlichen Situationsanalyse einsetzen. H. Ockert beginnt seinen Abschnitt über die Themapredigt: »Im angelsächsischen Raum wird weithin thematisch gepredigt – und sehr oft evangelistisch.« Dann verweist er auf die Predigtweise von Billy Graham und Wilhelm Busch und folgert dann: »Bei uns entsteht die Notwendigkeit des thematischen Redens überall dort, wo sich die Gemeinde nicht als gottesdienstliche Gemeinde versammelt, sei es bei Evangelisationen, bei Volksmissionswochen, in der Urlauber-, Freizeit- und Campingseelsorge oder in der Jugendarbeit; wo also nicht von vornherein die Bereitschaft zum Hören mitgebracht wird, wo vom Thema her ein Anreiz zum Kommen, zur Aufmerksamkeit und zum Dableiben ausgehen muß. Das Thema wird nicht von einem vorgeschriebenen Text genommen, sondern es ergibt sich aus der Situation der Hörer, aus Gesprächen, aus Erlebnissen des Tages, aus einem gemeinsam gesehenen Film, einer gemeinsam gelesenen Geschichte oder aufgrund einer Zeitungsnachricht. Ebenso müßte das erspürt und angesprochen werden, was die Menschen an Fragen und Befürchtungen mit sich herumtragen. Es ist völlig legitim, das ins Licht des Evangeliums zu stellen. Es kann also nicht darum gehen, die Situation zu predigen und sie zum Textersatz zu machen, sondern es geht um den Inhalt des Evangeliums, der jedoch nicht an der Situation vorbeigepredigt werden darf. Er muß in sie hineingesprochen werden. Der Prediger darf nicht auf Fragen antworten, die niemand hat. Er muß die Fragen aufgreifen, die da sind.«[14] Diese Begründung ist nicht so grundsätzlich wie die Hartmanns. Sie geht stärker von der Psychologie der Hörer aus. Gemeinsam ist aber die entscheidende Rolle der Situation und das Ziel, mit der Verkündigung die wirklichen Probleme zu erreichen. Wie Hartmann halte ich die thematische Predigt für ein notwendiges Pendant der Textpredigt. Sie sollte in der normalen Predigtpraxis weit mehr gepflegt werden, als das bis jetzt geschieht. Es ist nicht gut, dieses Feld nur den alternativen Predigtformen, den evangelistischen Predigern und der Etwachsenenbildung zu überlassen. Sonst verfestigt sich der Eindruck noch mehr, die normale Sonntagspredigt sei abstrakte Glaubensrede oder Erklärung von Geschichten und Verhältnissen aus biblischer Zeit. Auf die praktische Durchführung des Unternehmens möchte ich hier nicht im einzelnen eingehen. Nur eines sei bemerkt: Ich halte es nicht für gut, wenn der Prediger im Alleingang bestimmt, an welchen Sonntagen eine thematische Predigt (oder Predigtreihe) gehalten werden und welche Fragen angegangen werden sollen. Das württembergische Perikopengesetz von 1979 räumt die Möglichkeit von Reihenpredigten über eine Text- oder Themenfolge ein, bindet den Beschluß darüber aber an das Einvernehmen mit dem Kirchengemeinderat und die Unterrichtung der Gemeinde. Das halte ich für sehr sinnvoll, da so am ehesten gewährleistet ist, daß wirklich von der Situation der Gemeinde ausgegangen wird[15].

c) Die Notwendigkeit der Textpredigt

Die thematische Predigt kann freilich die Textpredigt nicht ersetzen. Beide haben komplementäre Stärken und Schwächen, müssen sich also komplementär ergänzen und korrigieren. Die Stärke der thematischen Predigt ist ihre Wirklichkeitsnähe und ihre mögliche, konkrete Vielfalt, die Stärke der Textpredigt ist die Tiefe und Verbindlichkeit der Aussagen. Diese Stärken stellen aber gleichzeitig auch Schwächen dar. »Geht man vom Text aus, so läuft man Gefahr, die Wirklichkeit zu verpassen, oberflächlich zu werden und daher unwahr. Immer nur von Texten ausgehen, heißt dieser Gefahr erliegen. Geht man aus von bestimmten Situationen, so läuft man Gefahr, die Tiefe des Evangeliums nicht auszuschöpfen, platt und eben auch unwahr zu werden. Wenn man immer nur von Situationen und Zeitfragen ausgeht, so muß man dieser Gefahr zwar nicht mit Notwendigkeit zum Opfer fallen, dürfte ihr auf die Dauer aber kaum widerstehen.«[16] Wenn beide Predigtweisen nebeneinander in Gebrauch sind, können sie sich so ergänzen, daß die Stärken hervor- und die Schwächen zurücktreten. Es ist nicht möglich, beide zu einer bleibenden Synthese zu vereinigen. Hier zeigt sich wieder einmal die schmerzhafte Bruchstückhaftigkeit des Geisteswirkens. Aber auch im Fragment ist der Geist das Band der Einheit, in unserem Fall so, daß sich Ungleiches ergänzt.

Ich ging von der These aus, daß die innere Wortbindung für die Einheit der Verkündigung entscheidend ist, nicht die äußere, ja daß die äußere der inneren mitunter hinderlich sei. Ich denke, daß durch das Gesagte klar geworden ist, wie diese These gemeint ist und worauf sie sich gründet. Jetzt muß sie durch eine weitere ergänzt werden: Innere Wortbindung verkümmert auf die Dauer, wenn die äußere nicht praktiziert wird. Damit soll vom Gesagten nichts zurückgenommen werden. Vielmehr soll gesagt sein, daß die Textpredigt ebenso notwendig ist wie die thematische und daß die thematische Predigt in ihrem Textgebrauch von der Textpredigt lebt wie die Textpredigt in ihrem konkreten Situationsbezug von der thematischen. Dann dürfte es nicht mehr vorkommen, daß im Zusammenhang einer thematischen Predigt pauschal von Liebesgebot, Bergpredigt oder Nachfolge gesprochen wird, wie in einer Textpredigt die oberflächlichen Verweise auf *die*

Politik, *die* Gesellschaft oder *die* Jugend verschwinden müßten. Wer sich im Zusammenhang mit thematischen Predigten intensiv mit aktuellen Problemen befaßt hat, wird auch bei kürzeren Verweisen darauf präziser und differenzierter reden können (und von seinen Hörern auch verstanden werden); und wer sich in der Arbeit an Textpredigten gründlich mit biblischen Texten beschäftigt hat, dessen biblische Verweise werden auch dann noch Kontur und Tiefe besitzen, wenn sie notwendig kurz sein müssen.

Die Praktizierung der äußeren Wortbindung in Form der Predigt über einen einzelnen biblischen Text ist sowohl für den Prediger als auch für die Gemeinde notwendig. Praktisch wirksam wird diese Bindung in der Art und Weise, wie der Prediger in der Predigtvorbereitung und in der Predigt selbst mit dem gegebenen Text umgeht. Hier wie dort sollte es zu einer Begegnung mit dem Text kommen. Der Begriff der Begegnung stammt aus dem personalen Bereich. Ich wähle ihn, weil ich glaube, daß der Text nur dann richtig wirken kann, wenn er dem Prediger und den Hörern als Gegenüber begegnet. Natürlich ist der Text keine Person, sondern nur die Äußerung einer oder mehrerer Personen. Aber diese Personen begegnen uns Heutigen nur in diesen Schriftstücken. Sie treten uns darin nicht einfach als Zeitgenossen einer vergangenen Zeit entgegen, sondern als Botschafter Gottes, als Zeugen Christi für ihre Zeit und Situation und wegen ihrer Nähe zum Ursprung unseres Glaubens auch als Botschafter und Zeugen für unsere Zeit und Situation. Letztlich geht es also um die Begegnung mit Gott. Gott begegnet uns jedoch in den Schreibern der biblischen Texte und damit auch in diesen Texten in der Seinsweise des Geistes. Insofern kann man auch von einer Begegnung mit dem Text reden. Es geht nicht darum, den Bibeltext zu hypostasieren und zu einer Instanz zu machen, die keinen Widerspruch duldet. Vielmehr sollen die Texte in ihrer spezifischen Funktion und Ausrichtung als ursprungsnahe Wirkungen des Geistes in Kraft treten und so zur Einheit der Verkündigung im Geist helfen.

Es genügt daher nicht, den Text als das grundlegende *Material* der Predigt zu betrachten, den es in die Worte und Vorstellungen, die Problematik und das Leben der gegenwärtigen Situation einzuschmelzen und umzuschmelzen gilt. In diesem Fall mag der Text im Gang der Predigtvorbereitung durchaus noch eine Kontrollfunktion wahrgenommen haben, für den Predigthörer ist das nicht mehr festzustellen. Dieser vernimmt eine Neuformulierung, vielleicht eine sehr angemessene, wirksame und treffende. Aber es ist nicht mehr deutlich, woher diese kommt und wie sie sich im Predigttext begründet. Da der Hörer nur der gegenwärtigen Wirkung des Textes begegnet, nicht aber dem Text in seiner eigenen Gestalt und seinem ursprünglichen Sitz im Leben, hat er keine Möglichkeit, die Predigt am Text zu prüfen. Der Prediger, der den Text bis zur Unkenntlichkeit einschmilzt, entmündigt seine Hörer. Das steht der evangelischen Kirche besonders schlecht an. Denn sie hat immer gesagt, daß jeder Christ direkten Zugang zur Schrift habe, sie lesen und verstehen könne (da sie in sich klar und durchsichtig ist) und daß eine christliche Gemeinde das Recht und die Pflicht habe, die Predigt ihrer Pfarrer zu

beurteilen. Für G. Otto ist die Mündigkeit und kritische Urteilsfähigkeit der Hörer besonders wichtig. Desto unverständlicher ist es daher, daß er fordert, der Prediger habe den Text einzuschmelzen und umzuschmelzen.[17]
Auf der anderen Seite genügt es auch nicht, die Fremdheit der christlichen Botschaft zu betonen und dafür einzutreten, daß die Bibeltexte in ihrer bis in die Sprache hineingehenden Fremdheit erhalten und vor den Hörer hingestellt werden[18]. Es ist zwar richtig, daß die Botschaft der Bibel sich nicht von selbst versteht. Sie läßt den Hörer nicht einfach so, wie er ist; sie greift ihn an, ergreift ihn, verwandelt ihn. Aber der Begriff der Fremdheit ist wenig geeignet, zu umschreiben, um was es hier geht. Er legt nahe, daß sich hier zwei gegenübertreten und fremd und starr voreinander stehenbleiben. Der Begriff der Fremdheit hat etwas Statisches, während der Begriff der Begegnung einen dynamischen Prozeß meint. Es gibt eine verbreitete Predigtweise, die der Anschauung von der Fremdheit des Textes entspricht. Da wird im ersten Teil jeder Predigt mit starken Worten ausgeführt, wie breit der Graben zwischen unseren Erfahrungen und Überzeugungen und der Botschaft des Textes sei. Die Fortsetzung, die von der Notwendigkeit und Heilsamkeit der Botschaft spricht, gerät wesentlich gedämpfter und ist immer wieder von kritischen Abgrenzungen durchzogen. So prägt sich dem Hörer in erster Linie das Gefühl der Distanz zum Predigttext ein. Eine solche Predigtweise, die dem Evangelium einen schlechten Dienst tut, wird durch die Betonung der Fremdheit des Bibeltextes gefördert. Selbst wenn ein Text sehr fremd ist (und nicht so vertraut wie viele andere), will er nicht fremd bleiben. Er möchte dem Prediger und dem Hörer begegnen.

d) Begegnung mit einem Text (Joh 20,11–18)

Als Beispiel für die Begegnung mit einem Predigttext gebe ich im folgenden die Predigthilfe, die ich zu Ostern 1982 für meine württembergischen Kollegen geschrieben habe, in Auszügen wieder[19].

Verständnis und Mißverständnis

Seit Bultmann weiß man, wie wichtig im JohEv das Motiv des Mißverständnisses ist. So kann man auch die Geschichte von Maria Magdalena am Grab als eine solche Kette von Mißverständnissen lesen: Sie weint, weil der Stein weg ist, dabei müßte sie sich freuen über Jesu Triumph über den Tod. Sie sieht zwei Engel und versteht nicht, daß hier Gott am Werk ist. Sie denkt nur an Grabräuber. Sie sieht Jesus stehen und erkennt ihn nicht. Sie schöpft Hoffnung, aber diese richtet sich nur auf die Wiederauffindung des Leichnams. Jesus ruft sie beim Namen, sie erkennt ihn, aber meint, er sei nur ins irdische Leben zurückgekehrt. Sie will vor ihm niederfallen und seine Füße umfassen (vgl. Mt 28,9), ihn verehren und liebkosen und merkt

nicht, daß der direkte und vertraute Umgang nun ein Ende hat. Erst ganz am Schluß hört sie den Auftrag und führt ihn aus.
Ausgehend von diesem Zug der Geschichte kann man predigen über die Fremdheit der Osterbotschaft, die quer liegt zu allen unseren Vorstellungen, für die es keine Beweise gibt (auch nicht die Nachricht vom leeren Grab) und die alle Erwartungen übersteigt. Wer mag, kann das auch dieses Jahr tun. Es ist nicht falsch und entspricht durchaus einer Seite der Geschichte. Ich habe beim letzten Mal auch in dieser Weise über den Text gepredigt. Dieses Mal gefällt es mir jedoch nicht mehr so gut. Denn die kritische Schärfe einer solchen Predigt wirkt am Ende eher deprimierend als ermutigend und befreiend. Und auch die schmetternden Trompetentöne von der Größe der Osterbotschaft lassen eher niedergeschmetterte als aufgerichtete Leute nach Hause gehen. Ich fürchte, die Osterfreude wird auf diese Weise nicht richtig gefördert.
Dazu kommt eine Beobachtung am Text. Die Geschichte ist nicht von einer kritischen Distanz zu Maria geprägt, sondern von einer verständnisvollen Wärme. Kein Wort des Tadels, nur Worte einfühlsamer Zuwendung. Die Trauer und die Suchbewegung der Frau werden ernstgenommen. Die Fragen der Engel und Jesu sind voller Verständnis für die Mißverständnisse der Maria, und die persönliche Anrede mit dem Namen läßt jede Distanz verschwinden, so daß auch das »Rühre mich nicht an!« oder »Halte mich nicht fest!« ohne Schärfe ist. Ich möchte deshalb den Text lesen als die Geschichte, wie Jesus der Maria zu einer befreienden Ablösung hilft . . .

Mehr als ein Trauerprozeß

Maria geht zum Grab, frühmorgens, ehe es Tag geworden ist, und der äußeren Dunkelheit entspricht die innere. Nach dem ersten Schock, der Hektik des Begräbnisses und der rituell geregelten Ruhe des Sabbats beginnt sie in die Depression hinabzusinken. Nicht anders als jede Witwe in den Tagen nach der Beerdigung sucht sie die Nähe des Toten, um dort zu weinen. Sie hat einen langen Trauerprozeß vor sich. Denn der, der sie aus der Besessenheit befreit hatte und ihr Lebensinhalt geworden war, ist plötzlich und gewaltsam gestorben. Sie würde lange brauchen, bis sie es verstehen würde, daß er tot ist, bis sie sich nicht mehr aufbäumen würde, bis sie nicht mehr versuchen würde, ihn ins Leben zurückzuholen, sondern bereit wäre, ihn als einen Toten in liebender Erinnerung zu behalten und ja dazu zu sagen, daß er aufgenommen ist in den Frieden Gottes.
Aber mitten in die beginnende Trauer der Ablösung hinein kommt ein neuer Schock, der eine Ablösung höherer Art einleitet. Das Grab ist offen, der Leichnam weg. Nachdem Maria schon der Lebende genommen war, soll sie nun auch noch den Toten hergeben. Sie wehrt sich, kann es nicht wahrhaben, versucht den Toten als Toten wiederzuholen (V 15). Das ist natürlich, verständlich, ja notwendig. Hätte ihr der Lebende nichts oder nicht viel bedeutet, könnte sie den Toten leicht

hergeben, müßte sie sich kaum mehr um ihn kümmern. Aber er war ja ihr ein und alles, deshalb muß sie sich wehren. Je enger die Bindung gewesen ist, desto schwerer fällt die Ablösung. Ablösung hat aber nicht nur diese schmerzliche, sondern auch eine nach vorne weisende, befreiende Seite. Das ist schon beim normalen Trauerprozeß so. Ablösung vom Verstorbenen heißt nicht nur: ihn hergeben, sondern zugleich: ihn neu gewinnen als den »Verewigten« (wie man früher mit einem eigenartig sprechenden Ausdruck zu sagen pflegte). Die Verbindung hört nicht auf, aber sie wird verwandelt, und dadurch werden beim Hinterbliebenen neue Kräfte frei, die er braucht, um in einen neuen Abschnitt seines Lebens hineinzugehen. Bei Maria jedoch ist dieser natürliche, aus den schöpfungsmäßigen Möglichkeiten des Menschen schöpfende Ablösungsprozeß überboten und überformt von einem Ablösungsprozeß höherer Ordnung. Sie muß sich vom toten Jesus lösen, um den auferstandenen zu gewinnen. Auch hier soll die Verbindung nicht abreißen, sondern verwandelt werden, und auch hier werden ihr daraus neue Kräfte erwachsen, und zwar diesmal solche, die die schöpfungsmäßigen Möglichkeiten weit übersteigen. Aber das kann sie noch nicht sehen, als sie der Schock des leeren Grabes trifft. Das »Mißverständnis«, jemand habe den Leichnam weggetragen, ist notwendig.
Jede Ablösung ist ein Prozeß und ist nicht mit einem Ruck zu schaffen. Damit er in Gang kommt, braucht der Mensch Liebe und Zuwendung, und zwar nicht nur Erinnerung an Liebe, die ihm zuteil wurde, sondern Zuwendung, die er jetzt, in seiner schwierigen Lage, erfährt. Kein Ablösungsprozeß läuft aus sich selbst oder nur aus den Möglichkeiten dessen, der ihn durchläuft. Wer sich lösen muß, braucht andere, die für ihn da sind und verstehen, daß ihm die Lösung schwerfällt. Auch genügt hier die einmalige Zuwendung nicht, es braucht die Begleitung. In unserer Geschichte kommt das sehr schön zum Ausdruck. Zuerst die Engel: »Warum weinst du?«, dann Jesus: »Warum weinst du? Wen suchst du?« und erst dann: »Maria!« ... Maria erkennt Jesus, spürt seine Zuwendung und erwidert sie in Wort und Gebärde. Sie tut einen wichtigen Schritt im Prozeß der Ablösung vom Toten, auch wenn es für den Augenblick wie ein Rückschritt aussieht. Sie meint, Jesus sei ins irdische Leben zurückgekehrt und das alte, beglückende Verhältnis könne wieder aufgenommen worden. Auch das hat eine Analogie im normalen Trauerprozeß. In der depressiven Phase in den ersten Monaten nach der Beerdigung regrediert der Trauernde. Er geht zurück in das Leben des Verstorbenen und spricht mit ihm, so, als ob er noch lebte. Diese Regression ist ein notwendiger Rückgriff, der nur dann zum Rückschritt wird, wenn der Trauernde darin steckenbleibt (ich weiß von einer Frau, die noch zwei Jahre nach der Beerdigung täglich an das Grab ihres Mannes geht und mit ihm spricht. Wenn sie niemanden findet, der ihr weiterhilft, muß man fürchten, daß sie in ihrer jetzigen Haltung versteinert).
Die Antwort des Auferstandenen ist ohne Tadel, aber sie führt einen Schritt weiter. Sinngemäß muß übersetzt werden »Halte mich nicht fest!«, denn nicht die Berührung als solche wird abgewehrt (so wenig wie in Mt 28,9, Lk 24,39 und Joh 20,27), sondern das Festhalten. Maria soll Jesus los- und zum Vater hinaufgehen lassen. Das

ist der entscheidende Schritt der Ablösung. Er bedeutet den Verlust des persönlichen Umgangs und zugleich ungeheuren Gewinn. Denn erst durch das Hinaufgehen zum Vater ist das Heilswerk vollendet. Erst jetzt kann der Geist gesandt werden (16,7), erst jetzt können sich die Jünger im Namen Jesu direkt an Gott wenden und sicher sein, daß er sie hört (16,23 f.). Nun, da er fort ist, werden sie größere Dinge vollbringen als er (14,12).
Die Auferstehung macht die Jünger in ihrem Verhältnis zu Jesus mündig und selbständig. V 17, der die Spitze unseres Textes ist, enthält Aussagen, die im Duktus des JohEv neu sind. Erst jetzt sagt Jesus »meine Brüder«, erst jetzt »euer Vater« (im Unterschied zum häufig gebrauchten »mein Vater« und »der Vater«) und »euer Gott«. Jetzt sind die, die Jesus angehören, in dasselbe Verhältnis gesetzt wie Jesus. Sie werden Jesus zwar nicht gleichgesetzt (es heißt nicht »unser Vater« und »unser Gott«). Seine Bedeutung für sie ist nicht erloschen. Die Verbindung zu ihm hört nicht auf. Aber sie wird verwandelt. Sie brauchen sich nicht mehr an Jesus zu halten. Er braucht nicht mehr für sie zu beten (16,26). Sie brauchen ihn nichts mehr zu fragen (16,23).
Unsere Geschichte, die diesen ungeheuren Ablösungsprozeß in seiner ganzen Schwere und Zumutung und mit all seiner Befreiung und Freude ebenso anschaulich wie hintergründig beschreibt, endet damit, daß Maria sich tatsächlich löst. Sie hat den Herrn gesehen und damit ein neues Verhältnis zu ihm gewonnen, sie läßt sich senden, sie geht und wird zur mündigen Zeugin, obwohl sie als Frau eigentlich den Mund zu halten hätte.

Der Prozeß geht weiter

Was hier im Zeitraffer eines einzigen Morgens und personifiziert in der Gestalt der Maria Magdalena erzählt ist, hat sich in der Gemeinde der ersten Generation tatsächlich vollzogen. In der Berufung auf den Auferstandenen tun sie größere Werke als er: Die Stephanus-Gruppe löst sich als erste vom Tempel. Paulus und die hellenistische Gemeinde lösen sich vom alttestamentlichen Gesetz. Das junge Christentum überschreitet die geographischen, sprachlichen, rassischen, soziologischen und bildungsmäßigen Grenzen, die die Gruppe der Anhänger Jesu zu dessen Lebzeiten bestimmt hatten. Das war nicht ohne Schmerzen, Konflikte und Gefahren. Auf der einen Seite drohte die (notwendige) Regression immer wieder zum Rückschritt zu werden (etwa im judaistischen Nomismus), auf der anderen Seite bestand die Gefahr, daß aus der Ablösung Bindungslosigkeit wird, weil die Verbindung nicht transformiert wird, sondern abreißt (etwa im Enthusiasmus).
Dasselbe wiederholte sich im Laufe der Kirchengeschichte noch oft: Beim Übergang vom griechischen in das germanische Denken, in der Reformation, zur Zeit der Aufklärung, nach dem Ersten Weltkrieg. Ungeheure Erschütterungen verlangten Ablösung aus der griechischen Kosmos-Ordnung, Lösung aus der imperialen Kirche, Lösung vom alten Weltbild, Lösung aus Staatskirche und Kulturchristen-

tum. Jedesmal war es schmerzhaft und gefährlich, jedesmal befreiend und führte zu einer neuen Begeisterung. Das Christentum bleibt nur dann dem Auferstandenen treu, wenn es nicht stehen bleibt und zurückschaut, sondern missionarisch, expansiv, aufbruchbereit ist.

Dies im Rückblick festzustellen ist nicht schwer. Viel schwerer ist es, in der heutigen Situation die Stellen zu sehen, an denen die Ablösung notwendig ist. Denn wir stecken mittendrin und sehen so wenig wie Maria Magdalena in der Mitte der Geschichte, worauf es hinaus soll. Sie sieht nur, daß es nicht so weitergehen kann wie bisher. Sind wir in der Frage der Volkskirche vielleicht in derselben Lage? ...

Was vom Weg der Kirche gilt, gilt auch vom Weg des einzelnen: er steht immer wieder vor Brüchen in seiner Biographie, die zugleich Brüche in seinem Glauben sind. Ich denke an Jugendliche, die sich von ihren Eltern lösen müssen. Das ist notwendig, denn sie können keine Kinder bleiben, und es ist gleichzeitig schmerzhaft und befreiend. Die Eltern sehen oft nur den Protest, hören nur aggressive und ungerechte Vorwürfe und sehen nicht, wie schmerzhaft der ganze Prozeß für die Jugendlichen selbst ist, wie unsicher sie sind, wie wenig sie sich zutrauen, wie nahe sie an der Grenze zur Verzweiflung stehen, wie oft sie im geheimen weinen. Der Junge merkt, daß er anders ist als alle anderen Menschen, und kann doch noch nicht er selber sein. Er will sich lösen und wehrt sich zugleich dagegen. Die Vorwürfe gegen den Vater sind der Ausdruck dafür. Könnte er sich jetzt schon lösen, brauchte er nicht immer wieder zurückzukommen und Vorwürfe zu machen. In diesem Prozeß gehört die Gestalt des Glaubens mit hinein. Der Jugendliche kann seinen Glauben nicht mehr so aussprechen wie seither, das vertrauensvolle Gebet des Kindes wird ihm verdächtig. Er muß ganz von vorne anfangen, radikal fragen, was das Ganze eigentlich soll, was es für ihn bedeutet (nicht für die anderen). Das ist schwierig, manchmal kaum auszuhalten. Wie gut, wenn er da Verständnis findet, Zuwendung und Wärme, jemanden, der ihn beim Namen nennt. Im Schmerz der Ablösung wird der Jugendliche oft zurückgehen ins alte Kindheitsverhältnis zum Vater und zu Gott. Der Vater meint dann vielleicht, jetzt sei es geschafft und der Junge sei wieder vernünftig geworden. Als Helfer des Auferstandenen sollte er – oder jemand anderes, wenn er es nicht kann – jedoch sagen: »Halte mich nicht fest! Du mußt lernen, deinen Weg ins Leben und in den Glauben allein zu gehen. Ich will an deiner Seite bleiben, aber ich kann nicht mehr für dich eintreten und nicht mehr für dich glauben.« Wenn alle Beteiligten die Schmerzen der Ablösung nicht scheuen, spüren sie zugleich die Befreiung, in der die alte Verbindung neu geworden ist und der Weg nach vorne frei.

Ich denke auch an alte Menschen, die einen gesundheitlichen Schock erlebt haben. Bis jetzt ist die Frau immer noch so gesund gewesen, daß sie ihre Aufgaben in Haus und Familie erfüllen konnte. Jetzt war sie zum ersten Mal so krank, daß sie spürt: Es geht nicht mehr lange, dann kann ich mich nicht mehr selbst versorgen, dann komme ich nicht mehr zu Kräften, da geht es langsam oder schnell dem Ende zu. Sie erschrickt und wehrt sich mit allen Kräften: »Ich kann doch nicht aus der Wohnung! Ich kann doch nicht anderen zur Last fallen! Gott hat mich doch bisher immer begleitet und behütet. Warum läßt er mich jetzt im Stich?« Die Krise der Gesundheit ist zugleich eine Krise des ganzen Menschen, auch seines Glaubens. Die Frau weiß, daß sie sich lösen muß, und kann es doch nicht. Und sie weint dieselben Tränen der Verzweiflung wie ihr Enkel. Jede gesundheitliche Besserung ist ein Hoffnungsschimmer. »Rabbuni! Da bist du wieder, lebendiger Herr, wie ich dich kenne. Bleibe bei mir!« Aber der Auferstandene spricht: »Halte mich nicht fest! Ich habe noch Größeres mit dir vor. Löse dich, folge mir!« Wohl der Frau, wenn der Auferstandene Helfer findet, die Verständnis haben für die Schmerzen des Sich-Lösens, die die Verbindung nicht abreißen lassen, sondern sich ganz zuwenden und die Frau doch nicht festhalten mit Versicherungen, es werde mit Gottes Hilfe schon wieder so werden wie früher.

Alle diese Überlegungen sind noch zu reflektiert für eine Predigt. Aber wenn ich noch einmal ansetzen würde und nicht mehr an die Kollegen dächte, die diese Meditation lesen, sondern an die Gemeindeglieder am Ostermorgen, könnte daraus eine Reihe von Geschichten werden. Und ich würde hoffen, daß sie nicht nur etwas von der Hintergründigkeit des Textes, sondern auch etwas von seiner Wärme und Anschaulichkeit bekämen.

Soweit die Predigthilfe von Ostern 1982. Wenn ich sie heute, dreiviertel Jahre später, wieder lese, mich erinnere und überlege, wie sich die Begegnung mit dem Text abgespielt hat, so stelle ich fest: Es war ein Prozeß, der sich gleichzeitig auf drei verschiedenen Ebenen abspielte, die in enger Beziehung zueinander stehen, aber unterschieden werden müssen.

Textbegegnung auf drei Ebenen

Da ist zunächst die *exegetische Ebene*, auf der ich zu verstehen suche, was dieser Text den ersten Hörern des Johannesevangeliums sagen wollte. Vor mir liegen meine exegetischen Vorarbeiten für die Predigt zu Ostern 1971 und ich stelle fest, daß meine Exegese damals vor allem form- und redaktionsgeschichtlich ausgerichtet war. Demgegenüber sind jetzt neue Elemente dazugekommen. Die positiven Erfahrungen mit Erzählungen in Unterricht und Predigt und die interessanten Versuche strukturalistischer Exegese lassen mich stärker auf das Detail der Erzählung, das innere Geflecht ihrer Züge achten. Ich habe inzwischen auch verschiedene Ansätze zu einer tiefenpsychologischen Interpretation biblischer Texte kennengelernt und selbst damit experimentiert. Deshalb fällt mir die Interpretation des Trauerprozesses als einer schrittweisen Ablösung ein. Ich versuche, dieses Raster auf den Text anzuwenden, und stelle fest, daß es viele Einzelzüge verstehen läßt. So gewinnt der tiefenpsychologische Aspekt der Exegese das stärkste Gewicht. Das Stichwort von der befreienden Ablösung wird zum Leitfaden der Auslegung.

Habe ich damit ein psychologisches Muster in den Text hineininterpretiert? Habe

ich das Ergebnis der historischen Kritik verleugnet, die den literarischen Charakter der Erzählung erwiesen hat? Habe ich Maria Magdalena jeder Witwe am Grab gleichgestellt? Habe ich damit Ostern eingeebnet und zu etwas Allgemeinmenschlichem gemacht? Ich hoffe nicht. Was hier vorgeht, möchte ich ja als einen Ablösungsprozeß *höherer Ordnung* verstehen. Die Auferstehung schafft bei den Jüngern neue Kräfte, die die schöpfungsmäßigen Möglichkeiten weit übersteigen. Auch verstehe ich die Erzählung nicht als historischen Bericht, sondern als Personifikation der Erfahrungen der Gemeinde der ersten Generation. Käsemanns Interpretation des Johannesevangeliums (Tendenz: vom historischen zum gegenwärtigen Christus) ist aufgenommen und durch die Verbindung mit der Tiefenpsychologie verständlicher geworden. Ich habe nicht den Eindruck, daß ich den Text gewaltsam in ein mitgebrachtes Raster gezwängt habe. Vielmehr meine ich, ihn jetzt um einiges besser zu verstehen.
Die *zweite Ebene*, auf der mir der Text begegnet ist, ist *die persönliche*. Alle Personen, die in der Predigthilfe vorkommen, tragen für mich Namen, und zwar solche aus meiner nächsten Nähe. Es sind sehr persönliche Erfahrungen eingeschlossen, die ich hier nicht im einzelnen aufdecken möchte. Ich möchte nur andeuten, daß ich als Vater von drei heranwachsenden Kindern (im Alter von 16 bis 21 Jahren) und als Schwiegersohn einer Witwe, die manche Krankheit durchgemacht hat, an vielem, was ich geschrieben habe, sehr persönlich beteiligt bin. Habe ich, indem ich das zuließ, die Geschichte zum Spiegelbild meiner Erfahrungen gemacht, sie zur Bestätigung meiner Erlebnisse mißbraucht? Ich hoffe nicht. Ich hatte ganz im Gegenteil den Eindruck, daß sie mir geholfen hat, Wirklichkeitserfahrungen als Glaubenserfahrungen zu verstehen. Die Geschichte hat mir geholfen, eigenes Erleben neu zu sehen. Dabei ist es mir unterschiedlich leicht gefallen, mich darauf einzulassen. Die Botschaft des Textes für die alten Leute konnte ich gut akzeptieren; ihn auf das Verhältnis von Vater und Sohn anzuwenden, ist mir viel schwerer gefallen.
Eine weitere kritische Frage muß hier gestellt werden: Ist meine Interpretation durch meine persönliche Eigenart, mein psychisches Profil bestimmt und dadurch verzerrt? Das Persönliche spielt sicher auch in dieser Hinsicht mit hinein. Die Partnerzüge, die bei mir heute stärker ausgeprägt sind als vor 10 oder 20 Jahren, haben mich die warmen Töne der Erzählung entdecken lassen. Komplementär dazu habe ich mich im ersten Abschnitt von meiner eigenen kritischen Haltung von 1971 abgesetzt, etwas zu aggressiv vielleicht. Wo die Ablösung auf der institutionellen Ebene in den Blick kommt (Ablösung von der Volkskirche), werde ich unsicher. Aufbruchstendenzen sind mir, sobald sie abrupt auftreten, wenig zugänglich. Wenn sie auf eine organische Entwicklung hinzielen, also Bewahrerelemente mit einschließen, kann ich mich gut mit ihnen befreunden. Wenn ich das bedenke, wird mir deutlich, daß meine Interpretation doch sehr persönlich geprägt ist. Ich habe allerdings von einigen Kollegen, die nicht alle von derselben Persönlichkeitsstruktur sind, gehört, daß sie die Predigthilfe persönlich angesprochen habe. Sie scheint also

doch nicht blockierend zu wirken. Was die empfunden haben, von denen ich nichts gehört habe, weiß ich natürlich nicht.
Die *dritte Ebene* auf der mir der Text begegnet ist, ist *die homiletische.* Die Frage »Wie kann daraus eine Predigt werden?« schwingt von Anfang an mit und drängt sich gegen Ende ganz in den Vordergrund. Ich möchte den Text ja nicht nur selbst verstehen, sondern einer Gemeinde verständlich machen. Er soll nicht nur mir, sondern auch anderen persönlich weiterhelfen. Dazu war es nötig, daß ich zu meinen eigenen Erfahrungen noch einmal Abstand nahm und prüfte, ob sie geeignet sind, auch die Erfahrungen der Gottesdienstbesucher anzusprechen. An dieser Stelle war ich mir ziemlich sicher. Aus vielen Gesprächen mit Leuten aus der Gemeinde, in der ich wohne, weiß ich, wie verbreitet die genannten Probleme sind. Ich wollte nun aber nicht nur die heutigen Lebensgeschichten erzählen, sondern auch ihren Zusammenhang mit dem Text aufweisen und dem Hörer so ein eigenes Urteil ermöglichen. Ich entschloß mich deshalb, die Geschichte von Maria Magdalena in der Predigt selbst neu zu erzählen und dann die Erzählung vom Jugendlichen und der alten Frau anzuschließen. Von den Kollegen, die sich für die Predigthilfe bedankten, hat freilich keiner meinen Aufriß übernommen. Sie wurden bei gleicher Grundlinie zu eigenen Gestaltungen angeregt. Für mich ist das ein Beispiel für Einheit in der Vielfalt und Vielfalt in der Einheit.
Ich habe die drei Ebenen, auf denen ich der Geschichte von Maria Magdalena begegnet bin, nacheinander beschrieben. Im Prozeß der Beschäftigung mit dem Text überschnitten sie sich immer wieder. Ich begann auf der homiletischen Ebene, indem ich meine Predigt von 1971 las. Die Hoffnung, ich könnte dort anknüpfen, erfüllte sich nicht. Ich las den Text genauer, machte Entdeckungen, begann die tiefenpsychologische Exegese. Zur Kontrolle griff ich nach den Kommentaren. Die Deutung »Halte mich nicht fest« erwies sich als haltbar. Bei Schnackenburg fand ich den Hinweis auf die Singularität von V 17. Dann versuchte ich wieder auf die homiletische Ebene zu gehen, indem ich in Predigtbänden las; ich fand aber nichts Brauchbares. Erst dann tauchte ich richtig in die persönliche Ebene ein und kam ein gutes Stück weiter. Dann kam wieder eine Kontrollfrage: ist das nicht zu individualistisch? Das führte zu den kirchengeschichtlichen Überlegungen und der Idee, vielleicht eine Predigt über die Ablösung von der Volkskirche zu halten. In der Predigthilfe habe ich diesen Gedanken (in einem hier nicht wiedergegebenen Abschnitt) ein Stück weit durchgespielt, dann aber doch davon abgeraten, nicht nur aus persönlichen Gründen, sondern auch um der Hörer willen. Denn eine solche Predigt setzt Hörer voraus, die sich um den Weg der Kirche als ganzer Gedanken machen. Außerdem ist die Textbasis für diese Frage zu schmal; es müßte eine Themapredigt mit breiterer biblischer Grundlage werden. Deshalb kehrte ich zu den persönlichen Erfahrungen zurück und entwickelte aus ihnen den Aufriß einer Erzählpredigt.
Ich habe dieses Beispiel einer Begegnung mit einem Text nicht deshalb so ausführlich dargestellt, weil ich es für vorbildlich hielte. Sicher gibt es an dieser meiner

Arbeit manches zu kritisieren, dem auch ich zustimmen würde. Meine Absicht war vielmehr, zu zeigen, daß die Begegnung eines Predigers mit seinem Predigttext ein ganz komplexer Vorgang ist. Auf allen drei Ebenen, der exegetischen, persönlichen und homiletischen, besteht ein Zirkel zwischen Vorverständnis, neuer Begegnung und Verstehen. Die beiden entgegengesetzten Gefahren, daß der Text für eine vorgefaßte Meinung vereinnahmt wird und daß er fremd stehenbleibt und gar nicht spricht, sind gleich groß. Ihnen kann nur begegnet werden, wenn sich der Prediger bei seiner Predigtarbeit der Unterschiedenheit der drei Ebenen und des hermeneutischen Zirkels auf jeder von ihnen bewußt ist. Die Unterscheidung der Ebenen darf freilich nicht zur Trennung werden. Vielmehr ist es wesentlich, daß sie sich gegenseitig befruchten. Deshalb lassen sie sich bei der Predigtvorbereitung auch nicht hintereinanderschalten, sondern überschneiden sich immer wieder.

e) Ein Text – viele Zugänge

Der Begriff der Begegnung enthält in sich die beiden Elemente der Distanz und der Nähe. Zu einer Begegnung kommt es, wenn zwei, die sich zunächst in einer gewissen Distanz gegenüberstehen, aufeinander zugehen und so Nähe gewinnen. Begegnung ist ein Prozeß, der durch die polaren Gegensätze von Distanz und Nähe gekennzeichnet ist. Wo nur Distanz herrscht, gibt es keine Bewegung. Wo fraglose Nähe ist, gibt es auch keine Bewegung. Wenn die Exegese zur Begegnung mit dem Text helfen soll, muß sie die Elemente der Distanz und der Nähe in einem dynamischen Prozeß verbinden.
Jede Textauslegung muß eine Distanz zwischen den Text und seinen Leser legen. Oft ist das nicht nötig. Der Leser spürt den Abstand nur zu gut. Aber auch und gerade dort, wo ein Leser meint, den Text unmittelbar zu verstehen, wo er ihm eingeht, ihm wohlbekannt und völlig klar erscheint, braucht es den Abstand. Die Aneignung muß verzögert werden. Sonst wird der Text nur verwendet und verbraucht. Hier hat die Forderung, der Text müsse mir als ein Fremder gegenübertreten, ihr gutes Recht. Auslegung ist zunächst einmal Verfremdung.
Klassisches Mittel der Verfremdung ist die *historisch-kritische Textauslegung*. Sie will den Aussagewillen des Textes innerhalb seines (nicht unseres) geschichtlichen Raumes erheben. Sie räumt alles weg, was später mit dem Text geschehen ist. Mag er für die kirchliche Lehre oder Frömmigkeit noch so wichtig geworden sein, das darf jetzt keine Rolle spielen. Es geht um den ursprünglichen Sinn der Überlieferung. Dieser ist an eine Zeit gebunden, die von der unsrigen sehr weit entfernt ist. Deshalb müssen die Aussagen eines Textes grundsätzlich fremd erscheinen.
Als ich Mitte der fünfziger Jahre Theologie zu studieren begann, war die historisch-kritische Exegese auf dem Höhepunkt ihres Einflusses. Meine Freunde und ich haben den Verfremdungseffekt dieser Auslegung stark empfunden. Von der Kindheit her waren uns die Texte vor allem des Neuen Testaments vertraute, verläßliche,

im ganzen doch wörtlich zu nehmende Heilige Schrift. Nun erlebten wir schockiert und fasziniert zugleich, wie Schicht um Schicht abgehoben wurde, wie die Historizität Stück um Stück abbröckelte, der mythologische Charakter der Texte hervortrat und das Christentum seinen Platz in der allgemeinen Religionsgeschichte bekam. Wir hätten freilich nicht Semester für Semester mit steigender Begeisterung exegetische Vorlesungen gehört und Seminare besucht, wenn wir diesen Schock nicht zugleich als Befreiung erlebt hätten. Die historisch-kritische Textauslegung hat uns mündig gemacht gegenüber dem eigenen Kinderglauben und gegenüber einer restaurativen Kirchlichkeit (von Kirchenreform war in diesen Jahren noch keine Rede).

Die historische Kritik ermöglichte uns, moderne Menschen und zugleich überzeugte Verkündiger der christlichen Botschaft zu sein, denn sie vermittelte nicht nur Distanz, sondern auch Nähe. Die gesamte historische Arbeit vollzog sich innerhalb der Hermeneutik der existentialen Interpretation. Diese war zwar damals heftig umstritten, und wir hatten eine Menge kritische Fragen. Aber im Rückblick muß ich sagen: Es ging im Grund nur um Modifikationen. Die Grundvoraussetzung, daß die Texte uns ganz persönlich angehen und daß sich wissenschaftlich erheben läßt, was sie uns heute sagen, stand nicht in Frage. Auch entsprach die Philosophie des Existenzialismus, die dieser Hermeneutik zugrunde lag, unserem Selbst- und Zeitgefühl, 10 Jahre nach dem Ende des II. Weltkriegs. Distanz und Nähe waren dialektisch miteinander verbunden.

Heute ist das gründlich anders geworden. Heidegger und Jaspers sind Historie. Die religiöse Sozialisation der heutigen Theologie-Studenten hat sich gewandelt; einer zunehmenden Anzahl sind nur wenige biblische Texte vertraut. Auch die kritischen Ausleger sind nicht mehr die Bekenner aus dem Kirchenkampf, sondern von Beruf Wissenschaftler. Die exegetische Forschung hat all die Jahre fleißig gearbeitet und eine große Menge von Literatur produziert. Aber sie vermag bei weitem nicht mehr so zu faszinieren wie damals. Der Grund liegt darin, daß sie fast nur noch distanzierend wirkt. Wenn Kerntexte des Neuen Testaments einem Theologiestudenten zum erstenmal in der exegetischen Vorlesung begegnen und sie von einem Fachmann ausgelegt werden, der mit keinem Wort durchblicken läßt, was diese Texte für ihn selbst bedeuten, so entsteht keine Dynamik. Das ganze Unternehmen wird pflichtmäßig absolviert und oft genug zugunsten eines naiven Verständnisses über Bord geworfen, sobald es ans Predigen geht.

Die Kritik an diesem Zustand kommt beileibe nicht nur von außen, sondern auch aus den eigenen Reihen. Das in den letzten Jahren oft zitierte Wort, die Exegese sei in der Gefahr, sich in »schulgebundene Esoterik und sachliche Unverbindlichkeit« zu verflüchtigen, stammt von P. Stuhlmacher[20]. Er tritt dafür ein, Troeltschs Prinzipien der historischen Arbeit (Kritik, Analogie und Korrelation) durch ein viertes zu ergänzen, und zwar das des »Vernehmens«. In diesem Zusammenhang taucht, wie auch bei M. Buber, an den Stuhlmacher anknüpft, der Begriff der Erfahrung auf. Aber während er hier erst als Forderung auftaucht und noch ziemlich abstrakt bleibt, haben andere Erfahrungen mit Bibeltexten gemacht, die neue Zugänge eröffnet haben[21].

Die eine Art von *Erfahrungen* wurde *in Lateinamerika* gemacht, und zwar sowohl in katholischen als auch in evangelischen Gemeinden. Sie vollziehen sich im Medium des Mündlichen und finden erst allmählich ihren Niederschlag in Geschriebenem. Als erster hat E. Cardenal die Gespräche der Bauern von Solentiname über das Leben Jesu aufgezeichnet und veröffentlicht. Nach und nach wird auch etwas von dem Kleinschrifttum gesammelt und gedruckt, in dem solche Erfahrungen sichtbar werden[22]. Diese Texte stoßen auch in Deutschland auf starkes Echo, besonders bei jungen Menschen, aber nicht nur bei ihnen.

Diese Christen machen die Erfahrung der Nähe. Sie entdecken das Evangelium als ganz direkt für sie geschrieben. E. Cardenal in seinem Vorwort: »Die Auslegungen der Bauern sind oft von größerer Tiefe als die vieler Theologen, aber gleichzeitig von genauso großer Einfachheit wie das Evangelium selbst. Das darf uns nicht verwundern, denn das Evangelium, die gute Nachricht für die Armen, wurde für sie geschrieben, für Menschen wie sie.« Wenn sie über das Evangelium sprechen, wissen die Bauern, daß es der Heilige Geist ist, der durch sie spricht, derselbe Geist, der auch die Evangelien inspirierte[23]. Ganz entsprechend formulieren lutherische Pastoren in Brasilien: »Kein Text, auch das Evangelium nicht, kann aus einer neutralen Haltung heraus gelesen werden. Die Lektüre des Evangeliums hängt vor allem von zwei Faktoren ab: Von der Stellung, die man in der Gesellschaft einnimmt; und von der Ideologie, die man hat. Es ist nötig, das Evangelium vom Gesichtspunkt des Unterdrückten wieder neu zu lesen, denn aus dieser Perspektive ist es ja auch gelebt und geschrieben worden.«[24]

Diese Erfahrungen werden nun bei uns von der *sozialgeschichtlichen Auslegung* aufgenommen, die ihrerseits an die »materialistische Bibellektüre« in Frankreich anknüpft. Der Begriff »materialistisch« will darauf hinweisen, »daß die Erforschung der ökonomischen und sozialen, politischen und ideologischen Verhältnisse der Verfasser und Adressaten der biblischen Texte für deren Verständnis unerläßlich ist.«[25] Das Ziel solcher Exegese ist, »daß Menschen heute im Licht der im biblischen Schrifttum zur Geltung kommenden Intentionen ihre wahre Situation erkennen und bearbeiten lernen«. Dazu bedürfte es »primär eines sozialgeschichtlichen Zugangs, der die damalige Lebenswirklichkeit so konkret rekonstruierte, daß die Texte auf diesem Hintergrund eine ganz neue Lebendigkeit gewännen und zugleich deutlich würde, wie biblische Erfahrung, biblischer Glaube und die in der Welt der Bibel präsente Hoffnung durch Wirklichkeit nicht nur gestaltet wurden, sondern ihrerseits selbst Wirklichkeit gestaltet haben«[26]. Es ist deutlich: die Texte der Bibel werden hier von Leuten gelesen, die eine schmerzhafte Unterdrückung erfahren und nach Befreiung schreien; und in diesem Kontext sind sie auf einmal ganz nahe da und entfalten eine starke Dynamik. Das gilt auch dort, wo die Erfahrung der Unterdrückung nicht so stark ist, sich Menschen aber ganz bewußt mit den Unterdrückten solidarisieren.

Die zweite Art von Erfahrung, in der biblische Texte ganz nahe heranrückten, wurde in *Selbsterfahrungsgruppen* gemacht. Auch diese Erfahrungen sind auf schriftlichem Weg nur unvollkommen wiederzugeben. Das gilt besonders dann, wenn nicht nur Gespräche stattfinden, sondern in den Gruppen biblische Texte gespielt werden. Der Körper wird mit einbezogen. Die Erfahrung wird ganzheitlicher und deshalb in gedruckter Form schwerer mitteilbar. Trotzdem werden zunehmend Berichte aus solchen Gruppen veröffentlicht, die darin geschilderten Prozesse reflektiert und Anleitung für eine solche neue Bibelarbeit geboten[27].

Die Methoden sind vielfältig. Zu einer Person ober Situation, die im biblischen Text gegeben sind, wird frei assoziiert, ein innerer Dialog wird inszeniert, Phantasie wird stimuliert und gelenkt, Personen oder Situationen werden agiert und vieles andere. In jedem Fall finden Identifikationen statt, die als Erweiterung des eigenen Ich, seiner Handlungs-, Erlebnis- und Wahrnehmungsfähigkeit erlebt werden. Biblische Symbole oder Symbolgeschichten sind Erlebnisangebote und helfen bei der Bearbeitung von Konflikten des einzelnen und der Gruppe.

Diese Erfahrungen stehen in einer Wechselwirkung mit der *tiefenpsychologischen Auslegung* biblischer Texte[28]. Diese sieht sich in deutlichem Gegensatz zur historischen Methode. Sie gleicht (nach einem Bild von E. Drewermann) einem Mann in der Wüste, der weiß, daß viele Kilometer weit entfernt ein Brunnen ist, und nun mühsam den Weg zurückgeht, um das Wasser zu holen. Vielleicht schafft er es, die Distanz tatsächlich zurückzulegen. Aber schafft er den harten Weg ein zweites Mal, um den Wartenden das Wasser zu bringen? Die tiefenpsychologische Auslegung dagegen geht aus von der Überzeugung, daß das Wasser, das dort aus der Tiefe kam, auch hier, wo wir heute sind, in der Tiefe ruht. Es braucht nur ein Bohrgestänge, damit es auch hier sprudelt. Die tiefenpsychologische (oder psychoanalytische) Methode ist nichts anderes als ein solches Bohrgestänge.

Dabei wird in erster Linie auf die Bilder und Symbole in den biblischen Texten geachtet. Sie sind zwar oft aus historischen Erinnerungen gebildet, wie auch ein Traum in der Regel aus Reminiszenzen des vergangenen Tages besteht. Aber hier wie dort bedeuten sie mehr. Sie symbolisieren Konstellationen, Konflikte, Kräfte und Möglichkeiten. Der Traum erlaubt durch die Deutung seiner Symbole den Rückgang in die persönliche Vergangenheit und einen Einblick in die gegenwärtige Dynamik. Biblische Texte sind wie Mythen, Märchen und Sagen kollektive Träume, die Gemeinschaftserfahrungen enthalten und daher auf dem Weg des Nachträumens unmittelbar zugänglich sind.

Es ist deutlich: Diese Methode findet überall dort großen Widerhall, wo Menschen begonnen haben, ihre Schwierigkeiten mit sich selbst und mit anderen wahrzunehmen und zu bearbeiten. Die biblischen Texte eröffnen hier eine neue Form der Selbsterfahrung.

Beide Zugänge, der sozialgeschichtliche wie der tiefenpsychologische, werden aber auch heftig angegriffen. Der Kern aller Angriffe besteht darin, daß gesagt wird: hier geht jede Distanz zum Text verloren. Der Text darf nur sagen, was der Leser ohnehin weiß oder für richtig hält. Es handelt sich überhaupt nicht um Auslegung, sondern nur um Selbstbestätigung. Jede Objektivität geht verloren. Alles ist der Subjektivität ausgeliefert. Das sagen sowohl die Historiker, deren Arbeit hier überflüssig zu werden droht, als auch offizielle Vertreter der Kirche, die das traditionelle Verständnis wichtiger Bibeltexte gefährdet sehen.

Dieser Vorwurf hat ein gutes Recht überall dort, wo die Nähe so stark betont wird, daß die Distanz verloren geht, weil alles Widerständige und Unbequeme in den Texten übergangen oder umgedeutet wird. Der Gegensatz von Subjektivität und Objektivität ist hier freilich wenig hilfreich. Denn die historische Arbeit hat ebenso wie die kirchliche Lehre ein bestimmtes Vorverständnis, mit dem sie an die Texte herangeht. Diese »subjektive« Voraussetzung ist geradezu notwendig, um die »objektive« Botschaft des Textes für mich zu hören. Das Subjekt-Objekt-Schema ist nicht geeignet, den dynamischen Prozeß der Begegnung zu erhellen, wohl aber das Gegensatzpaar von Distanz und Nähe.

Nun wird aber die Gefahr der Distanzlosigkeit von den Vertretern der neuen Methoden durchaus gesehen, und sie bemühen sich daher um eine neue Verbindung ihrer Ansätze mit der historisch-kritischen Exegese. Das ist im Prinzip gar nicht schwierig. Die sozialgeschichtliche Auslegung kann als Fortführung der form- und redaktionsgeschichtlichen Forschung mit ihrer Frage nach dem »Sitz im Leben« verstanden werden; die tiefenpsychologische Exegese braucht die Religions- und Traditionsgeschichte zur Erhellung der Symbole in den Texten. Schwieriger scheint mir die Frage zu sein, ob sich die Historiker für die neuen Ansätze öffnen und ob tiefenpsychologische und sozialgeschichtliche Auslegung in einen Dialog miteinander eintreten werden.

Die gegenwärtige Lage stellt ein grundsätzliches Problem. Wir sehen eine Vielfalt wissenschaftlicher Methoden der Textauslegung, die nicht auf einen Nenner zu bringen sind. *Wie steht es da mit der These, daß die Bindung an den Bibeltext die Einheit der Verkündigung zu schaffen vermöge?* Die Frage ist ernst zu nehmen. Denn es handelt sich ja nicht nur darum, daß die eine Botschaft des Textes von den verschiedenen Hörern verschieden akzentuiert vernommen wird, sondern darum, daß es die eine Botschaft des Textes überhaupt nicht gibt. Was der Text sagt, hängt davon ab, was man ihn fragt. Die methodisch saubere Ausarbeitung der Frage kann die Vielfalt der Antwort nicht verhindern. Kann man aber dann noch von gesunder Vielfalt reden und eine wie auch immer geartete innere Einheit voraussetzen?

Hier ist es notwendig, an einen reformatorischen Grundsatz der Schriftauslegung zu erinnern. Nur der heilige Geist erschließt das Verständnis der Schrift. Der Geist wirkt in der Schrift und in dem, der sie hört oder liest. Er schafft die Klarheit der Schrift und die Erleuchtung des Hörers. Dieses Wirken des Geistes ist erfahrbar, aber nicht verfügbar. Die Klarheit der Schrift und die Erleuchtung des Hörers lassen sich auch nicht so auseinandernehmen, daß das eine verfügbar wäre, das andere aber nicht. Luther sagt, das Wort der Schrift bleibe so lange tötendes Gesetz, bis es durch den heiligen Geist mir zum Evangelium werde. Die Schrift ist zwar voll des

Evangeliums und besitzt alle Klarheit. Aber diese muß sich immer neu erweisen, indem ich das Evangelium für mich vernehme. Deshalb gibt es keinen ein für allemal feststellbaren Schriftsinn. Die Kirche bleibt an die Schrift verwiesen. Ihre Auslegung ist eine bleibende Aufgabe. Sie kann weder durch historische Forschung noch durch kirchliche Lehre festgelegt werden, weder ein für allemal noch bis auf weiteres. Das ist der theologische Grund dafür, daß die Geschichte der Bibelauslegung nie zur Ruhe kommt.

Müßte es dann aber nicht wenigstens möglich sein, in einer gegebenen Zeit und Situation zu einer eindeutigen Schriftauslegung zu kommen? Wo bleibt sonst die einende Kraft der Schrift? Wer so denkt, hat vergessen, daß der Geist, der die Schrift erschließt, ein Geist der Vielfalt ist. In der historischen Perspektive sind wir gerne bereit zu akzeptieren, daß es verschiedene Schriftauslegungen gibt. Warum nicht auch in der Gleichzeitigkeit? Die Gemeinschaft des Geistes ist erst dann, aber dann auch gründlich verraten, wenn sich die einzelnen Methoden nicht mehr als Glieder am Leib Christi verstehen. »Der Formgeschichtler kann nicht zum Tiefenpsychologen sagen: ich brauche dich nicht; oder der Sozialgeschichtler zu den Traditionsgeschichtlern: ich brauche euch nicht. Wenn ein Exeget leidet, so leiden alle Exegeten mit, und wenn ein Exeget geehrt wird, so freuen sich alle Exegeten mit.« (1Kor 12,21.26). Muß das eine Utopie bleiben?

f) Laien als Partner in der Erschließung des Texts

Die neuen Formen der Schriftauslegung zielen gar nicht auf die Predigt. Sie sind selbst authentische Formen der Verkündigung. Die Gespräche der Bauern von Solentiname treten in der Messe an die Stelle der Predigt. Die tiefenpsychologische Auslegung hat ihren Ort in der Selbsterfahrungsgruppe. Interaktionen mit dem Text brauchen das offene Gespräch. Bibliodrama ist Erlebnis des Textes selbst, vielleicht auch direkte Verkündigung, aber keinesfalls nur Vorbereitung für die Predigt. Der Prediger sollte darüber nicht traurig sein. Er sollte sich vielmehr freuen, daß er nicht allein steht, und sich der Geist tatsächlich in der Vielfalt der Verkündigungsformen kräftig erweist.

Wenn der Prediger jedoch unter der Hand nicht doch wieder zu einem Einzelkämpfer werden soll, muß er Wege finden, wie diese neue Formen der Schriftauslegung seine Predigtarbeit befruchten können. Das kann zum kleineren Teil in der Einzelarbeit am Schreibtisch geschehen. (Die oben wiedergegebene Predigthilfe ist ein Beispiel dafür.) Wichtiger ist, daß der Prediger Partner findet, mit denen er zusammen Bibeltexte liest. Die besten Partner dafür sind nicht die theologischen Kollegen (obwohl auch eine solche Zusammenarbeit sehr fruchtbar sein kann), sondern Laien aus der eigenen Gemeinde. Das ist wenigstens meine Erfahrung. Ich habe seit 1969 in der Predigtvorbereitung mit Laien zusammengearbeitet. Der erste Versuch von 1969/70 schlug fehl. Aus dem zweiten erwuchs eine Gruppe, die von

1971–1976, bis zu meinem Weggang aus der Gemeinde, bestand. Ich bin während dieser Zeit in meiner Predigtarbeit durch nichts so gefördert worden wie durch diese Gruppe. Als ich, inzwischen in der Vikarsausbildung tätig, in der Gemeinde zu predigen begann, in der ich wohne, fühlte ich mich nach kurzem wie der Fisch auf dem Trockenen. So entstand wieder eine Predigtvorbesprechungsgruppe aus Bekannten, die meine Frau und ich inzwischen kennengelernt hatten. Die Erfahrungen aus der Zeit als Gemeindepfarrer habe ich an anderer Stelle dargestellt[29] und möchte sie hier nicht wiederholen. Sie haben sich in der Folgezeit im wesentlichen bestätigt. Hier möchte ich nur zusammenfassen, inwiefern mir diese Laien unersetzliche Partner in der Erschließung der Predigttexte sind.

Auch nach langer Bekanntschaft und der gemeinsamen Bearbeitung vieler Texte kann ich noch nicht voraussagen, wie die einzelnen Mitglieder der Gruppe auf einen konkreten Text reagieren werden. Schon meine Vermutungen über den Bekanntheitsgrad eines Textes greifen oft daneben, erst recht gilt das für seine Verständlichkeit. Die meisten Texte sind weniger verständlich, als ich meine, bei einigen ist es auch umgekehrt. Am wenigsten kann ich erraten, welche Erfahrungen und Probleme der Text an die Oberfläche bringen wird. Im einzelnen ist das, was geäußert wird, oft recht verschieden. In der ersten Runde des Gesprächs sieht es häufig so aus: Dem einen erschließt sich diese Seite des Textes, dem anderen jene. Manchen bleibt vieles, manchem alles verschlossen. Da aber jeder (fast) jede Äußerung der andern als authentisch akzeptiert, wird durch diese Unterschiedenheit ein Prozeß intensiver Bemühung um den Text in Gang gesetzt. Je näher wir an der persönlichen Ebene sind und je vielfältiger die guten oder schlechten Erfahrungen, die zur Sprache kommen, desto mehr erschließt sich der Text.

Diesen spezifischen Beitrag können die Laien aber nur geben, wenn der Theologe das Gespräch nicht einengt. Nach meiner Erfahrung beschneidet jede Form von exegetischer Einleitung, wie auch ich sie beim ersten Versuch praktizierte, den Spielraum der Laien. Ich bin deshalb schon beim zweiten Versuch dazu übergegangen, nur noch den Predigttext in der Luther-Übersetzung vorzulesen und dann nie als erster und selten als zweiter das Wort zu ergreifen. Dann entsteht ein Austausch erster Eindrücke und Assoziationen, an dem auch ich mich beteilige, und zwar mit dem, was mir nicht jetzt eben einfällt, sondern mit dem, was mir eingefallen ist, als ich den Text zu Beginn meiner eigenen Vorbereitung las (und was ich mir regelmäßig notiere). Bei Texten, die Bilder enthalten, haben wir in letzter Zeit öfter eine methodische Hilfe verwandt. Beim Vorlesen des Textes blieben die Bibeln geschlossen. Jeder hörte zu, ohne mitzulesen. Dann machte er auf einem Zettel Notizen zu folgenden Fragen: 1) Welche Worte, welche Sätze bleiben haften? 2) Welches Bild prägt sich ein und beschäftigt mich? 3) Welche nicht-biblischen Situationen oder Ereignisse fallen mir ein? Mit Hilfe dieser Fragen ist es leichter, an die Symbolschicht eines Textes heranzukommen.

Im weiteren Gespräch werde ich natürlich als Exeget direkt angesprochen und gefragt. Ich stehe dann Rede und Antwort (wozu eine exegetische Vorbereitung vor dem gemeinsamen Gespräch unerläßlich ist). Manchmal ergeben sich freilich auch exegetische Fragen, die ich nicht beantworten kann. Wenn sie sich nicht im Gespräch selbst lösen lassen, nehme ich sie nachher als Aufgabe mit. Was die Botschaft des Texts für uns heute angeht, konzentriert sich das Gespräch in vielen Fällen um ein Problem oder eine Erfahrung, die allen wichtig ist. Manchmal bleibt die Relevanz des Textes bis zuletzt umstritten. In jedem Fall muß ich die Predigt, die ich dann halte, selbst verantworten. Das ist auch den Gesprächspartnern ganz selbstverständlich. Meine Predigten gewinnen aber aus diesen gemeinsamen Vorbereitungen Wesentliches, und zwar nicht nur was die Erschließung der Hörersituation, sondern auch was die Erschließung des Textes anlangt. Ich stehe mit anderen in der Bemühung um biblische Texte und kann aus dem Gespräch heraus das Wort ergreifen, das seinerseits wieder Gespräche anstoßen oder weiterbringen möchte. Wir sind uns nicht immer einig, aber der Text, den wir da vor uns haben, verbindet uns zu einer verpflichtenden Gemeinschaft[30].

3. Bindung an die Hörer

a) Wir-Vereinigung als Ziel der Verkündigung

Neben der Bindung an das Wort ist die Bindung an die Hörer Kriterium und Vehikel der Einheit der Verkündigung. Ob die Verkündigung dem Wirken des Geistes Raum gewährt, kann daran geprüft werden, ob sie schriftgemäß und hörergemäß ist. Dabei sind Schrift und Hörer als Maßstäbe gleich wichtig. Sie sind aber nicht nur Maßstäbe zum kritischen Gebrauch, sondern die Bindung an sie ist zugleich die Weise, wie der Geist die Einheit der Verkündigung verwirklichen will. Wenn die Predigtarbeit so gestaltet wird, daß Prediger und Hörer in der Verkündigung Bibeltexten und in ihnen Gott und Christus begegnen, kann der Geist kommen, der Prediger und Hörer in der Begegnung mit dem lebendigen Wort verbindet. Indem Prediger und Predigt auf die Hörer eingehen und sich in Liebe an sie binden, wirkt der Geist das gemeinsame Verständnis der Botschaft und vereinigt so Prediger und Hörer im Bau der Gemeinde.
Skeptische Leser werden hier Widerspruch erheben: »Was soll diese Gleichordnung von Text und Hörer? Bindung an die Hörer kann doch nur Bindung an die Bedürfnisse des Hörers heißen, und diese entsprechen beileibe nicht immer dem Willen Gottes! Wer hörergemäß predigt, muß sich anpassen und das predigen, was der Hörer hören will. Das führt mit Sicherheit zum Verrat am Wort, an das der Prediger doch ebenfalls gebunden sein soll. Wer also den Hörer zum Kriterium macht, verliert das Wort, das allein Kriterium sein kann. Außerdem: welche Hörer sind denn gemeint, wenn von Bindung an die Hörer geredet wird? Es gibt doch so viele Hörer und ihre Bedürfnisse, Erwartungen, Hoffnungen und Probleme sind so verschieden, daß sie überhaupt nicht unter einen Hut gebracht werden können. Da

muß das Eingehen auf die Hörer doch erst recht zur Zersplitterung der Verkündigung führen. Wie kann es da der Einheit dienen?«

Diese Einwände sind nicht mit einem Federstrich zu erledigen. Ich möchte ihnen dadurch begegnen, daß ich näher erkläre, warum der Prediger um Christi und der Liebe willen an die Hörer gebunden ist und welcher Art diese Bindung ist. Ich greife dazu auf den *Grundgedanken der Pneumatologie H. Mühlens* zurück, der den Heiligen Geist als das »Wir-in-Person« beschreibt, und wende diesen Gedanken auf die Homiletik an[31].

Im Anschluß an D. v. Hildebrand unterscheidet Mühlen zwei Urmodi personalen Sich-Verhaltens, die Ich-Du-Begegnung und die Wir-Vereinigung. Die Grundstruktur der Ich-Du-Begegnung ist charakterisiert durch Unterschiedenheit und Nähe, es besteht sowohl ein Gegensatz als auch eine ganz enge Beziehung. »Das Du-Sagen ist primär eine Freigabe des anderen an ihn selbst, so daß er gleichsam noch einmal in sich selbst Fuß faßt, zu sich selbst kommt. In der Ich-Du-Begegnung als einer Anerkennung des anderen wird diesem seine Unmittelbarkeit erneut bewußt, und wenn ich von dieser Anerkennung zu mir selbst zurückkehre, indem ich erkenne, daß ich den anderen anerkenne, dann erkenne und anerkenne ich zugleich auch meine eigene Unmittelbarkeit in neuer, intensiverer Weise. Dadurch wird in der Ich-Du-Begegnung eine oppositio, ein Gegensatz aufgedeckt, welcher zwar schon immer vorhanden war, aber erst in der Rückkehr von der anderen Person her ganz zum Bewußtsein kommt ... Zwei Personen stehen sich in ihrer jeweiligen Unmittelbarkeit gegenüber, und indem sie sich wechselseitig in eben dieser Unmittelbarkeit bejahen und bestätigen, treten sie in ein einzigartiges Verhältnis zueinander, welches sich im unterpersonalen Bereich nicht findet. Der Gegensatz besteht in der jeweiligen Unmittelbarkeit, die Beziehung aber in der liebenden Anerkennung und Bestätigung dieser jeweiligen Unmittelbarkeit ... Mit zunehmender personaler Nähe wächst auch das Bewußtsein der Unterschiedenheit. Nähe und Unterschiedenheit schließen sich im personalen Bereich nicht aus, sondern steigern sich gegenseitig.«[32]

Die vollendete Form der Ich-Du-Begegnung ist die Liebe. Es gibt jedoch auch andere Formen. Wenn sich z. B. zwei Gegner in vollem Haß gegenüberstehen, treffen ebenfalls die formalen Merkmale der Ich-Du-Begegnung zu. Es bestehen Unterschied und Nähe, Gegensatz und enge Beziehung. Die Unterschiedenheit wird aber nicht bejaht und bestätigt, sondern abgelehnt und verneint; freilich nicht so, daß es zu einer Lösung der beiden voneinander käme. Sie sind in ihrem Haß ebenso eng miteinander verbunden wie zwei liebende Partner.

Der Haß ist eine Form der Ich-Du-Begegnung, muß im qualitativen Sinn jedoch als Fehlform bezeichnet werden, denn es fehlt das Weiterdrängen zur Wir-Vereinigung, das der Liebe als der vollendeten Form der Ich-Du-Begegnung eigen ist. Die Liebe drängt über die Bestätigung der anderen Person hinaus zur Vereinigung mit ihr und ist selbst die Kraft, die die Vereinigung bewirkt. Die Liebe intendiert ihrem Wesen nach die Vereinigung im Wir, die freilich formal von der Ich-Du-Begegnung unterschieden werden muß.

Die Wir-Vereinigung hat verschiedene Stufen. Von Hildebrand nennt als Beispiel die Situation, daß zwei Menschen eine Gefahr gemeinsam erleben. Das Bewußtsein, daß der andere dasselbe erlebt, verändert die Situation. Oder wenn mehrere Menschen ein Kunstwerk zusammenm betrachten, so sind sie rezeptiv auf dasselbe Objekt gerichtet; ihre Haltung ist jedoch eine andere, als wenn es jeder allein täte. Die höchste Stufe der Vereinigung liegt vor, wenn Menschen bewußt etwas gemeinsam tun: wenn sie miteinander einen Dritten bitten, wenn sie gemeinsam trauern oder wenn Mann und Frau gemeinsam ein Kind zeugen. In jedem Fall hängt die Wir-Vereinigung mit der Ausrichtung auf ein Drittes zusammen. Die Partner vereinigen sich in der Ausrichtung darauf. Dabei trägt jeder das Seine zu dieser gemeinsamen Ausrichtung bei. Die Unterschiedenheit ist also ebenfalls konstitutiv für die Vereinigung. Insofern könnte man sagen, daß die Wir-Vereinigung ebenso wie die Ich-Du-Begegnung durch Unterschiedenheit und Nähe charakterisiert ist. Während jedoch die Ich-Du-Begegnung die Form der Wechselseitigkeit hat, hat die Wir-Vereinigung die Form der Gemeinschaftlichkeit[33].
Die Liebe ist die vollendete Form der Wir-Vereinigung, wie sie die vollendete Form der auf diese hindrängenden, aber nicht mit ihr identischen Ich-Du-Begegnung ist. Es gibt aber auch hier andere Formen (was bei Mühlen nicht berücksichtigt, zur Klärung jedoch wichtig ist). Wenn z. B. zwei Arbeiter auf einer Baustelle vom Polier an eine Arbeit gestellt werden, die einer allein nicht bewältigen könnte, so treffen hier alle Merkmale der Wir-Vereinigung zu. Diese entspricht jedoch nicht notwendig einer positiv gefärbten Ich-Du-Begegnung, sondern ist allein von außen konstituiert. Sie kann daher sehr wohl mit der Fehlform des gegenseitigen Hasses verbunden sein. Neben der aus der Liebe entspringenden und daher bejahten Wir-Vereinigung gibt es also auch die Form der erzwungenen Wir-Vereinigung, die im qualitativen Sinn als Fehlform zu bezeichnen ist.
Mühlen verwendet diese personalen Kategorien zur Interpretation sowohl der immanenten Trinität als auch des trinitarischen Wirkens in der Heilsgeschichte. Er knüpft dabei an die augustinische Bezeichnung des Geistes als Gemeinschaft, Band, Liebe und Sichschenken an (s. o. S. 77). Er nennt den Vater das göttliche Ich, den Sohn das göttliche Du und den Geist das göttliche Wir. Zwischen dem Vater und dem Sohn besteht das vollkommenste Ich-Du-Verhältnis und zugleich die vollendete Wir-Vereinigung. Denn der Geist geht gemeinsam vom Vater und vom Sohn aus. Vater und Sohn spielen bei diesem Hervorgang nicht dieselbe Rolle. Der Hervorgang (bzw. die Hauchung) des Heiligen Geistes ist aber nur als Wir-Akt zu verstehen. Der Geist ist daher die göttliche Wir-heit, das »Wir-in-Person«. Als solcher ist er die göttliche Selbstüberschreitung, die göttliche Selbstweggabe.
Das Kreuzesgeschehen ist ebenfalls trinitarisch zu verstehen. In ihm gibt der Vater den Sohn weg, und der Vorgang der Weggabe geschieht in der göttlichen Selbstüberschreitung, die der Geist ist. Ebenso gibt Jesus sich selbst weg an den Vater und tut dies in der Kraft des göttlichen Geistes (Hebr 9,14). Das Geschehen der Selbstweggabe, in dem der Vater und der Sohn verbunden sind und zu dem jeder das

Seine beiträgt, geschieht im Blick auf die Menschheit. Es ist die göttliche Selbstüberschreitung »für uns«.
Daß vom Vater und vom Sohn als von Personen gesprochen wird, ist zwar eine analoge Redeweise, tut der Sprache aber noch keine Gewalt an. Schwieriger ist es bei der Bezeichnung des Geistes als Person. Denn mit dem Wort »Person« verbinden wir immer die Vorstellung eines »Ich«. Hier legt sich eher die Bezeichnung »Seinsweise« nahe. Wollte man von Vater, Sohn und Geist jedoch nur als von göttlichen Seinsweisen reden, wäre der personale Charakter, d. h. die Gegenüberstruktur ihres gegenseitigen Verhältnisses nicht auszudrücken. Deshalb hält Mühlen den Begriff der Person fest und spricht von »Wir-Person«.
Am ehesten verständlich wird dieser Ausdruck, wenn er auf die Kirche angewandt wird. Ihre Gemeinschaft ist Gemeinschaft in der Kraft des Geistes. Der Geist ist also derjenige, der die einzelnen zum Wir der Gemeinde verbindet. Mühlen weist in diesem Zusammenhang darauf hin, daß die Vorstellung einer »korporativen Persönlichkeit« (H. W. Robinson) bzw. eines »Groß-Ichs« (S. Mowinckel) nicht nur im Alten, sondern auch im Neuen Testament eine große Rolle spielt. Er versteht von daher den Geist als die eine Person in vielen Personen, als den einen und selben in Christus und in den Christen. In diesem Sinn interpretiert er auch die neutestamentlichen Vorstellungen von der Kirche als dem Leib Christi und dem Volk Gottes.
Dieses pneumatozentrische Kirchenverständnis will das christozentrische Heilsverständnis nicht verdrängen, und dieses kann deshalb auch nicht gegen jenes ausgespielt werden, wie das geschieht, wenn man sagt, die Betonung des Geistes lasse die Funktion Christi in der Kirche nicht genügend hervortreten. Dieser Einwand geht aus von den neutestamentlichen Stellen, die von der Gegenwart Christi bei den Seinen sprechen, von der paulinischen Formel des »in Christus« lebenden Christen und vom Bild des Leibes Christi (wobei bekanntlich bei Paulus der Leib als Ganzes für Christus steht, während in den Deuteropaulinen Christus das Haupt des Leibes ist). In Mühlens Konzeption können alle diese Aussagen direkt aufgenommen werden, nur werden sie begrifflich präzisiert. Der menschgewordene Logos sendet in Gemeinschaft mit dem Vater den Geist und ist als solcher der Ursprung des Geistes. Die Aufgabe des Geistes ist keine andere als die, Christus zu vergegenwärtigen. Christus ist also eben im Geist gegenwärtig. Deshalb finden sich bei Paulus Aussagen, die Christus und den Geist direkt identifizieren (2Kor 3,17: »Der Herr ist der Geist«; 1Kor 15,45: »Der letzte Adam ist lebendigmachender Geist«; Röm 8,9 f.: Wechsel von »Geist in euch« und »Christus in euch«). Die Parakletstellen bei Johannes sagen dann noch deutlicher: Christus ist durch den Geist und *nur* durch den Geist und in der Weise des Geistes gegenwärtig. An diese Reflexionsstufe knüpft Mühlen an.
Entscheidend ist also auch hier die trinitarische Verklammerung. Die Gemeinschaft der Jünger Jesu gründet in der Sendung des Geistes, durch welche das Kreuzesgeschehen als die Selbstweggabe des Vaters und des Sohnes bei denen gegenwärtig wird, für die es geschehen ist. Die Kirche ist also nichts aus sich selbst. Zugleich

sind der Vater und der Sohn nur im Geist in der Kirche gegenwärtig. Und dieser Geist ist keine Wesenheit für sich, sondern wirksam nur in den Gaben des Geistes. Im Johannesevangelium wird er Helfer, Tröster und Beistand genannt. Aber er ist dies nicht als für sich seiende Person, sondern indem er die Christen zum Wir vereinigt. In dem Maß, in dem wir andere trösten, erfahren wir den Tröster; in dem Maß, in dem wir anderen helfen, erfahren wir den Helfer; in dem Maß, in dem wir anderen beistehen, erfahren wir den Beistand.

»Die Anonymität, die Namenlosigkeit des Heiligen Geistes ist zugleich seine personale Eigentümlichkeit: Wir können von ihm nur sprechen, indem wir vom Vater und vom Sohne sprechen: Geisterfahrung ist gleich ursprünglich die Erfahrung des dualen göttlichen Wir und die Erfahrung von dessen geschichtlicher Inexistenz im pluralen Wir der Jünger Jesu. Insofern sich uns das duale göttliche Wir im Modus des Kreuzes als Selbstweggabe, als Selbstüberschreitung geoffenbart hat, ist Geisterfahrung zugleich auch immer die Erfahrung der göttlichen Selbstweggabe und Selbstüberschreitung in uns, in der doppelt einen Sinnrichtung: durch Christus auf den Vater und auf die Mitmenschen hin.«[34]

Was bedeutet das Verständnis des Geistes als »Wir-in-Person« für die Homiletik?

Es kann dazu dienen, den Begriff der Liebe zu präzisieren, den ich verwende, wenn ich sage, Prediger und Predigt hätten sich in Liebe an die Hörer zu binden. Liebe im theologischen Vollsinn hat eine personale Doppelstruktur. Sie ist sowohl Ich-Du-Begegnung als auch Wir-Vereinigung. Beides ist zu unterscheiden, aber nicht zu trennen. Die Liebenden sind einerseits einander zugewandt (Ich-Du) und andererseits miteinander einem Dritten zugekehrt (Wir). Das ist nicht dasselbe, aber es hängt eng miteinander zusammen. In der Liebe intendiert die Ich-Du-Begegnung von vorneherein die Wir-Vereinigung, und die Wir-Vereinigung setzt die Ich-Du-Begegnung voraus. Das gilt im Vollsinn nur von der Liebe. Der Haß ist Ich-Du-Begegnung ohne Wir-Vereinigung, die erzwungene Wir-Vereinigung kennt die Ich-Du-Begegnung nicht, weil sie ein Interesse am andern weder voraussetzt noch konstituiert.

Das gängige theologische Verständnis der Liebe betont, zumindest im evangelischen Bereich, die Ich-Du-Dimension in einseitiger Weise. Der Ton liegt auf dem Ja-sagen zum andern, auch wenn er ganz anders ist als man selbst, im Einsatz für ihn, in Verständnis und Mitmenschlichkeit. Dadurch kann der Eindruck entstehen, als werde hier auch auf ganz unchristliche Bedürfnisse eingegangen, als werde nicht nur der Sünder, sondern auch die Sünde geliebt. Recht verstanden enthält die Liebe aber auch die Wir-Dimension. Sie intendiert von vorneherein Gemeinschaft und verwirklicht sie auch desto mehr, je mehr sie aufblüht. Worin besteht aber das Gemeinsame in der Gemeinschaft? Es besteht in der gemeinsamen Zuwendung zu einem Dritten. Dieser Dritte ist Gott in Christus, der als der Ursprung des Geistes die Quelle der Liebe ist. Nächstenliebe intendiert also von vorneherein gemeinsame

Gottesliebe und verwirklicht sie desto mehr, je mehr sie sich entfaltet. Deshalb bezeichne ich die Wir-Vereinigung als Ziel der Verkündigung.

Nun hat es die Verkündigung mit vielen Hörern zu tun, die die Ausrichtung auf Gott und die Gottesliebe ablehnen oder denen diese Ausrichtung aufgrund ihrer Lebenserfahrungen brüchig und zweifelhaft geworden ist. Welche Richtung hat die Verkündigung hier einzuschlagen? Auf keinen Fall den Weg der destruktiven Aggressivität, die den Hörer bedroht und ihm Angst macht. Solche Gerichtspredigt widerspricht der Liebe, denn sie bejaht den Hörer nicht. Die Ich-Du-Begegnung, die in ihr angebahnt wird, tendiert mehr zum Haß als zur Liebe. Aus dem Haß kann aber keine Liebe entstehen, auch keine Gottesliebe, denn die Wir-Vereinigung setzt die liebevolle Ich-Du-Begegnung voraus. (Daß es auch andere Gerichtspredigt gibt, kann man bei Jesus sehen, z. B. Lk 19,41 ff.) Umgekehrt darf die Verkündigung auch nicht den Weg der bloßen Bestätigung des Hörers gehen. Denn dann würde sie bestenfalls zu einer Ich-Du-Begegnung helfen, aber das Ziel der Wir-Vereinigung weder ansteuern noch erreichen.

Die Grundhaltung des Predigers muß das Ja zum Hörer sein, und zwar zum wirklichen Hörer mit allen seinen Bedürfnissen und Erwartungen, Hoffnungen und Problemen, mit seiner Offenheit für Gott und mit seiner Schuld. Die Grundrichtung seiner Verkündigung muß aber gleichzeitig das Werben um Verständnis und Einverständnis mit der biblischen Botschaft sein. Seine Verkündigung ist insofern nichts anderes als der Versuch der Vermittlung der Christusbotschaft. Er will nichts anderes, als die Hörer für Christus und sein Reich gewinnen, damit sie miteinander sagen können: »Wir glauben« und damit sie gemeinsam als Christen handeln können. Diese Gemeinsamkeit hat nichts mit Uniformierung zu tun, die immer ein Element des Zwangs enthält und damit der Liebe widerspricht. Vielmehr ist sie die Gemeinsamkeit der gegenseitigen Ergänzung und Bereicherung, die die Verschiedenheit in die Einheit aufnimmt. (»Wenn aber alle Glieder *ein* Glied wären, wo bliebe der Leib?« 1Kor 12,19). Ob die Vermittlung gelingt, steht ebensowenig in der Hand des Predigers wie das Gelingen der liebevollen Bejahung des andern in seiner tatsächlichen Lage. Der Geist ist nicht verfügbar. Aber er ist verheißen als das Band, die Vermittlung und Verbindung in Person. Deshalb wird sich der Prediger bemühen, dem Geist nicht im Weg zu stehen, sondern ihm in allem, was er sagt und tut, so gut als möglich zu entsprechen. Im übrigen wird er darauf warten, daß der Geist selbst seine Kraft beweist, indem er sich selbst vermittelt.

Wird der Begriff der Liebe als Richtpunkt und Kriterium der Verkündigung in dieser Weise verstanden, dürfte es nicht mehr möglich sein, die Bindung an das Wort gegen die Bindung an den Hörer auszuspielen oder umgekehrt. Der Prediger bindet sich an den Hörer, um diesen an das Wort zu binden. Und er bindet sich an das Wort, das ihn seinerseits an den Hörer bindet. Die beiden Kriterien hängen inhaltlich aufs engste miteinander zusammen. Es handelt sich nicht um ein Einerseits-andererseits oder ein Sowohl-als-auch, um eine mühsame Balance gegensätzlicher Gewichte. Sondern es handelt sich um einen inneren Zusammenhang. Die

Konvergenz von Christusbekenntnis und Liebe als Kriterien der Prüfung der Geister, die bei der Betrachtung der entsprechenden Bibelstellen zutage trat (s. o. S. 75 ff.), hatte schon in diese Richtung gewiesen. Die dogmatische Reflexion hat den Zusammenhang noch klarer gezeigt. Wenn man überhaupt ein Bild gebrauchen möchte, dann höchstens das von der Ellipse mit zwei Brennpunkten. Denn im Vollzug der Verkündigung treten die Bindung an das Wort und die Bindung an den Hörer in der Tat auseinander. Aber wenn auch das eine ganz im Vordergrund zu stehen scheint, enthält es das andere doch schon immer mit.

Daß wir uns mit diesen Überlegungen nicht in die Regionen theologischer Spekulation verstiegen haben, mag ein Seitenblick auf das *Verkündigungsprogramm des Paulus* zeigen, mit dem ich diesen Abschnitt abschließen möchte. Seine Ausgangslage ist schlecht genug: »Die Juden fordern Zeichen, und die Griechen fragen nach Weisheit; wir aber predigen den gekreuzigten Christus, den Juden ein Ärgernis und den Griechen eine Torheit.« (1Kor 1,22 f.) In dieser Lage bindet sich Paulus an die Hörer. »Den Juden bin ich wie ein Jude geworden, um die Juden zu gewinnen ... Den Gesetzlosen bin ich wie ein Gesetzloser geworden, um die Gesetzlosen zu gewinnen. Den Schwachen bin ich ein Schwacher geworden, um die Schwachen zu gewinnen. Allen bin ich alles geworden, um auf jeden Fall einige zu retten.« (1Kor 9,20–22) Das ist weit mehr als methodische Anpassung. Das Eingehen auf den Hörer umfaßt nicht nur die Predigt, sondern die ganze Lebensweise des Paulus. Er hat nicht nur gesprochen wie ein Jude oder Grieche, sondern ist beides »geworden«. Die Bindung an den Hörer hat die Tiefe der Identifikation mit dem Hörer. Es ist die Identifikation der Liebe, die den andern ganz bejaht und ihn zugleich für das »Wir« gewinnen will. Das Ziel ist das gemeinsame Bekenntnis: »Das Wort vom Kreuz ist für uns, Juden und Griechen, die wir gerettet werden, die Kraft Gottes.« (1Kor 1,18.24) Die Identifikation der Liebe leugnet den Abstand nicht. Paulus ist bei den Juden wie einer unter dem Gesetz geworden, obwohl er nicht (mehr) unter dem alttestamentlichen Gesetz steht; und bei den Griechen ist er wie ein Gesetzloser geworden, obwohl er im Gesetz Christi lebt (1Kor 9,20 f.). Aber die Liebe tritt nicht mit der Autorität auf, die Gehorsam fordert, sondern sie macht den Prediger zum Sklaven der Hörer (9,19). In dieser Haltung ist der Geist da. Nur indem er sich so verhält, hat Paulus selbst teil am Evangelium (9,23). Der Geist allein ist es auch, der den Hörer gewinnen kann, nicht die Überredungskunst, die den andern herumkriegen will. Die Predigt wirkt nur, wenn sich der Geist und die Kraft Gottes erweisen (2,4).

Rhetorik will vermitteln und gewinnen. Der Heilige Geist ist die Seinsweise, in der sich Gott dem Menschen vermittelt und ihn für sich gewinnt. Der Geist kann daher auch die sich selbst vermittelnde Vermittlung genannt werden. Der Heilige Geist und die Rhetorik rücken damit sehr eng zusammen. Beide sind Vermittlung. Sie sind zwar nicht dasselbe. Denn es gibt auch unchristliche Rhetorik, und der Geist vermittelt sich nicht nur im Medium der Rede. Aber auf dem Gebiet der Verkündigung gehören beide so eng zusammen, daß sie beinahe miteinander verschmelzen.

b) Inhalts- und Beziehungsebene

Im Einleitungskapitel habe ich kurz dargestellt, worin Habermas die Grundstruktur jeder sprachlichen Kommunikation sieht (s. o. S. 21). Jede sprachliche Äußerung läuft sowohl auf der Inhalts- als auch auf der Beziehungsebene. Beide sind deutlich zu unterscheiden, können und dürfen aber nicht voneinander getrennt werden. Die theologischen Überlegungen, die ich im Blick auf Text und Hörer im Zusammenhang der Frage nach der Einheit der Verkündigung angestellt habe, kommen von der anderen Seite her zum gleichen Ergebnis. Es ist kein Zufall, daß sich Predigten und andere Verkündigungsformen auf die Grundstruktur von Inhalt und Beziehung analysieren lassen; und es widerspricht auch nicht der Sache der Verkündigung. Im Gegenteil! Das Wesen der Verkündigung verlangt die sorgfältige Beachtung dieser beiden Ebenen und ihres Zusammenhangs. Es ist also nicht die säkulare Frage nach der Effektivität der Verkündigung, sondern der theologische Auftrag, der den Prediger dazu verpflichtet, die verschiedenen Sprechakte zu unterscheiden und sachgemäß, d. h. inhalts- und beziehungsentsprechend anzuwenden. Im jetzigen Zusammenhang geht es darum, daß der Prediger in seiner Verkündigung die rechte Beziehung zu seinen Hörern aufnimmt und aufrechterhält. Der Blick muß deshalb besonders auf die Beziehungsebene fallen. Die Inhaltsebene muß jedoch immer mitberücksichtigt werden, da die beiden ja nicht zu trennen sind.

H. W. Dannowski hat als erster die *Sprechakttheorie* auf die Homiletik angewandt[35]. Seine kritische Analyse bringt zutage, daß sich in der gegenwärtigen Predigtpraxis Sprechakte der Behauptung häufen. Auf der Inhaltsebene ist die Behauptung sehr beweglich und vielseitig. So gut wie jeder Inhalt kann in der Form der Behauptung ausgesagt werden. Auf der Beziehungsebene setzt dieser Sprechakt jedoch eine bestimmte Konstellation voraus. Nur wenn zwischen dem Sprecher und dem Inhalt der Behauptung, zwischen dem Hörer und dem Inhalt der Behauptung und zwischen Sprecher und Hörer eine bestimmte Beziehung besteht, ist der Sprechakt sinnvoll. Der Sprecher muß vom Inhalt der Behauptung überzeugt sein. Beim Hörer dagegen bestehen Fragen, Unsicherheiten, Zweifel. Der Sprecher will diese Unsicherheiten beseitigen. Das geschieht aber nicht dadurch, daß Gründe genannt werden (sonst hätten wir den Sprechakt der Argumentation vor uns), sondern indem er als Autorität spricht. Der Sprecher vertraut darauf, daß seine Autorität beim Hörer so groß ist, daß sie seine Unsicherheiten überwindet.

Dannowski stellt nun fest, daß in den behauptenden Passagen von Predigten die Kommunikation selten glückt. Die Hörer fühlen sich übergangen, sie empfinden die Behauptung als ungenügend oder sind schlicht gelangweilt, weil Behauptungen aufgestellt werden, wo gar keine Fragen sind. Die Beziehung zwischen Prediger und Hörer ist gestört. Dabei meint Dannowski nicht, daß es in der Predigt keine Behauptungen geben dürfe. Er berichtet, daß H. Lilje 1958 »eine fulminante und triumphale Behauptungsrede« gehalten habe. »Und wir haben es damals gehört und haben gesagt: Ja, so ist es, Du hast es wieder einmal gesagt, Hanns Lilje. Damals hatte die Kirche und hatte ein Bischof wie Lilje den Kredit, so behauptend zu reden. Wenn ich es heute lese, denke ich: Meine Güte, was für ein Pathos! Die kirchliche Lage und damit die der Verkündigung hat sich gewandelt.«[36] Deshalb will Dannowski auch in andere Sprechakte und in ein anderes Beziehungsverhalten einüben. Er nennt die Sprechakte der Klage, der Anklage, des Danks, der Aufforderung, der Warnung, der Ermutigung, des Ratens und des Trostes und berichtet von einem homiletischen Kurs, in dem solche Sprechakte versucht und dadurch die Vielfalt und Kommunikabilität der Predigt erweitert wurden.

Eine weitere Möglichkeit, das Beziehungsgeflecht zwischen Prediger, Text und Hörern zu analysieren, bietet die *Transaktionsanalyse.* Diese psychologische Methode, die in der Seelsorge schon länger bekannt ist, wurde von M. Schnatmann und W. Born auch in die homiletische Ausbildung eingeführt[37]. Sie gehen dabei von der Strukturanalyse aus, die drei Ich-Zustände unterscheidet: Das Eltern-Ich, das Erwachsenen-Ich und das Kindheits-Ich. Das Eltern-Ich enthält Einstellungen und Verhaltensweisen, die von Eltern oder anderen Autoritäten übernommen wurden. Das Kindheits-Ich geht in seiner Prägung zurück auf die Strebungen und Erfahrungen, die den einzelnen in seiner frühen Kindheit charakterisiert haben. Das Erwachsenen-Ich entsteht nicht erst im Erwachsenenalter. Es kann sich bereits im Kind bilden und zeichnet sich durch selbständige Auseinandersetzung mit der Realität aus. Das Eltern-Ich äußert sich, wenn jemand seinen Mitmenschen gegenüber väterlich oder mütterlich fürsorglich oder auch mahnend und zurechtweisend gegenübertritt. Das Kindheits-Ich (das auch im Erwachsenen da ist) äußert sich in der Freude am Spiel, in seiner Kreativität, seiner Traurigkeit, seiner Verliebtheit und Sexualität. Das Erwachsenen-Ich sammelt Tatsachen und Informationen, sichtet und ordnet, schätzt Wahrscheinlichkeiten ein, ist intelligent und anpassungsfähig. In jeder sprachlichen Äußerung tritt einer dieser Ich-Zustände in den Vordergrund und interagiert mit einem der Ich-Zustände des Gegenübers. Dabei kann sich nicht nur Eltern-Ich an Eltern-Ich, Kindheits-Ich an Kindheits-Ich wenden, sondern es gibt alle möglichen Kombinationen. Die Reaktion des Gegenübers entspricht aber immer der so initiierten Interaktion. Wenn sich das Eltern-Ich mahnend oder fordernd an das Kindheits-Ich des Gegenübers wendet, antwortet dieses dem Eltern-Ich angepaßt gehorsam oder widersprechend rebellisch. Wendet sich ein Kindheits-Ich an das andere mit der Aufforderung zum Spiel, so heißt die Antwort: »Ja, prima!« oder »Ich habe keine Lust«, liegt also auf der Ebene des Kindheits-Ichs.

Mit diesem Instrumentarium (das hier nur im groben Grundriß skizziert werden kann) lassen sich die Interaktionen zwischen Text, Prediger und Hörern analysieren. Je nachdem, wie der Text geartet ist oder welcher Ich-Zustand beim Prediger im Vordergrund steht, kommt eine spezifische Interaktion in Gang, in die der Hörer mit einbezogen wird und auf die er antwortet. Nicht selten freilich liegt die eigentliche Botschaft nicht offen zutage, sondern ist durch eine andere verdeckt. Betrachtet man eine Äußerung oberflächlich, so scheint es eine vernünftige Überlegung, eine Botschaft eines Erwachsenen an Erwachsene zu sein. In Wirklichkeit ist es eine ziemlich strafende Ermahnung, und das so attackierte Kindheits-Ich reagiert prompt, indem es sich gegen das Eltern-Ich des Predigers auflehnt.

»Wichtig erscheint von daher gesehen, schon bei der Predigtvorbereitung Selbsterforschung zu betreiben. Welche Gefühle und Regungen bewegen mich im Augenblick, welche kommen in meinen Lebenssituationen immer wieder auf? Wenn sie aus dem Eltern-Ich oder Kindheits-Ich kommen, wie kann ich aus meinem Erwachsenen-Ich zu ihnen reflektieren und kritisch in Verbindung treten ... Wie stehe ich zu meiner vor mir liegenden Predigtaufgabe? Wie zu dem der Predigt zugrunde liegenden Predigttext? Mit welchen Reaktionen auf meine Predigt rechne ich? ... Wie sind meine Empfindungen gegenüber meinen Hörern? Welche Gemeindeglieder habe ich innerlich vor Augen, bei welchem Thema welche? Wie ist meine Beziehung zu diesen Menschen? ... In welchen Ich-Zuständen werden sie sich vornehmlich befinden und was erwarten sie von mir? Wollen sie wirklich in ihrem Erwachsenen-Ich gefördert werden?«[38]

Nicht nur einzelne Sätze, sondern ganze Sequenzen von Sätzen analysiert H. Krüger und verbindet dabei Sprechakttheorie und Transaktionsanalyse[39]. Er nimmt eine Anzahl von Predigten vor, in deren Einleitung der Prediger Widerstände gegen den Text artikuliert. Er untersucht, welcher Art diese Widerstände sind, welche Intention der Prediger verfolgt, wenn er von diesen Widerständen spricht, welche Beziehung zwischen Text, Prediger und Hörer dahintersteht und welche Möglichkeiten der Prediger hat, seine Predigt fortzusetzen. Krüger arbeitet die Stärken und Schwächen der drei Predigttypen heraus, die sich dadurch ergeben, daß jeweils das Eltern-Ich, das Erwachsenen-Ich oder das Kindheits-Ich im Vordergrund stehen, und plädiert für einen direkten und offenen Umgang mit den eigenen Widerständen gegen den Predigttext.

Neben den genannten Ansätzen gibt es nocht weitere, die geeignet sind, die Beziehungsebene in die eigene Predigtarbeit und die homiletische Ausbildung bewußt und methodisch einzubeziehen. Z. B. gehört hierher auch Deneckes Programm der persönlichen Predigt, von dem im Zusammenhang mit der Vielfalt der Verkündigung die Rede war (s. o. S. 60 ff.). Ich nenne nur noch zwei weitere Beispiele, das eine aus der Germanistik, das andere aus der Sprechkunde, um die Weite des methodischen Spektrums anzudeuten.

H. Weydt hat 1969 die Aufmerksamkeit auf die Abtönungspartikel der deutschen Sprache gelenkt und damit einen ganzen Forschungszweig, die *Partikelforschung* initiiert[40]. Mit Abtönungspartikeln meint er die Worte: aber, auch, bloß, denn, doch, eben, eigentlich, einfach, einmal, etwa, gerade, halt, ja, ruhig, schon, vielleicht, wohl. Obwohl sie in der normativen Stilistik lange bekämpft und als Flick- oder Füllwörter bezeichnet wurden, spielen sie bei vielen namhaften Schriftstellern und erst recht in der Umgangssprache eine wichtige Rolle. Sie sind ganz unbetont. Der Sinn des Satzes leidet nicht, wenn man sie wegläßt. Aber sie geben dem ganzen Satz eine bestimmte Tönung. Sie kennzeichnen die Stellung des

Sprechers zum Gesagten und nehmen eine bestimmte Beziehung zum Hörer auf. Sie sind daher in der gesprochenen Sprache viel häufiger als in der geschriebenen. Sie verraten auch in der »monologischen« Rede so ganz nebenbei, wie es der Prediger mit den Hörern hält.

Die *Sprechkunde* richtet ihr Augenmerk auf das, was nicht geschrieben werden kann: das Sprechtempo und die Pausen, die Lautstärke in ihren Variationen, den Klang, der sich aus Tonhöhe und Tonhöhenbewegung, Wechsel des Schalldrucks, verschieden starker Spannung, Klangfarbe und vielem anderen bildet. Außerdem wird die Körpersprache beachtet, die sich aus Körperhaltung, Mimik und Gestik zusammensetzt. Sobald jemand zu Zuhörern spricht, benützt er bewußt oder unbewußt alle diese Mittel, und der Zuhörer nimmt sie wahr, ebenfalls mehr oder weniger bewußt. »Aus Körperhaltung, Gestik, Sprechausdrucksverhalten schließt der Zuhörer auf die Persönlichkeit des Sprechers: auf sein Selbstwertgefühl, sein Verhältnis zum Redegegenstand, seine Einstellung gegenüber der Zuhörerschaft.«[41] Selbst wenn er ihn zum erstenmal reden hört, merkt er genau, wie sicher oder unsicher er ist, wie stark sein Engagement und sein Wille zu überzeugen, ob ihm viel oder wenig an den Zuhörern liegt. Inhalt und Beziehung sind aufs engste miteinander verquickt.

Eine systematisch ordnende, empirische Homiletik müßte diese verschiedenen Methoden, die Beziehungsstruktur der Verkündigung zu analysieren, nicht nur auf ihre Ergebnisse, sondern auch auf ihre Voraussetzungen und ihre Vereinbarkeit prüfen[42]. Das kann ich hier, wo es nur um die theologischen Grundlinien einer solchen Homiletik geht, nicht tun. Ich beschränke mich auf die *Beschreibung einiger Trends* und die *theologischen Fragen*, die sich aus ihnen und aus den seitherigen Überlegungen ergeben.

In allen diesen Arbeiten läßt sich ein doppelter Trend beobachten. Die Emotionen sollen stärker einbezogen und die Hörer als gleichberechtigte Partner behandelt werden. Dannowski möchte die emotional bestimmten Sprechakte des Klagens, Anklagens, Dankens und Tröstens fördern. Born und Schnatmann wollen dem spontanen und gefühlsbetonten Kindheits-Ich eine Chance geben. Denecke bricht eine Lanze für den wandlungsfähigen Prediger der Freiheit, der sich auf der Beziehungsebene extrovertiert nach außen wendet. Überall geht es um Wahrnehmung und bewußtes Einbeziehen der Emotionen, sowohl beim Prediger als auch beim Hörer. Dabei soll aber der Hörer nicht mit einer emotionalen Walze überfahren, sondern zur Selbständigkeit befreit werden. Denecke tritt auch für den distanzierten Prediger der Erkenntnis ein, dem es um Eigenständigkeit, Unabhängigkeit und kritisches Vermögen geht. Dannowski möchte an die Stelle des autoritären Befehls den Sprechakt des Ratens setzen. Born und Schnatmann möchten, daß der Prediger seine Gefühle aus seinem Erwachsenen-Ich heraus kritisch sichtet und reflektiert und auch die Hörer in ihrem Erwachsenen-Ich fördert. Darin zeigt sich eine direkte oder indirekte Wirksamkeit der neuen, deutschen Rhetorik mit ihrem emanzipatorischen Pathos.

Wenn die Homiletik diesen beiden Trends folgt, hat das gute theologische Gründe. Sie setzt sich ein für eine Wir-Vereinigung auf der Basis der Ich-Du-Begegnung, die das Gegenüber in seiner Eigenständigkeit und Vielschichtigkeit wahrnimmt und akzeptiert, eine Wir-Vereinigung des Einverständnisses und nicht des Zwangs. Sie kämpft damit gegen den Zwang des Gesetzes für die Freiheit des Geistes und der Liebe (s. o. S. 69 ff.) und sie setzt sich dafür ein, daß sowohl beim Prediger als auch beim Hörer der ganze Mensch, also auch seine Gefühle, einbezogen werden. Man wird nicht behaupten können, daß die Homiletik sich aus theologischem Antrieb in diese Richtung bewegt habe. Wie beim Gleichnis vom barmherzigen Samariter braucht es den Außenstehenden, um den Söhnen Gottes zu zeigen, was Gott von ihnen will. Aber sie vermögen dann zu erkennen, daß sie das, was ihnen von außen gegeben wird, auch von innen hätten entdecken können und daß sie auf jeden Fall gut tun, sich dieser Befreiung und Erweiterung zu öffnen.

Aus der Neubesinnung auf die eigene Mitte ergeben sich jedoch auch kritische Fragen. Wie steht es mit der starken Abwertung des thetischen Sprechens? Warum soll das Eltern-Ich, besonders das mahnende und strafende, ganz in den Hintergrund treten? Warum die große Zurückhaltung gegenüber einem festen Eintreten für Werte und Normen? Die ablehnende Haltung der neueren Homiletik gegenüber dieser Redeweise ist sehr verständlich. Zu lange wurde nur von der Autorität der Predigt gesprochen. Zu lange konnte sich die destruktive Aggressivität des Predigers unter dem Mantel des Propheten verbergen. Zu lange war die Frage nach der Wirkung der Predigt verboten. Aber auch hier darf man das Kind nicht mit dem Bade ausschütten. Wer so predigen will, daß der Hörer als ganze Person angesprochen wird, darf das Eltern-Ich nicht ausblenden. Wenn der Prediger Normen und Werturteile nur als seine eigenen darstellt[43], hat er die Botschaft in einer Weise individualisiert und privatisiert, wie das mit ihrem Inhalt nicht mehr zu vereinbaren ist. Sicher darf er sein jeweiliges Verständnis der christlichen Werte und die Ausformung, die die christlichen Normen gerade bei ihm gefunden haben, nicht gleichsetzen mit diesen Werten und Normen schlechthin. Er muß offen sein für besseres Verständnis und sachgemäßere Ausformungen. Er muß den Hörer als Partner in diesem offenen Prozeß akzeptieren und dies in seiner Redeweise spüren lassen. Aber er darf nicht zur Disposition stellen, daß die Bindung an Werte und Normen zum Wesen des Christentums gehört.

Schnatmann und Born fassen ins Auge, daß das Eltern-Ich des Predigers u. U. in den Vordergrund treten muß: »Die Erwartungen der Hörer könnten, zu Beginn jedenfalls, auf Tröstung und Geborgenheit ausgehen, auf Bestätigung ihrer Denkvorstellungen und Handlungsweisen, oder auch auf Weisung, Direktiven, ja Zurechtweisung und ›Kopfwaschen‹. D. h. aber mit der Transaktionsanalyse gesprochen, ihr Kindheits-Ich könnte das Eltern-Ich des Predigers geradezu suchen. Er würde sie u. U. überfordern, würde er dies unberücksichtigt lassen.«[44] Bedenklich finde ich hier die Klausel »zu Beginn jedenfalls«. Mit ihr ist gesagt, daß der Zustand, in dem der Hörer Trost und Geborgenheit, Stärkung seiner Glaubens-

überzeugung, Weisung und Zurechtweisung braucht, grundsätzlich überwunden werden kann und zu überwinden ist. Alles dies soll übergehen in den Diskurs zwischen Erwachsenen und selbständigen Partnern. Nun hat auch diese Tendenz ihr relatives Recht. Zu lang war die »seelsorgerliche« Predigt die einzig legitime Alternative zur autoritativen Predigt der Weisung. Ich stimme Denecke zu, wenn er feststellt, daß Ordnung und Liebe die kirchliche Verkündigung so stark beherrschen, daß die beiden Gegentypen keine reale Chance haben[45]. Aber auch hier wäre das Kind mit dem Bade ausgeschüttet, wollte man nun statt dessen nur die Predigt der Freiheit und der Erkenntnis gelten lassen. Denecke tut das zum Glück nicht. Es geht ihm nur um eine (freilich sehr wichtige) Erweiterung der kirchlichen Kommunikation in diese Richtung.
Das bleibende Angewiesensein auf Trost und Weisung kann sich sehr wohl vertragen mit dem Abbau falscher Abhängigkeit und gesetzlicher Unfreiheit. Der Prediger kann die richtige Balance nur finden, wenn er die Inhalts- und die Beziehungsebene in gleicher Weise bedenkt. Er muß sich darüber klarwerden, welchen Trost das Evangelium bietet und von welchen falschen Abhängigkeiten (auch kirchlicher Art) es befreit. Er wird das freilich nicht können, ohne gleichzeitig die Lage zu bedenken, in der sich der Hörer befindet. Dazu gehört auch die Beziehung zwischen Hörer, Prediger und Text. Selbst der autoritär wirkende Sprechakt der Behauptung kann ein Mittel christlicher Verkündigung sein, wenn die Beziehungsvoraussetzungen da sind. Man denke nur an Liljes Weihnachtspredigt von 1958 (s. o. S. 111). Und nicht nur im Mund von Bischöfen können Behauptungen sinnvoll sein. Wenn Luther in Worms sagt: »Hier stehe ich, ich kann nicht anders« oder J. v. Moltke 1944 vor dem Volksgerichtshof deutlich macht, daß das Christentum den ganzen Menschen fordert (und er damit Freislers Wut entfesselt), dann sind sie in der Position des Unterlegenen, der einer übermächtigen Autorität ausgeliefert ist. Aber sie können sich auf eine höhere Autorität berufen und tun das sehr wirkungsvoll in der Form der Behauptung.
Der emanzipatorische Trend der neueren Homiletik entspricht einer außerordentlich wichtigen, lange vernachlässigten Seite der christlichen Botschaft. Er muß deshalb kräftig gefördert werden. Er verliert aber seine theologische Basis und Legitimation, wenn er die Alleinherrschaft übernimmt und Trost und Weisung nur noch als regressive und autoritäre Strukturen betrachtet werden, die es zu überwinden gilt. Um noch einmal Mühlens Begriff aufzunehmen: Die echte Ich-Du-Begegnung ist die eine Grundstruktur der Liebe, ohne die sie nicht Liebe wäre. Aber sie vollendet sich erst in der Wir-Vereinigung, die uns Gott gegenüberstellt. Hier begegnen wir Gott als dem, der uns ganz und gar nicht gleichgestellt ist; und diese gemeinsame Begegnung mit dem Ungleichen ist die nie versiegende Quelle der Liebe.

c) Beispiel: Argumentieren in der Predigt

Ich will das, was ich bis jetzt über Bindung an den Hörer, Inhalts- und Beziehungsebene gesagt habe, wenigstens an einem Beispiel genauer ausführen, damit sichtbar wird, wie ich mir die Verwirklichung der entwickelten Leitlinien in der Praxis vorstelle. Es wäre reizvoll, dafür die Sprechaktsequenz des Erzählens zu wählen. Man könnte fragen, welches Beziehungsgeflecht zwischen Prediger, Text und Hörern vorliegen muß, damit eine erzählende Predigt sinnvoll wird. Man könnte die Interdependenz zwischen Form, Situation und Stoff der Erzählung untersuchen. Man könnte analysieren, wie erzählende Predigten mit den heilsgeschichtlichen Erzählungen vom Auszug und vom Leiden Jesu umgehen. Man könnte fragen, wie sich das Neue, das jeder Erzähler seinen Hörern verspricht, zum Alten verhält. Man könnte sich damit beschäftigen, wie dieselbe Erzählung auf verschiedene Hörer wirkt. Ich will das jetzt nicht tun. Denn die Hochsaison erzählender Predigt und narrativer Theologie, die nun schon 10 Jahre anhält, hat eine solche Menge von Material, Analysen und Thesen gebracht, daß dazu eine eigene Arbeit nötig wäre[46].
Ich wähle statt dessen das Argumentieren in der Predigt, eine Sprechaktsequenz, die noch wenig analysiert ist. Auf den ersten Blick mag es so aussehen, als passe das Argumentieren schlecht in den jetzigen Zusammenhang. Denn die Meinung ist verbreitet, daß es sich dabei um eine Redeweise handle, die in erster Linie an der verhandelten Sache, ihrer inneren Begründung uind Logik orientiert sei und nur ganz nebenbei am Hörer. Dies ist jedoch ein Irrtum. Beim Argumentieren sind Inhalts- und Beziehungsebene ebenso eng miteinander verbunden wie beim Erzählen.
Ich habe in einigen Aufsätzen eine Anzahl neutestamentlicher Stellen auf ihre Argumentationsstruktur untersucht, anhand von Predigten über Mt 6,25 ff. geprüft, welche Rolle das Argumentieren in der Predigtpraxis der letzten Jahrzehnte spielt, und schließlich versucht, Kriterien für das Argumentieren in der Predigt zu entwickeln[47]. Im folgenden gebe ich die wichtigsten Ergebnisse gerafft wieder und stelle sie in den theologischen Zusammenhang einer pneumatologischen Begründung empirischer Homiletik.
Was ist das Überzeugende an einem Argument? Welche Funktion hat ein Argument im Vorgang des Überzeugens? Wer in der Predigt argumentieren will, muß diese Fragen beantworten können. Man kommt der Sache auf die Spur, wenn man Argumente genau unter die Lupe nimmt und die sprachliche und logische Bewegung aufspürt, die in ihnen vollzogen wird. Dabei läßt sich feststellen, daß alle Argumente dieselbe logische Struktur besitzen und dieselbe sprachliche Bewegung vollziehen. Sie machen jeweils zwei Voraussetzungen, bringen diese zusammen und ziehen daraus einen Schluß. Beispiel: Jesus fordert die Seinen auf, sie sollten sich nicht sorgen. Diese Aufforderung wird in Mt 6,25 ff. durch eine Reihe von Argumenten gestützt. Eines davon heißt: »Wer ist unter euch, der seiner Lebensdauer *eine* Spanne zusetzen kann, so sehr er sich auch darum sorgt?« (V 27) Die

erste Prämisse dieses Arguments heißt: »Ihr möchtet euer Leben gern verlängern.« Die zweite: »Durch Sorgen läßt sich das Leben kein bißchen verlängern.« Der Schluß: »Also ist Sorgen sinnlos und unnötig.«
Die beiden Prämissen unterscheiden sich in ihrem Charakter. Die erste enthält eine geltende Meinung, ein Werturteil oder eine Norm. In unserem Beispiel ist es die Überzeugung, daß eine Verlängerung des Lebens erstrebenswert ist. Davon waren zur Zeit Jesu alle überzeugt. Ein langes Leben war für jeden ein akzeptierter Wert. Deshalb kann das Argument dieses Werturteil voraussetzen. Die zweite Prämisse enthält eine Erfahrungstatsache. Im Beispiel: Wir wissen aus Erfahrung, daß jemand, der sich um die Länge seines Lebens sorgt, deshalb kein bißchen länger lebt.
Argumente sind selten so ausführlich formuliert, daß die beiden Prämissen getrennt expliziert werden. Ein schlagendes Argument kommt überraschend, vollzieht einen Gedankenruck. Meist wird nur die zweite Prämisse ausgesprochen. Die erste wird nur angedeutet. In unserem Beispiel steckt sie in dem »so sehr«. Die Überzeugungskraft des Arguments beruht aber ganz wesentlich auf der Gültigkeit der ersten Prämisse. Wer überzeugend argumentieren will, muß sich also eine ganze Menge Gedanken über etwas machen, was überhaupt nicht ausgeführt wird.
Wie steht es nun mit der Allgemeingültigkeit der vorausgesetzten Sätze? Ein Blick auf unser Beispiel zeigt, daß davon keine Rede sein kann. Die Aussage von Mt 6,27 ist heute kein allgemeines Faktum mehr. Es gibt durchaus Fälle, in denen es möglich ist, Leben zu verlängern, was zunehmend als Problem empfunden wird. Dadurch haben sich nicht nur unsere Erfahrung, sondern auch unser Werturteil verändert. Es gilt nicht mehr in jedem Fall und unter allen Umständen als erstrebenswert, das Leben zu verlängern. Das Argument ist deshalb heute bei weitem nicht mehr so überzeugend wie zu Jesu Zeiten. Man sieht hier, daß *Argumente nicht zeitlos, sondern feldabhängig* sind. Sie reichen so weit, wie das Feld geht, auf dem ihre Prämissen gelten.
Die geistesgeschichtliche Zeittafel genügt freilich noch nicht, um solche Felder abzulesen. Das wird an Mt 6,28–30, der Fortsetzung unseres Beispiels, deutlich. Dort bringt Jesus das Argument von den Lilien auf dem Felde. Dieses Argument kann nur überzeugen, wenn die Überzeugung, daß Gott für seine ganze Schöpfung sorgt, unangefochten gilt. Seit dem Erdbeben von Lissabon ist die neuzeitliche Form dieser Überzeugung, der auf der zweckvollen Ordnung der Natur beruhende Vorsehungsglaube, zusammengebrochen. Aber die Bauern von Solentiname, die im 20. Jahrhundert leben, können trotzdem den Text ganz unbefangen auf sich beziehen. Eine Frau sagt: »Also ich muß sagen, daß ich als Mutter von 9 Kindern immer mit diesem Vertrauen gelebt habe. Wir hatten nie Geld, aber es fehlte auch nie am Nötigsten. Irgendwie renkte sich immer alles ein. Ich habe dieses Evangelium noch nie gehört, aber es klingt so bekannt, als ob es sich um unser tägliches Leben handelte.«[48] Auf diesem Feld der Erfahrung und Überzeugung zieht dieses Argument noch immer.

Schon dieser erste Gedankengang zeigt, daß das Argumentieren entgegen einer gängigen Meinung nicht nur mit Sachverhalten zu tun hat. Es läuft nicht nur auf der Inhalts-, sondern immer zugleich auf der Beziehungsebene. Denn jedes Argument stützt sich auf die Beziehung, die der Hörer zu bestimmten Aussagen hat. Es geht um Überzeugungen und Erfahrungen, nicht nur um Fakten und logische Zusammenhänge. Der Hörer wird als Mensch angesprochen, und zwar in verschiedenen Schichten seiner Person. Am direktesten geht es um sein Denken und seine Fähigkeit zur Einsicht, Eigenschaften des Erwachsenen-Ichs. Angesprochen ist aber auch sein Eltern-Ich, denn hinter seinen Überzeugungen, Werten und Normen stehen zu einem großen Teil Traditionen und internalisierte oder selbstverständlich akzeptierte Autoritäten. Was einen andern Teil der Strebungen anlangt, so kommen diese aus dem Kindheits-Ich, für das Emotionen entscheidend sind. Das Verfahren der Argumentation ist zwar eine rationale Sache, die Wirksamkeit der Prämissen hängt aber zu einem großen Teil davon ab, wie sie emotional wirken. Die enge Verflochtenheit von Rationalem und Emotionalem liegt im Wesen des Arguments.
Warum sollen wir dann überhaupt noch argumentieren? Gibt es denn überhaupt eine Chance, die Überzeugung des Gegenübers zu verändern? Das führt zu einem zweiten Gedankengang. Wo argumentiert wird, gibt es immer Pro und Contra. Eine These, eine Wertung, eine Aufforderung zum Handeln ist umstritten, weil es Gründe dafür und Gründe dagegen gibt und weil weder die eine noch die andere Gruppe von Gründen auf unstreitige Art widerlegt werden kann. In der Mathematik gibt es solche nicht strittige Verfahren. Deshalb spricht man dort von »wahren« und »falschen« Aussagen, von »beweisen« und nicht von »überzeugen«. Wo dagegen Aussagen ihrem Wesen nach strittig sind, und das gilt schon für naturwissenschaftliche Hypothesen und historische Theorien, erst recht jedoch für normative Einstellungen und Überzeugungen, gibt es keinen Beweis, keine endgültige Widerlegung der Gegengründe. Zu einer Meinung kommt man hier nur so, daß man die Argumente wertet und gewichtet. Deshalb spricht man von »starken« oder »schwachen«, »schwerwiegenden« oder »nebensächlichen« Argumenten. Die Sichtung, Wertung und Gewichtung der Argumente zu einer strittigen Frage wird, wenn sie sorgfältig durchgeführt ist, differenzierte Ergebnisse erbringen. Argumente sind selten ganz unbrauchbar oder absolut zwingend. Selbst wenn ein Argument darunter sein sollte, das für mich ganz zwingend ist, kann ich nicht damit rechnen, daß das auch für mein Gegenüber gilt. Es mag auch für ihn stark sein, aber vielleicht doch nicht so stark wie für mich. Vielleicht ist es für ihn sogar ganz nebensächlich.
Der Prediger stößt ständig auf strittige Fragen. Zwar ist unter den Gottesdienstbesuchern der christliche Glaube nicht als ganzer strittig. Dagegen sind je nach Gemeinde und aktueller kirchlicher, politischer, wirtschaftlicher oder gesellschaftlicher Situation wichtige Überzeugungen oder Konsequenzen des christlichen Glaubens strittig. Das reicht von der Autorität der Bibel und der Bekenntnisse über Erbsünde, Gottessohnschaft Jesu, Auferstehung, Jüngstes Gericht, Wehr- und

Zivildienst, Schwangerschaftsabbruch, eheähnliche Verhältnisse und Kernkraftwerke bis zum Absolutheitsanspruch des Christentums auf der einen Seite und der Frage, ob Konfirmanden Luthers Erklärungen zu den drei Glaubensartikeln auswendig lernen sollen, auf der anderen Seite. Diese Liste ließe sich natürlich lange fortsetzen und differenzieren. Je nach örtlicher Lage wird vielleicht eine Flughafenerweiterung, der Bau eines Behindertenheims in einer Wohngegend, das Verhältnis zu den Soldaten der Standortkaserne oder ähnliches die strittigste Frage sein. Wer in der Predigt argumentiernd auf solche Fragen eingehen will, muß ihre Strittigkeit offen zugeben.

Wer argumentiert, darf sich nicht darauf beschränken, Gründe für seine These zu sammeln, sondern muß mit derselben Sorgfalt die Gegengründe sammeln, auch wenn das bedeutend schwerer fällt. Wenn er beginnt, beides in einer Liste zusammenzustellen, wird er schnell feststellen, daß es für viele Argumente Gegenargumente gibt und für die Gegenargumente wieder Gegenargumente. Jedes dieser Argumente bezieht sich auf eine Überzeugung und auf eine Erfahrung oder auf ein Faktum. So kommt die Sache, um die es geht, in ihrer Vielschichtigkeit und in ihren verschiedensten Bezügen in Sicht. Wer wirklich argumentieren will, muß sich in die Probleme einarbeiten und sie möglichst gründlich untersuchen. Argumentieren kann man nicht ohne Fach- und Sachkenntnis. Dies ist ebenso nötig wie die Kenntnis der Diskussionslage und der Gewichte, die die Hörer den einzelnen Gesichtspunkten geben. Auch hier zeigt sich wieder die Verquickung von Inhalts- und Beziehungsebene. Der Prediger kann sich nur dann sinnvoll mit einer strittigen Frage befassen, wenn er das Feld kennt, auf dem er sich bewegt. Und er bleibt nur dann seinem Auftrag treu, wenn er an der Sache bleibt, um die es geht, wenn er also fragt, was in diesem Fall, auf diesem Feld wahr, gerecht und barmherzig ist.

Wodurch kommt es nun zu einer Meinungsänderung? Hier gibt es mehrere Möglichkeiten. Es kann sein, daß der Hörer durch eine sorgfältige Argumentation Fakten erfährt, die ihm bis jetzt nicht bekannt waren. Wenn diese Fakten gut dokumentiert und dadurch glaubhaft sind, kann sich daraus eine Verschiebung der Gewichte von Pro und Contra ergeben. Beim Abwägen senkt sich die andere Waagschale. Es kann aber auch sein, daß die Argumentation nur solche Fakten und Erfahrungen anführt, die dem Hörer auch seither schon bekannt waren, und daß sich die Sache trotzdem plötzlich in einem neuen Lichte darstellt. Denn die Argumentation hat Verbindungen hergestellt und Zusammenhänge aufgezeigt, die dem Hörer bisher nicht klar waren. Jedes Argument arbeitet mit Bekanntem. Die erste Prämisse ist ein allgemeiner Satz, die zweite ein bekanntes Faktum, und worauf der Prediger hinauswill, weiß der Hörer auch. Das Entscheidende, das Spannende und oft Überraschende ist die Verknüpfung zu einem einleuchtenden Gedanken. Dazu braucht der Prediger Phantasie, Neugierde, Aufgeschlossenheit für fremde Gedankengänge, Bereitschaft, Dinge in einem neuen Licht zu sehen, Experimentierfreude und die Fähigkeit, neue Zusammenhänge zu entdecken. Kurz: Er muß ein kreativer Denker sein. *Kreativität* ist jedoch keine verfügbare Eigenschaft, sondern ein Geschenk des Geistes, der die Kreativität in Person ist. Argumentieren in der Predigt ist ein pneumatisches Geschehen. Eine homiletische Argumentationstheorie bedarf der pneumatologischen Grundlegung.

Daran schließt sich ein dritter Gedankengang an. Der Geist bindet den Prediger an die Wahrheit und an den Hörer. Bis jetzt haben wir erst die Beziehung betrachtet, die der Hörer zur Sache hat, um die es geht. Jetzt müssen wir auch die Beziehungen ins Auge fassen, die zwischen dem Prediger und der Sache und zwischen dem Prediger und den Hörern besteht.

Was die Beziehung des Predigers zu seiner Sache anlangt, so ist die wichtigste Voraussetzung, daß er aufrichtig und wahrhaftig ist. Darauf muß sich der Hörer verlassen können. Er muß sicher sein, daß der Prediger bereit ist, für die Argumente, die er gebraucht, persönlich einzustehen. Wenn er ein Argument anführt, weil er annehmen kann, daß es dem Hörer Eindruck macht, sich selbst aber nicht damit identifiziert, täuscht er den Hörer. Das geht meist nicht lange gut. Oft merkt der Hörer schon am Klang der Stimme, daß etwas nicht stimmt. Erst recht kann der Prediger nicht verbergen, was er redet und tut, wenn er nicht auf der Kanzel steht. So greifen die Voraussetzungen für echtes Argumentieren weit über den Vollzug der Predigt hinaus.

Dasselbe gilt für die direkte Beziehung zwischen Prediger und Hörer. Hier heißen die Voraussetzungen Gleichberechtigung und Repressionsverzicht. Der Prediger kann nur überzeugen, wenn er die Gemeindeglieder als gleichberechtigte Christen anerkennt, und zwar nicht nur grundsätzlich, sondern im werktäglichen Zusammenleben. Wer im Gespräch den Eindruck macht, daß er immer recht behalten will, wird in der Predigt nicht überzeugen können. Seine Argumentation mag inhaltlich noch so gut sein, sie ist nicht glaubwürdig. Wesentlich ist dabei nicht nur der Wille des Predigers, sondern auch, daß der Hörer ihm zutraut, daß er ihn als gleichberechtigten Partner akzeptiert. Diese Voraussetzung kann nicht erst durch den Akt des Argumentierens geschaffen werden. Sie bildet sich in der Art, wie der Pfarrer mit seinen Gemeindegliedern umgeht, und in der Weise, wie Kirche und Gemeinde strukturiert sind. Es gibt Gemeindestrukturen und Persönlichkeitsstrukturen des Pfarrers, die das Argumentieren verhindern.

Ebenso gehört zum Argumentieren die Verpflichtung, die Entscheidung des Hörers in jedem Fall zu respektieren und nicht durch Druck zu beeinflussen. Wer in der Predigt argumentieren will, muß von vorneherein einkalkulieren, daß der Hörer sich möglicherweise nicht überzeugen läßt, und er muß das respektieren und akzeptieren. Seine Argumentation wird dadurch nicht weniger engagiert und entschieden. Aber er verzichtet auf jede Form von Zwang. Hierher gehört nicht nur der physische Zwang, sondern auch der psychische, z. B. durch die Drohung mit der Verdammnis, falls die Hörer in einer ethischen Frage anders entscheiden als der Prediger, oder durch den Vorwurf, wer in der strittigen Glaubensfrage anderer Meinung sei, verrate die Freiheit des Evangeliums. Dies sind keine Argumente, sondern Aussagen, die die Voraussetzung des Argumentierens aufheben. Wenn jemand meint, er müsse so reden – ensprechende Kirchenkampfsituationen sind durchaus denkbar –, muß er sich darüber klarsein, daß er nicht mehr überzeugen kann, sondern daß er autoritativ redet und Gehorsam und Unterwerfung fordert. Symmetrie der Kommunikation und grundsätzliche Umkehrbarkeit des Überzeugungsvorgangs gehören zum Wesen der Argumentation. Sind sie als solche mit der Verkündigung vereinbar? Um es ganz deutlich zu sagen: Ich meine nicht, alle Verkündigung oder auch nur jede Sonntagspredigt müsse argumentieren. Aber ich behaupte, daß es seinen legitimen Ort hat, wo es um strittige Ausdrucksformen und Konsequenzen des christlichen Glaubens geht. Ich berufe mich dafür auf die Art und Weise, wie Jesus und Paulus geredet und geschrieben haben. Die Argumentation ist nicht ihre einzige Redeweise, aber sie taucht an wichtigen Stellen auf. Ich nenne als Beispiele aus der Bergpredigt Mt 5,43 ff.; 6,25 ff.; 7,7 ff.; aus den Streitgesprächen Mk 2,18 ff.; 3,1 ff.; 12,13 ff.; aus den Gleichnissen Lk 15,4 ff., 17,7 ff., Mk 4,26 ff. Beispiele bei Paulus: 1Kor 6,1–8; 7,1–40; 15,12–49 und den ganzen Philemonbrief.

In dieser Redeweise zeigt sich, daß Jesus und Paulus nicht blinden Gehorsam fordern, sondern einen mündigen Gehorsam wollen (s. o. S. 69 ff.). Die Mündigkeit des Hörers ist ein Ziel der Verkündigung. Dieses Ziel wird am besten dadurch erreicht, daß es im Vollzug der Verkündigung selbst gewährt wird. Argumentierende Verkündigung nimmt den Willen des Hörers ernst, fordert nicht Unterwerfung, sondern hofft auf Einsicht. Manche Prediger meinen, damit sei dem Hörer zuviel zugetraut. Wer dieser Ansicht ist, möge bedenken, daß Jesus seinen Hörern solche Einsicht zutraut. Er geht davon aus, daß seine Hörer einsehen können, daß es vernünftig ist, nicht zu sorgen, und daß es gut ist, seine Feinde zu lieben. Beide Male setzt er den Schöpfungsglauben voraus, argumentiert also auf dem Boden des Bundesvolks und setzt voraus, daß dieser Boden trägt. Wenn Paulus im 1. Korintherbrief argumentiert, redet er zu solchen, die den Geist haben, als einer, der auch den Geist hat (7,40). Das Volk Gottes, dem der Geist verheißen ist, ist der Raum argumentierender Verkündigung.

Wahrhaftigkeit, Gleichberechtigung und Repressionsverzicht charakterisieren nach Habermas die *ideale Sprechsituation*[49]. Er nennt sie ideal, weil sie aktuell nie voll verwirklicht wird. Jeder Verständigungsversuch stellt jedoch eine Antizipation dieser Situation dar. Jeder Überzeugungsversuch lebt von der Hoffnung auf eine mögliche Verständigung, und zwar gegen den Augenschein der Kommunikationsbarrieren. Wahrheit kann nur im Konsens gefunden werden, der sich durch den eigentümlich zwanglosen Zwang des besseren Arguments in der idealen Sprechsituation ergibt, in der die Partner auf jede Repression verzichten. Es dürfte für die Theologie kaum annehmbar sein, diese Theorie für die Wahrheitsfindung generell zu akzeptieren. Als Beschreibung der argumentierenden Kommunikation im Bereich des Volkes Gottes scheint sie mir jedoch hilfreich zu sein. Heiliger Geist, Erleuchtung, Wahrheit, Liebe und Konsens hängen theologisch aufs engste zusammen. Die antizipatorische Vorwegnahme des Verstehens bei jedem Verständigungsversuch entspricht der Hoffnung auf die Gegenwart des Heiligen Geistes bei jedem Diskurs und jeder Predigt.

d) Kommunikationsbarriern

Die Anwendung *kommunikationswissenschaftlicher Untersuchungsmethoden* auf die Predigt hat in der Homiletik mehr Schrecken als Freude ausgelöst. Die ersten Untersuchungen[50] wußten mehr von der Wirkungslosigkeit der Predigt als von ihrer Wirkung zu berichten. Vor allem die Feststellung, daß der Hörer selektiv hört, hat die evangelischen Prediger im Mark ihrer Berufsauffassung getroffen und unsicher gemacht. Da wird ihnen gesagt, daß der Hörer aus ihren Predigten das heraushört, was ihn in seinen Grundüberzeugungen bestätigt. Sie dagegen möchten die Auffassungen ihrer Gemeindeglieder mit dem Evangelium konfrontieren und verändern. Da wird ihnen gesagt, daß ihre Predigt einen guten bis sehr guten Gesamteindruck macht und geeignet ist, die emotionale Balance der Hörer wiederherzustellen. Sie aber wollen Inhalte vermitteln, zur Umkehr bewegen, Einstellungen verändern.

Auf diesen Schock gibt es zwei Reaktionen. Die einen schreiben die Predigt ab und versuchen ihre innovatorischen Ziele in der Gruppenarbeit und Erwachsenenbildung zu verwirklichen. Die andern ziehen sich mit einem theologischen Satz aus der Affäre. Sie sagen, die Predigt teile zwar die wissenschaftlich erfaßbaren Bedingungen menschlicher Rede, aber Gott durchbreche die Analogien menschlichen Redens und Hörens. Unter dieser Überschrift kann weitergepredigt werden wie seither. Die Kommunikationswissenschaft ist keine Anfechtung mehr.

R. Bohren macht es sich nicht so einfach. Er versucht, den Selektionsprozeß theologisch zu verstehen. »Diese Mechanismen könnten unter der Regie des Heiligen Geistes stehen oder in der des Geistes, der stets verneint . . . Der Heilige Geist mischt sich ins Hören ein und steuert den Selektionsprozeß. Geschieht Gnade, wird der Heilige Geist stärker als die Geister, die bis jetzt den Auswahlprozeß gesteuert haben. Der Mensch kann nun das hören, was ihm heilsam ist.« Das heißt aber nicht, daß sich der Prediger nicht um den Hörer bemühen müßte: »Der Prediger ist in diesen Kampf hineingestellt. Er muß mit dem Wort den Weg durch das Nessel-Dickicht finden, muß dem Hörer mit dem Evangelium in den Ohren liegen, damit es zur Sinnesänderung, zur Umkehr komme. In der Einsicht, daß er dies aus eigener Kraft und Macht nicht kann, wird sein Dienst am Hörer zuerst ein solcher der Fürbitte sein, der Bitte um das Kommen des Schöpfergeistes, damit dieser die Selektion in Regie nehme. Die Bitte um das Wirken des Geistes wäre unglaubwürdig, wenn sie als Dispens von der Bemühung des Predigers um das Hören verstanden würde.«[51]

Diese theologische Deutung ist aber noch zu einseitig. Der Kampf der Geister tobt auf der Seite des Hörers. Auf der Seite des Predigers ist offensichtlich nur der Heilige Geist. Das ist eine recht asymmetrische Verteilung. Wer garantiert dem

Prediger, daß sein Predigtwille mit dem Geist übereinstimmt? Könnte es nicht sein, daß der Hörer, der einen entscheidenden Satz der Predigt für absurd erklärt, damit einen Pfeil des bösen Feindes abwehrt? Dann wäre das Nicht-Zustandekommen der Kommunikation ein Werk des Heiligen Geistes. Es könnte auch sein, daß im selektiven Hören, das aus der Predigt das heraushört, was der bisherigen Grundeinstellung entspricht, der Geist am Werk ist, der den Hörer auf dem rechten Weg erhält. Je weniger ein Prediger mit dieser Möglichkeit rechnet, desto weniger achtet er auf den Hörer und seine Reaktionen und desto mehr verfällt er in die Haltung dessen, der über die Wahrheit des Evangeliums verfügt.

Das Ärgernis des selektiven Hörens hat seinen theologischen Sinn darin, den Prediger zur Buße zu rufen. Der Prediger, der sich durch die weitgehende Wirkungslosigkeit seiner Predigt nicht anfechten läßt, ist unbußfertig. Wenn er erschrickt und sich intensiv dem Hörer zuwendet, ihn zu verstehen und zu erreichen sucht, so ist die Liebe in ihm mächtig, die ein Werk des Heiligen Geistes ist. Der Prediger kann sich gar nicht genug um den Hörer kümmern. Bei der Liebe gibt es kein Zuviel. Das Ziel der Verkündigung, die gemeinsame Zuwendung zu Gott, ist nur über die Liebe zu erreichen. Wer meint, wenn er zu sehr auf den Hörer eingehe, verrate er das Evangelium, stellt alles auf den Kopf. Nur die Liebe wirkt den Glauben. Die Ich-Du-Begegnung ist die Voraussetzung der Wir-Vereinigung, die das Ziel der Verkündigung ist.

Freilich läßt sich auch auf diese Weise der Geist nicht feststellen. Man sieht es einer Kommunikation nicht an, ob der Geist in ihr wirksam ist. Erfolgreiche Kommunikation kann ein Werk des Heiligen Geistes sein, aber auch ein Werk des Ungeistes. Die falschen Propheten aller Zeiten haben immer wieder großen Erfolg gehabt. Auch wenn die Kommunikation nicht gelingt, kann das, wie eben gezeigt, so oder so interpretiert werden. Und auch im dritten Fall, der gelungenen, aber nicht erfolgreichen Kommunikation, verhält es sich ebenso. Wenn Amazja zu Amos sagt: »Du Seher, geh weg und flieh in das Land Juda und iß dein Brot und weissage daselbst« (Amos 8, 12), so hat er Amos sehr wohl verstanden, aber er ist nicht mit ihm einverstanden. Oder wenn der König Agrippa zu Paulus sagt: »Es fehlt nicht viel, so wirst du mich noch dazu überreden, als Christ aufzutreten« (Apg 26,28), so ist auch das gelungene, aber nicht erfolgreiche Kommunikation. Beide Male steht der Geist auf der Seite dessen, der eine Rede hält. Aber es kann auch umgekehrt sein. Die Gemeindeglieder im Ephesus haben den sog. Aposteln widerstanden, und die in Thyatira haben sich nicht auf die Gnosis der Isebel eingelassen (Offb 2,2 f. 24). Auch sie haben sehr wohl verstanden, waren aber nicht einverstanden. Sie haben ausgeharrt. Die Beständigkeit, die Perseveranz, ist eine Gabe des Geistes.

Diese Überlegung mag den Prediger noch vorsichtiger machen, daß er sich noch weniger vom Eingehen auf den Hörer despensiert. Realistischerweise muß er auch damit rechnen, daß weder das Hören noch das Reden völlig gelingt oder völlig mißlingt. Normalerweise liegt beides ineinander, wenn auch in verschiedener Verteilung. Geist und Ungeist sind auf beiden Seiten gleichzeitig da. »Weder kann der Prediger vom Hörer eine vollkommene Bereitschaft und Fähigkeit des Hörens aus dem Glauben erwarten noch der Hörer vom Prediger ein vollkommenes Sprechen aus dem Glauben. Christliche Verkündigung geschieht da, wo beide einander annehmen in ihrem unvollkommenen und schwachen Glauben und miteinander Glauben suchen.«[52]

Die Hoffnung auf eine Wirkung der Predigt ist nicht umsonst. Wirkungen sind durchaus möglich. Das läßt sich auch empirisch feststellen. Nach L. Festingers Theorie der kognitiven Dissonanz, die den Mechanismus des selektiven Hörens erklärt, kann sich der Prozeß so abspielen, daß Mitteilungen, die mit der Grundeinstellung nicht übereinstimmen, überhört werden. Wenn ihre Menge und Intensität aber so zunehmen und sie auch nicht mehr als unsinnig abgewiesen werden können (weil z. B. der, der sie mitteilt, vertrauenswürdig ist), wird die Haltung geändert und die alte Einstellung abgestoßen[53]. Vielleicht ist dieser Grenzwert erst nach vielen Predigten erreicht. Es gibt Erfahrungen, die dafür sprechen. Wenn ein Prediger sich allerdings nicht auf seine Hörer einläßt, wird es nicht dazu kommen.

Ein Prediger, der sich diesem theologischen Gedanken anschließen kann, wird die Anregungen der Kommunikationswissenschaft sorgfältig aufnehmen. Sie helfen ihm dazu, daß sein Entschluß, sich an den Hörer zu binden, kein abstrakter Grundsatz bleibt. Sie machen ihn selbstkritisch und zeigen ihm seine Grenzen. Er wird also achten auf den Wortschatz, den er verwendet, auf die Länge seiner Sätze, den Schwierigkeitsgrad seiner Aussagen, seine Sprechgeschwindigkeit, die Hörerfreundlichkeit seines Predigtaufbaus und viele andere Gesichtspunkte. Ich kann sie hier nicht im einzelnen erörtern. Ich will nur den Gesichtspunkt der Redundanz herausgreifen, weil sich an ihm zeigen läßt, daß das Eingehen auf die Kommunikationswissenschaft, recht verstanden, weder etwas mit äußerlicher Technik noch mit Manipulation zu tun hat.

Redundanz bezeichnet das Verhältnis zwischen der eigentlichen Nachricht oder Mitteilung und den übrigen Wörtern und Textabschnitten, in die die Nachricht verpackt ist. Schaut man nur auf den harten Kern der Mitteilung, ist die Verpackung überflüssig (redundare = überfließen, im Überfluß vorhanden sein). Ohne eine gewisse Ausschmückung und Weitläufigkeit bleibt das Mitgeteilte aber unverständlich. Folgen die Nachrichten zu dicht und unvermittelt aufeinander, kann sie der Hörer nicht aufnehmen.

Man kann die Redundanz eines Textes rein technisch feststellen, indem man alle neuen Wörter zählt, sie mit der durchschnittlichen Zahl der Wörter pro Satz multipliziert und durch die gesamte Wortzahl dividiert. Das Ergebnis gibt die Informationsdichte an. Viele neue Wörter erhöhen die Informationsdichte und vermindern die Redundanz ebenso wie lange Sätze. Kurze Sätze und viele Wiederholungen schaffen größere Redundanz.

Damit ist aber noch ziemlich wenig darüber gesagt, ob ein Hörer einen gesprochenen Text als dicht oder weitschweifig empfindet. Die Texte des Vaterunsers oder des Apostolikums besitzen nach dem eben genannten Maßstab keine sehr hohe Informationsdichte. Würde aber ein Prediger zum Stichwort Gebet das ganze Vaterunser oder zum Stichwort Glauben das ganze Apostolikum zitieren, so wäre er hochgradig redundant. Die Informationsdichte einer Predigt läßt sich also nur bestimmen, wenn der Sozialisations- und Erfahrungshintergrund der Hörer berücksichtigt wird.

Wenn man das bedenkt, wird sichtbar, daß Redundanz nicht nur eine formale Eigenschaft eines Textes ist, sondern auch mit seinem Inhalt zu tun hat. Das Neue, das der Hörer vernimmt, ist für ihn nur zu verstehen, wenn es in Beziehung zu Bekanntem gesetzt wird. Wenn ihm gezeigt wird, wie sich ein Gedanke oder eine Nachricht zum Vertrauten verhält, kann er sie einordnen. Er versteht, daß das Neue zum Alten paßt, eine Modifikation bedeutet, ihm gänzlich widerspricht etc. Dabei geht es noch gar nicht um die Frage der Zustimmung. Diese taucht erst auf, wenn der Hörer ermessen kann, was eine ihm neue Mitteilung überhaupt bedeutet. Redundanz ist daher alles andere als überflüssig (wie der Begriff ungeschickterweise suggeriert), sie ist auch kein Zugeständnis des Gebildeten an die Ungebildeten, sondern ein unerläßlicher Faktor jeder Kommunikation.

Echte Redundanz in der Predigt besteht nicht darin, dasselbe mit anderen Worten ein paarmal zu wiederholen, sondern darin, Wichtiges zu entfalten. Dies kann so geschehen, daß ein Bild gezeichnet oder gemalt wird, das das innere Auge des Hörers zum Anschauen einlädt. Es kann auch heißen, ein konkretes Beispiel für einen Gedanken zu geben oder eine Behauptung argumentierend durchzuspielen. Redundanz hat sehr viel mit Konkretion zu tun. Die gute Konkretion, die die Erfahrung des Hörers mit einbezieht, hilft zu seiner Mündigkeit. Denn wenn es um seine Erfahrung geht, kann der Hörer mitreden. Eine so verstandene Redundanz vermindert die Gefahr der Manipulation. Die Entfaltung des Neuen bezieht das Gegenüber mit ein. Es geht nicht nur um Illustration, die auch fehlen könnten, sondern um Verifikation an der Erfahrung.

Kommunikationsbarrieren besonderer Art, die über das bisher Gesagte hinausgehen, werden sichtbar, wenn die *Zugehörigkeit des Predigers zur Mittelschicht* ins Auge gefaßt wird. H. Albrecht hat in seinen Arbeiten die große Kluft zwischen der Arbeiterschaft und der Mittelschicht aufgezeigt und schonungslos nachgewiesen, wie gering die Chancen einer Kommunikation sind[54]. Ähnlich wie beim Ärgernis der Selektion ist die Homiletik in einer doppelten Versuchung. Entweder sie entzieht sich der Anfechtung mit theologischen Postulaten, oder sie resigniert und gibt der Predigt in dieser Hinsicht keine Chance mehr. Beides halte ich hier wie dort für falsch. Der Prediger darf sich aus theologischen Gründen dem Hörer auch dort nicht entziehen, wo er auf hohe Barrieren stößt. Er muß die Situation nüchtern ins Auge fassen und darf nicht meinen, bei einigem guten Willen ließen sich diese Barrieren vollständig abbauen. Erst wenn er zu akzeptieren bereit ist, daß seine Möglichkeiten sehr begrenzt sind, wird es ihm gelingen, sie zu erweitern.

Die Versuche, in die Barrieren der Schichtzugehörigkeit kleine Breschen zu schlagen, können nicht in der Predigt beginnen. Selbst wenn es Sonntag für Sonntag gelänge, so zu predigen, daß die Arbeiter ohne Schwierigkeiten folgen können und im Gesagten ihre eigene Wirklichkeit wiederfinden, würde das wenig helfen. Denn im normalen Sonntagsgottesdienst sind die Arbeiter nur spärlich vertreten. Erst wenn es dem Pfarrer durch Seelsorge, Mitarbeit in einem entsprechenden Verein oder einer Initiativgruppe gelingt, persönlichen Kontakt und ein Stück Vertrauen zu gewinnen, und wenn es in der Kirchengemeinde Formen der Partizipation gibt, die nicht nur aus Reden oder Hören bestehen, wird es möglich sein, daß sich die Situation im Gottesdienst ein Stück weit verschiebt. Dies sind die ersten Stellen, an denen anzusetzen wäre.

Darüber hinaus gibt es einzelne homiletische Gelegenheiten, bei denen die soziologische Begrenztheit der Gottesdienstgemeinde durchbrochen ist. Solange noch so gut wie alle Kinder eines Jahrgangs konfirmiert werden, versammelt sich im Konfirmationsgottesdienst ein repräsentativer Ausschnitt aus allen Schichten der Gemeinde. Dasselbe gilt bei Gottesdiensten anläßlich von Kinder- oder Heimatfesten oder wenn sich im Rahmen einer 60er oder 70er Feier ein ganzer Jahrgang zu einer Andacht versammelt. Nicht im gleichen Maße repräsentativ, aber von der Sonntagsgemeinde deutlich unterschieden ist die Struktur bei den übrigen Kasualien. Das ist die Gelegenheit zu einer schichtenübergreifenden Predigt. Ob der Prediger sie nützen kann, wird davon abhängen, ob er Kontakte über die Mittelschicht hinaus besitzt, der er angehört, und ob er seine Fähigkeiten zur elementaren Verkündigung entwickelt hat.

H. Albrecht sieht in der *Erzählung* die Grundlage einer schichtenübergreifenden Predigt, die auch die Unterschicht erreicht. Denn die symbolische Kommunikation ist die spezifische Kommunikationsweise der sozialen Unterschicht, und die Erzählung ist Sprache des Symbols. Zugleich ist die symbolische Kommunikation für die soziale Mittelschicht der Entlastungsbereich, in den sie sich zurückzieht, wenn sie sich nicht ihren speziellen Arbeits- und Leistungsanforderungen ausgesetzt sieht. Erzählende Predigt ist daher die gegebene Form elementarer Verkündigung. Indem sie elementare biblische Symbole und Symbolgeschichten vergegenwärtigt, hat sie eine Chance, den manipulativen Symbolen der Massenmedien entgegenzutreten und Hoffnung zu eröffnen[55]. Diese These, die bei Albrecht durch gründliche Analysen untermauert ist, möchte ich hier nicht weiter entfalten.

Ich möchte aber noch auf zwei weitere Medien elementarer Predigt hinweisen, das Sprichwort und den Dialekt. *Sprichwörter* spiegeln zu einem großen Teil Erfahrungen der Unterschicht wider. Z. B.: »Mit den Dummen treibt man die Welt um«, oder: »Mit dem Hute in der Hand kommt man durch das ganze Land«, oder« »Wo Frösche sind, da sind auch Störche«, oder: »Neue Besen kehren gut, aber gehen nicht in die Ecken.« Hier werden Erfahrungen so formuliert, daß sie auch für den Arbeiter oder Bauern nicht nur hörbar, sondern auch sagbar werden. Sie haben mit den Erzählungen die Anschaulichkeit und Bildhaftigkeit gemeinsam, formulieren aber zugleich Maximen des Handelns. Dadurch eignen sie sich für elementare Formen ethischer Argumentation. Sprichwörter sind, auch wenn sie alt sind, nicht einfach ein Überbleibsel einer vortechnischen Welt. In dem Maß, in dem sie weiterhin im Gebrauch sind, leben sie auch. Viele von ihnen sind zwar in Vergessenheit geraten. Aber ständig bilden sich neue. Manche haben die klassische Form des alten Sprichworts (»Umsonst ist der Tod, und der kostet das Leben«), manche sind einfach stereotype Sätze (»Der Mensch hat ein Leben lang zu kämpfen«). Unter den Jugendlichen gibt es eine ganze Sprechkultur, die sich auch in Form von Aufklebern oder Meinungsbuttons zeigt (»Make love – not war«, »No future«, »Ratschläge sind auch Schläge«, »Macht kaputt, was euch kaputt macht!«, »Wir sind die Leute, vor denen uns unsere Eltern gewarnt haben«, »Eine Frau ohne Mann ist wie ein Fisch ohne Fahrrad«.)[56].

Luther, der bekanntlich nicht nur für eine Predigt für das gemeine Volk eingetreten ist, sondern sie auch praktiziert hat, schätzt die Sprichwörter hoch. In einer Tischrede sagte er: »Es ist ein fein Ding um die proverbia Germanica, und sind starke Beweisung, und es wäre fein, wenn sie einer zusammenläse.« Freilich weiß er auch um ihre Ambivalenz. Für viele Sprichwörter gibt es Gegensprichwörter, weil es eben Erfahrungen und Gegenerfahrungen gibt. Deshalb fährt Luther fort: Der Teufel kann die Sprichwörter entstellen und mißbrauchen, so gut wie die Sprüche der Bibel. »Wir müssen aber den Teufelsdreck davontun und die Sprichwörter retten.«[57] Nicht nur die Erzählung, auch die Argumentation kann schichtenübergreifend sein. Sie muß dazu aber nicht nur auf elementare Erfahrungen zurückgreifen, sondern diese auch in elementaren Sprachformen ins Spiel bringen. Dazu gehören die Sprichwörter und ähnliche Stereotypen. Nun hilft es freilich nichts, wenn sich der Prediger eine Sprichwörtersammlung anschafft und sich daraus das Nötige zusammenliest. Eine solche Sammlung kann ihn ebenso wie Zusammenstellungen von Sprüchen der Jugendlichen höchstens daran erinnern, was er selbst an elementaren Sprachformen in seinem Sprachschatz besitzt und was ihn mit der Alltagssprache seiner Hörer verbindet. Ich glaube aber, daß hier weit mehr vorhanden ist, als die Prediger im allgemeinen nutzen.

Ähnlich verhält es sich mit dem *Dialekt.* H. Albrecht berichtet von einem Verbalisierungstest, bei dem Angehörige der Mittelschicht und der Unterschicht dieselbe Bildfolge vorgelegt bekamen. Die Versuchspersonen wurden aufgefordert, zu erzählen, was sie auf dieser Bildfolge sahen. Dabei traten schichtenspezifische Unterschiede im Sprachverhalten hervor[58]. Im Pfarrseminar in Stuttgart haben wir denselben Test mit derselben Bilderfolge durchgeführt, nun aber nicht mit Angehörigen verschiedener Schichten, sondern so, daß Vikare das eine Mal auf Hochdeutsch und das andere Mal auf Schwäbisch erzählten. Dabei traten tendenziell dieselben Unterschiede zutage wie zwischen Mittelschicht und Unterschicht. Der Dialekt ist bei weitem nicht so komplex. Bestimmte Abstrakta kommen überhaupt nicht vor. Das Imperfekt ist unbekannt, es gibt nur Präsens und Perfekt. Sprachliche Wiederholungen werden nicht als Nachteil empfunden. Unterordnungen sind viel seltener, Beiordnungen die Regel usw. Noch stärker würde dieser Gegensatz zutage treten, wenn eine Erzählung, die vorher schriftlich konzipiert wurde, mit einer spontanen, schwäbischen verglichen würde. Man sieht also, daß Prediger, die den Dialekt nicht verlernt haben, darin ein Medium schichtenübergreifender Kommunikation besitzen.

In Norddeutschland gibt es seit 100 Jahren beachtliche Bemühungen um eine plattdeutsche Predigt[59]. Sie sind ein Teil der umfassenderen Bestrebungen, das Plattdeutsch, das als niederdeutsche Kirchensprache im 17. Jahrhundert ausgerottet wurde, wieder als Sprache der Gemeindearbeit einzuführen. Diese nehmen in der Praxis schon einen beträchtlichen Raum ein. Es gibt plattdeutsche Radiosendungen und Lehraufträge für plattdeutsche Kirchensprache in Göttingen, Hamburg, Kiel und Münster. Verglichen damit sind die Ansätze in Württemberg noch jung und zaghaft. Einzelne Pfarrer haben begonnen, schwäbisch zu predigen, und eine starke Resonanz erzeugt. Inzwischen haben sie sich zu einer Arbeitsgemeinschaft zusammengeschlossen und begonnen, an einer schwäbischen Übersetzung des Vaterunsers und anderer Bibeltexte zu arbeiten. Solche Versuche sind recht schwierig, da das Schwäbische noch nie Predigtsprache war und schon die Umschrift der charakteristischen Laute und das Lesen eines geschriebenen schwäbischen Textes ziemliche Schwierigkeiten machen. Der Dialekt eignet sich viel mehr als Medium der freien Rede. Eine Zweigleisigkeit von gelesenem Hochdeutsch und gesprochenem Dialekt ist im Gottesdienst durchaus möglich, da die sprachliche Struktur des Schwäbischen vom Hochdeutschen lange nicht so stark unterschieden ist wie das Plattdeutsche. Die Befürchtung, eine Dialektpredigt sei nur etwas für die alten Leute, ist gegenstandslos. Gerade junge Lehrer wehren sich gegen das Hochdeutsch in der Schule und unterrichten im Dialekt. Entsprechend mehren sich die Gelegenheiten, wo in der Öffentlichkeit schwäbisch gesprochen wird.

Neben den bisher genannten Kommunikationsbarrieren ist noch eine letzte zu nennen: das *Persönlichkeitsprofil des Predigers*. Dazu braucht jetzt nicht mehr viel gesagt zu werden, da oben schon ausführlich die Rede davon war (S. 60 ff). Jeder Prediger predigt persönlich, ob er das will oder nicht. Er kann daher gar nicht mit jedem Hörer gleich gut kommunizieren. Denn auch der Hörer hört persönlich. Das sind Barrieren, die so wenig auf die Seite geräumt werden können wie das selektive Hören und die Schichtzugehörigkeit des Predigers und des Hörers. Aber wie in diesen Fällen sind diese Barrieren kein unveränderliches Schicksal. Sie können niedriger gemacht oder an einzelnen Stellen durchbrochen werden. Die Liebe, die die Fremdheit des Fremden überwindet und Gemeinschaft schafft, ist zwar niemals verfügbar, aber sie wird immer wieder Ereignis.

Der beste Weg, das eigene Persönlichkeitsprofil zu einer unüberwindlichen Barriere zu machen, besteht darin, es zu leugnen. Das ist der Weg der Selbstgerechtigkeit. Je stärker das Amtsbewußtsein, desto größer diese Gefahr. G. Schüepp schreibt sehr treffend: »Der Prediger ist der starken Versuchung ausgesetzt, sich die mit seiner Persönlichkeit gegebene Grenze des Erfassens der Wahrheit und Kommunikationsmöglichkeit nicht einzugestehen und sie nicht anzunehmen, sondern zu überspielen durch Rekurs auf eine gesetzlich-dogmatische Haltung. Der Prediger, welcher sich

in seiner Rolle des kirchlichen Amtsträgers und des Verkündigers der objektiven Lehre des Glaubens sieht, ohne sich der von seiner individuellen Persönlichkeit her bedingten Gestalt seiner Verkündigung bewußt zu sein, predigt den toten Buchstaben einer Lehre und eines Gesetzes und keine lebendige Wahrheit.«[60]
Seiner Grenzen wirklich ansichtig zu werden und sie zu akzeptieren, vermag der Prediger nur im Umgang mit anderen. Liebe lernt sich nicht allein. So lernt der Theologe, »ich« zu sagen, nicht am Schreibtisch, sondern nur in der Gruppe[61]. An dieser Stelle ist die Verbindung von Seelsorgeausbildung und Predigtausbildung sehr wichtig. Nur ein Pfarrer, der sich selbst wahrnehmen kann, kann andere wahrnehmen. Nur wenn er sich selbst akzeptieren kann (sich selbst als einen von Gott Akzeptierten akzeptieren kann!), kann er auch andere akzeptieren. Das ist die Grundlage aller Seelsorge und aller Predigt. Die Homiletik profitiert also ganz direkt davon, wenn in der Seelsorgeausbildung durch Gruppenarbeit an Gesprächsprotokollen, Fallberichten und Rollenspielen diese Selbstwahrnehmung gefördert wird.
Im Stuttgarter Pfarrseminar haben wir eine Möglichkeit entwickelt, bei der Besprechung einer gehaltenen Predigt in einer Gruppe das Persönlichkeitsprofil des Predigers direkt in den Blick zu bekommen. Die Predigt wird vom Tonband gehört, ohne daß sich die Hörer Notizen machen. Anschließend nehmen sie ein Blatt zur Hand, auf dem 2 x 4 Fragen stehen (die, wie leicht zu ersehen, in Beziehung zu den 4 Typen stehen):

A
1. Welche Grundwahrheiten und Normen waren dem Prediger/der Predigerin wichtig?
2. In welche Stimmung wollte er/sie versetzen?
3. Wozu wollte er/sie bewegen bzw. auffordern?
4. Welche Fragen wollte er/sie stellen? Welche Erkenntnisse wollte er/sie vermitteln?

B
1. Kann ich ihm/ihr zustimmen? Habe ich Wesentliches vermißt?
2. Wie habe ich mich gefühlt?
3. Was möchte ich jetzt in Angriff nehmen?
4. Was habe ich erkannt? Wo würde ich gerne weiterfragen?

Jeder Hörer trägt nun seine Eindrücke von der gehörten Predigt ein. Dabei werden nicht alle Fragen gleichmäßig beantwortet. Oft zeigt sich, daß zu einer oder zwei Fragen eine ganze Menge zu bemerken ist, zu den anderen überhaupt nichts. Damit tritt auf der einen Seite das Profil der Predigt, auf der anderen das des Hörers hervor. Die Verteilung der Gewichte unter A und B ist nämlich oft ganz ungleichmäßig. Es mag sein, daß bei allen Hörern und beim Prediger selbst das Schwergewicht auf A 2 liegt, bei einem Hörer aber viel mehr Fragen als Gefühle ausgelöst wurden, er also die meisten Eintragungen unter B 4. hat. Hier ist also ein Kritiker-Hörer einem Partner-Prediger begegnet. Wenn die Gruppe schon eine Zeitlang miteinander gearbeitet hat und ein offenes Klima herrscht, stimmen die Gewichtungen unter A meist ganz gut überein. Das bedeutet, daß die Hörer den Prediger sehr wohl in seinem Profil wahrzunehmen vermögen. Dennoch sind die Profile unter B je nach Persönlichkeitsstruktur der Hörer recht verschieden. Aus dieser Unterschiedlichkeit werden dann auch die verschiedenartigen Reaktionen der Hörer auf die Predigt bis hin zur Gesamtwertung verständlich. Das Profil, das unter A bei einer bestimmten Predigt hervortritt, zeigt natürlich nicht in jedem Fall das Persönlichkeitsprofil des Predigers als Person in unverstellter Weise. Ein ausgeprägter Kritikertyp kann in der Predigt sehr zwanghaft wirken, wenn es ihm noch nicht gelungen ist, persönlich zu predigen. Auch mag es sein, daß das Profil des Predigttextes das Profil des Predigers überdeckt. Das ist aber kein Schaden, sondern ein Vorteil. Denn in der Besprechung bekommt der Prediger jeweils das zu Gesicht, was an dieser bestimmten Predigt auf die Hörer gewirkt hat. Er kann durchaus sagen: »So ist es, aber im Grunde will ich das gar nicht.« Die Besprechung legt nicht fest, sondern hilft weiter. Obwohl die Fragen ziemlich einfach und schematisch sind, hat sich dieses Raster bewährt, wenn man es nicht zu sklavisch handhabt. Es hilft nicht nur dem jeweiligen Prediger, sondern allen Gruppenmitgliedern, sich selbst wahrzunehmen und dadurch die Voraussetzungen dafür zu schaffen, daß sie sich als Prediger verständlich machen können.

Kapitel IV:
Die Kreativität des Geistes und der Verkündigung

1. Das Verhältnis von göttlicher und menschlicher Kreativität

Erfahrbarkeit und Unverfügbarkeit sind die beiden Merkmale des Geistes, die sich in den bisherigen Überlegungen immer wieder gezeigt haben, und zwar sowohl in ihrer polaren Spannung als auch in ihrer unlöslichen Zusammengehörigkeit. Dabei bildete die Erfahrbarkeit des Geistes jeweils die theologische Brücke zu den empirischen, den Erfahrungs-Wissenschaften. Die Unverfügbarkeit dagegen bildete den theologischen Vorbehalt gegen eine allzu enge Verbindung. Sie hebt die Erfahrung nicht auf, warnt jedoch vor einer zu großen Sicherheit. Die Erfahrung kann gemacht werden und ist dann wahr und echt, aber niemand kann über sie verfügen. Sie bleibt ein Geschenk. Es läßt sich nicht garantieren, daß die Individualität des Predigers zum Gefäß des Geistes wird (Kap. 2). Nicht jedesmal wird der Funke überspringen und die Beschäftigung mit der Bibel zu einer wirklichen Begegnung mit dem Wort werden (Kap. 3,2). Die Gemeinschaft mit dem Hörer, die allein Kommunikation möglich macht, ist nicht verfügbar (Kap. 3,3).

Das Moment der Unverfügbarkeit wäre aber zu einseitig gesehen, wenn man nur diese seine retardierende Funktion bedenken würde. Positiv gesehen eignet dem unverfügbaren Geist eine starke Dynamik. Schon die Pfingstgeschichte beschreibt ihn als Gottessturm und Gottesfeuer. Er ist das Unvorhersehbare, plötzlich Einbrechende, Packende, das alle Statik durchbricht und überwindet. Diese Dynamik ist positiv qualifiziert. Der Geist ist keine zerstörende, sondern eine aufbauende, keine zurückwerfende, sondern eine vorwärtsreißende, keine tötende, sondern eine lebendigmachende Kraft. In diesen Zusammenhang gehört die alte Bezeichnung spiritus creator.

Ein Reden vom Geist, das dieses Moment unterdrücken würde, wäre zumindest unvollständig, wenn nicht falsch. Es ist daher notwendig, daß wir uns nun diesem Thema zuwenden. Wenn es richtig ist, daß Pneumatologie und Homiletik eng zusammengehören, so folgt aus der Kreativität des Geistes auch die Kreativität der Verkündigung. Der Begriff der Kreativität, der in der amerikanischen Psychologie seit ca. 40, in der deutschen seit ca. 15 Jahren gebraucht wird und der inzwischen in den alltäglichen Wortschatz übergegangen ist, bietet sich als Leitbegriff an. Denn er nimmt die theologische Wurzel des Schöpfungsgedankens auf und enthält die Konnotationen der Dynamik und Unverfügbarkeit. Kreativität ist nicht zu planen, nicht zu machen, nicht einmal vorherzusehen. Die kreative Idee kommt unerwartet, sie fällt ein, sie wird gegeben. Zugleich ist sie ihrem Wesen nach stets etwas Positives, Erfreuliches, Vorwärtsweisendes. Der Begriff der Kreativität bietet sich also für die homiletische Reflexion an. Er bedarf allerdings einer genaueren Bestimmung, Abgrenzung und Durchleuchtung, wenn er fruchtbar werden soll.

a) Die Dimensionen der göttlichen Kreativität

Die Kreativität des Geistes hat verschiedene Dimensionen, die am ehesten zu beschreiben sind, wenn man den Geist mit dem Vater und dem Sohn in Verbindung setzt. Denn das Prädikat des Schöpfers gehört nicht exklusiv zum Geist. Der Vater wird im Credo der Schöpfer des Himmels und der Erde genannt; und vom Sohn heißt es in 2 Kor 5,17: »Ist jemand in Christus, so ist er eine neue Kreatur.« Fragt man, wie sich die Kreativität des Geistes zur Kreativität des Vaters und des Sohnes verhält, so ergeben sich zwei Linien. Einerseits besteht eine enge Verbindung, die ihren Grund darin hat, daß der Geist das Wort des Vaters und des Sohnes vermittelt. Andererseits ist die Kreativität des Geistes auch deutlich unterschieden von der des Vaters und des Sohnes, was seinen Grund darin hat, daß der Geist eine eigene Seinsweise des Göttlichen darstellt.

Die gemeinsame Linie besteht darin, daß Gott dem Nicht-Seienden ruft, daß es sei (Röm 4,17). Alles Seiende verdankt sein Sein dem Vater als dem Urgrund alles Seins. Das gilt unabhängig davon, ob ein Mensch das wahrhaben will oder nicht. Damit es von Menschen erkannt und bekannt werden kann, braucht es die Vermittlung des Geistes, der Schöpfer und Schöpfung wieder zu Ehren bringt, so daß das Geschöpf nicht mehr sich selbst zum Schöpfer macht, sondern den Schöpfer ehrt. Dazu kommt es aber nicht ohne das Werk des Sohnes, der die gefallene Schöpfung mit dem Vater versöhnt und so neu schafft. Der alte Mensch muß völlig in den Tod gegeben werden, damit der neue geboren werden kann. Die Kreativität des Sohnes ist creatio e contrario und darin der creatio ex nihilo des Vaters aufs engste verbunden. Aber auch sie vermittelt sich erst durch den Geist. In seiner Erklärung zum 3. Glaubensartikel sagt Luther vom Heiligen Geist: ». . . in welcher Christenheit er mir und allen Gläubigen täglich alle Sünden reichlich vergibt und am Jüngsten Tage mich und alle Toten auferwecken wird und mir samt allen Gläubigen in Christus ein ewiges Leben geben wird.« Sündenvergebung und Auferweckung der Toten sind demnach Werke des Geistes.

Die besondere Seinsweise des Geistes ist es, daß er nicht Einzelperson, sondern kollektiv ist. Er ist nicht Ich-Person, sondern Wir-in-Person. Das bedeutet, daß der Schöpfergeist die Christen nicht nur ganz neu auf den Vater und den Sohn ausrichtet, auf das Heil als den Mittelpunkt zentriert, sondern das Heil auch jedem einzelnen auf ganz individuelle Weise zueignet. Die Gaben des Geistes sind vielstimmig und vielfarbig. Die Kreativität des Geistes ist daher eine pluriforme. Der Geist schafft immer wieder neue Formen des Glaubens und der Liebe. Seine Dynamik ist nicht die der Truppe im Gleichschritt, sondern die des schwärmenden Bienenvolkes. Der Bienenschwarm ist für mich ein Bild der vielfältigsten Stimmen und Bewegungen und zugleich ein Bild großartiger Einheit. So wirkt der Geist. Die Individualisierung führt nicht zu einem zentrifugalen Auseinanderschwärmen. Der Geist ist nicht die Summe der Geistesgaben. Er ist nicht die Addition vieler Ichs, sondern das Wir-in-Person. Er schafft die neue Gemeinschaft der vielen Verschiedenen. Der Schöpfergeist schafft die Gemeinde, ja ist selbst das Gemeinschaftliche der Gemeinde. Dadurch wird die Gemeinde selbst zur Erfahrung Gottes. Gemeinschaft mit ihr zu haben bedeutet zugleich, Gemeinschaft mit dem Vater und dem Sohn zu haben (1 Joh 1,3). Vielfarbigkeit und Verbindung zur Gemeinschaft sind Merkmale der Kreativität des Geistes, in denen er sich von der Kreativität des Vaters und des Sohnes unterscheidet (sosehr diese darin wiederum aufgenommen sind). Dabei geht die Dynamik nie auf die kleine, sich abschließende Gruppe, sondern immer auf die universale Gemeinschaft. Geist Gottes und Reich Gottes gehören zusammen. Und es ist kein Zufall, daß zwar die Auferweckung Jesu als Werk des Vaters bezeichnet wird, die universale Totenauferweckung aber als Werk des Geistes.

b) Geistbestimmte Kooperation

Die Wirksamkeit des Geistes bei den Menschen gibt es nur im Zusammenwirken des Geistes mit den Menschen. Denn es gibt den Geist nie an sich, sondern immer nur in den Geistesgaben. Die Geistesgaben gibt es aber nicht für sich, sondern nur als die Geistbegabung von Menschen. In dem Maß, wie wir andere trösten oder von anderen getröstet werden, erfahren wir den Tröster. In dem Maß, wie wir anderen beistehen oder diese uns, erfahren wir den Beistand, den Heiligen Geist. Ohne diese Kooperation zwischen Gott und Mensch gibt es kein Geisteswirken. Das Wirken des Geistes ist nämlich immer inklusiv. Sein Wesen ist es, den einzelnen als einzelnen einzuschließen und zusammen mit anderen einzelnen zur Gemeinschaft zusammenzuschließen. Das Werk Christi dagegen hat nicht nur eine inklusive Seite (im Menschen Jesus ist die Menschheit anwesend), sondern auch eine exklusive (er tut etwas, was kein anderer tun kann). In Christus schafft Gott unser Heil ohne uns. Er schließt uns aus. Auf diesem Ausschluß (dem extra nos) beruht unser Heil. Im Heiligen Geist dagegen schafft Gott sein Werk mit uns. Er schließt uns ein. Mit diesem Einschluß macht er Glaube und Liebe zu unserer Sache.

An dieser Stelle ist ein Protest fällig, der protestantische Protest gegen den Synergismus. Dieser Protest ist eine, wenn nicht *die* Urbewegung der Reformation. Wenn der Mensch mitwirkt zum Heil, dann ist alles in Gefahr. Dann wird Gottes Ehre angetastet, dann wird Christus nicht mehr als der alleinige Mittler anerkannt, dann ist die Heilsgewißheit dahin. Dieser Protest hat sein gutes Recht, heute so gut wie damals. Aber er kann auch über sein Ziel hinausschießen und alles Zusammenwirken des Menschen mit Gott verpönen; und dann wird er unbiblisch.

»Wir sind Gottes Mitarbeiter«, schreibt Paulus in 1 Kor 3,9. Im Griechischen steht »synergoi«. Es gibt also einen legitimen Synergismus, eine cooperatio, ein Zusammenwirken zwischen Gott und Mensch. Speziell vom Zusammenwirken des Heiligen Geistes mit den Christen sprechen z. B. Apg 15,28: »Der Heilige Geist und wir haben beschlossen, euch weiter keine Last aufzulegen.« Apg 5,32: »Wir sind Zeugen für dieses Geschehen und mit uns der Heilige Geist.« Joh 15,26 f.: »Wenn aber der Beistand kommen wird ..., der wird Zeugnis für mich ablegen. Und auch ihr seid meine Zeugen.«

Umfassender und tiefer reflektiert findet sich der Gedanke vom Zusammenwirken Gottes und des Menschen in der Theologie Luthers. Das mag erstaunlich erscheinen. Denn seit K. Holl wird die Alleinwirksamkeit Gottes gern als der durchgängige Grundzug von Luthers Theologie beschrieben. Dieser Gedanke ist bei ihm auch außerordentlich wichtig. Er spricht jedoch nur eine Seite seines Denkens aus und darf daher nicht isoliert werden. In allen Schichten seiner Schriften spricht Luther von einem unfassenden Miteinander von Göttlichem und Menschlichem in der Schöpfung, im Werk Christi, im Werk des Heiligen Geistes in der Kirche, in der Geschichte und in den weltlichen Ordnungen. Dabei spielt der lateinische Begriff cooperatio trotz seiner belasteten, theologiegeschichtlichen Vergangenheit eine wichtige Rolle[1]. Eine kurze Skizze dieser Gedanken mag helfen, das Verhältnis von göttlicher und menschlicher Kreativität in der Verkündigung näher zu bestimmen. Dabei zeigt sich sofort, daß der Gedanke der Kooperation von Gott und Mensch eingebettet ist in das dialektische Miteinander und Gegeneinander von Freiheit und Unfreiheit, das Luthers Theologie charakterisiert. Alle Kooperation verdankt sich der Freiheit Gottes und dient der Verwirklichung des göttlichen Willens. Doch heißt das nicht, daß der mitwirkende Mensch dadurch unfrei wird. Zwar sagt Luther mit allem Nachdruck, daß Schöpfung und Neuschöpfung allein Gottes Sache sind. Hier hat der Mensch keine Freiheit. Überall sonst ist er jedoch nach Gottes Willen frei zum Zusammenwirken mit dem Gott, der ihn erschafft, erlöst und heiligt. Er ist es einmal, weil ihm Gott Stunden setzt, auf die hin er sein Handeln ungezwungen richten kann. Und er ist es zweitens deshalb, weil Gott ihm ein befreites Gewissen gibt, das ihn willig und froh am Werk sein läßt. Cooperatio kann daher durchaus als partnerschaftliches Handeln zwischen Gott und Mensch beschrieben werden. Dieses gemeinsame Handeln hat freilich seine gewiesenen Orte im Raum der beiden Reiche und in den Ordnungen von Regiment und Beruf. An diese Orte hat es sich zu halten, ihnen hat es zu entsprechen. Aber ebenso darf sich der Mensch als Partner Gottes ganz frei wissen bei der lebendigen Erfüllung seiner Aufgabe[2].

Im jetzigen Zusammenhang intersessiert vor allem das Zusammenwirken zwischen dem Heiligen Geist und den Menschen. Neben dem Begriff des Mitarbeiters, den Luther aus 1 Kor 3,9 nimmt (die Verweise darauf sind sehr häufig), verwendet er die Bilder vom Werkzeug und von der Frucht. Im Bild vom Werkzeug scheint der Mensch ganz passiv zu sein. Das Moment der Freiheit des Menschen scheint verschwunden. Doch dient gerade dieses Bild Luther dazu, die überaus enge Verbindung zwischen Gott und Mensch im Zusammenwirken und die wechselseitige Abhängigkeit voneinander deutlich zu machen. Das Werkzeug bringt nichts zuwege, wenn es nicht von einem Menschen benutzt und geführt wird. Aber der Mensch könnte mit der bloßen Hand nicht vollbringen, was er mit Hilfe des Werkzeugs zuwege bringt. »Man kann zu Recht sagen, er (der Mensch) wirke mit und sei aktiv; wie ein Schwert, wenn es geschwungen wird, überhaupt nicht aktiv, sondern ganz passiv ist, und doch beim Schlagen der Wunde mitwirkt, weil es seiner Natur nach scharf ist und durch seinen Schwung einschneidet.« (recte potest dici cooperari et activitatem habere, sicut gladius in suo motu prorsus nihil agit, mere autem patitur; at in vulnere facto cooperatus est per motum suum secante per ipsum.)[3]

So sprechend dieses Bild ist, so deutlich ist doch seine Grenze. Es vermag die spezifische Lebendigkeit des Menschen in seinem Zusammenwirken mit dem Heiligen Geist nicht auszudrücken. Das gelingt eher im Bild der Frucht, das Luther in vielen Zusammenhängen verwendet, an einigen davon in direkter Verbindung mit dem Begriff der cooperatio. Freilich hat auch dieses Bild eine Grenze. Es kann die Bewußtheit der menschlichen Mitwirkung nicht zum Ausdruck bringen. Diese ist zwar nicht immer gegeben. Im weltlichen Regiment kann sie fehlen. Wenn ein Fürst oder eine Hausmutter tun, was ihres Standes ist, so wirken sie an Gottes gutem Werk mit, auch wenn sie das weder wissen noch wollen. Wenn der Heilige Geist und der Mensch jedoch in Glauben und Liebe zusammenwirken, so geschieht dies von seiten des Menschen bewußt, gewollt und spontan. Das wird am deutlichsten an der Stelle in De servo arbitrio, an der Luther das paradoxe Ineinander von Unfreiheit und bewußter Spontaneität beschreibt: »Wenn Gott in uns wirkt, so will und tut der Wille, durch den Geist Gottes gewandelt und zärtlich angefacht aus reiner Bereitwilligkeit und eigenem Antrieb und spontan, nicht gezwungen (mera lubentia et pronitate ac sponte sua vult et facit, non coacte) . . . und fährt fort, das Gute zu wollen, dazu Lust haben und zu lieben, so wie er vorher das Böse gewollt, dazu Lust gehabt und geliebt hat.«[4]

Diese Aussagen treffen in besonderer Weise auf die Verkündigung zu. So sagt Luther am 25. 1. 1539 zu Caspar Zeuner bei Tisch, er solle die Superintendentur in Freiberg freudig annehmen. »Auch wenn wir dieses Amtes nicht würdig sind, will uns Gott doch als seine Mitarbeiter haben und will selbst durch uns wirken.«[5] Ähnliches findet sich an vielen anderen Stellen. Ganz umfassend spricht Luther in der Michaelis-Predigt von 1539 von der Würde des geistlichen Regiments: Gott könnte das Heil der Menschen auch ohne das Amt wirken. »Und dennoch beauftragt er einen armen Madensack, zu taufen, Sünden zu vergeben, die Hölle auszulöschen, den Tod wegzunehmen und das Leben zu geben, damit wir Gottes Gnade und Barmherzigkeit mit Händen greifen können.« (Et tamen, ut palpemus eius gratiam et misericordiam, commendat eim armen madensack, ut baptiset, remittat peccata, lesche helle aus, neme Tod weg et det vitam.)[6] Damit werden dem Prediger Werke zugeschrieben, die eigentlich Sache des Heiligen Geistes sind. Deutlicher könnte der Gedanke der geistgewirkten Kooperation nicht ausgesprochen werden. Die Kreativität des Geistes und der Verkündigung rücken ganz eng zusammen.

Bohren hat mit dem Begriff der theonomen Reziprozität den Gedanken des Zusammenwirkens von Gott und Mensch aufgenommen und zum theologischen

Angelpunkt seiner Predigtlehre gemacht. Wechselseitigkeit, Gegenseitigkeit und Partnerschaft sind von Gott gesetzt. Deshalb sind das Wunderbare und das Machbare in der Predigt nicht auseinanderzureißen. »Wo wir . . . vom Geist ans Werk gesetzt werden und uns also selbst ans Werk setzen, kommen Methoden ins Spiel, wird Technik angewandt, Kunst geübt, Wissenschaft gebraucht.«[7] An dieser zentralen Stelle bin ich mit Bohren ganz einig. Als weniger glücklich empfinde ich den Begriff der Vermengung oder Vermischung, den er ebenfalls von van Ruler übernimmt. »Der Geist wird anonym, ist kaum mehr zu identifizieren, er mischt sich mit dem Menschlichen. Er kann sich im Menschlichen verstecken, er kann sich verlieren; denn nun vereinigt er sich nicht bloß mit dem Sündlosen aus Nazareth, sondern mit dem Sünder von überall und anderswo, und dieses Vereinigen und Vermischen hat vielerlei Gestalt.« »Der Begriff der Vermengung oder Vermischung erklärt das Fragwürdige und Fragmentarische unserer Gaben.«[8] Dem kann ich nicht zustimmen. Denn zur Erklärung des Fragmentarischen der Geistesgaben ist der Begriff der Vermischung nicht nötig. Es gehört zum Wesen des Geistes, sich zu fragmentieren; es gibt ihn nicht anders als in seinen Gaben. Zur Erklärung der Fragwürdigkeit des Geistträgers taugt der Begriff nicht. Denn diese ist nicht Werk des Geistes. Die Vereinigung des Geistes mit dem Sünder bedeutet nicht Vereinigung mit der Sünde. Der Begriff der Vermischung ist sogar theologisch gefährlich. Denn wenn Gott und Mensch vermischt werden, steht das Ganze auf dem Spiel. Denn damit ist nicht nur gesagt, daß ich Göttliches und Menschliches bei mir und anderen Christen nur schwer trennen kann (weil ich nicht in die Herzen sehen kann), sondern auch, daß es seinem Wesen und Begriff nach nicht getrennt werden kann. Damit sind aber die Unverfügbarkeit des Geistes und die Souveränität Gottes gefährdet. Die Unterscheidung von Gott und Mensch ist das Wesen aller Theologie. Dabei muß es bei aller Betonung ihres Zusammenwirkens bleiben. Es ist daher viel sinnvoller, mit Nilsson die chalzedonensische Formel »unvermischt und ungetrennt« im modifizierter Weise auch auf die Pneumatologie zu übertragen[9].

c) Predigen als kreativer Akt

»Gerade für die Predigt ist die Fülle der Beziehungen und Verknüpfungen, die kombinatorische Kraft, Auseinanderliegendes zu verbinden, sind Erfindungs- und Einfallsreichtum, schöpferische Phantasie und plastische Imagination besonders wichtig. Wem nichts einfällt, der kann nur langweilen. Wer nur Traditionelles repetiert, die üblichen Muster strickt, dem Konformitätsdruck erliegt oder dem Konventionellen verhaftet ist, kann rednerisch nicht viel erhoffen. Das Ungewohnte und Neue läßt aufhorchen, die ewig gleichen Litaneien verführen zum Kirchenschlaf . . . Predigen muß findig und beweglich sein, mehr als Repetition und Rekapitulation, soll es nicht antiquiert und lebensfremd werden.«[10]
Mit diesem Worten nimmt W. Schütz die Ergebnisse der Kreativitätsforschung in

die Homiletik auf. Er schließt sich damit Josuttis und Arens/Richardt/Schulte an[11], die die Kreativität nicht als eine Phase der Predigtarbeit, sondern als einen Aspekt betrachten, der das Ganze der Predigtarbeit betrifft. Ich möchte mich diesem Urteil anschließen. Allerdings ist die Verwendung der Kreativitätsforschung in der Homiletik bis jetzt weder theologisch noch rhetorisch genügend begründet. So besteht die Gefahr von Mißverständnissen und Mißbildungen ebenso wie die Gefahr des eklektischen und willkürlichen Gebrauchs der psychologischen Methoden und Ergebnisse. Der folgende Abschnitt soll deshalb dazu dienen, grundsätzlich zu klären, inwiefern Predigen ein kreativer Akt ist und wie in ihm das Verhältnis von göttlicher und menschlicher Kreativität zu bestimmen ist.

Betrachtet man das Zitat von Schütze, so erhebt sich eine ganze Reihe theologischer Fragen: Geht es bei dem, von dem hier die Rede ist, nicht nur um das Äußere, die Form und Verpackung? Ist es da gerechtfertigt, von einem ganzheitlichen Aspekt der Predigt zu sprechen? Liefert sich der, der immer etwas Neues bringen will und der nichts mehr fürchtet als die Langeweile, nicht dem Beifall der Hörer aus? Wo bleibt hier der Auftrag? Wird hier nicht die Subjektivität gepriesen und dem beliebigen Farbklecks und der unverbindlichen Impression Tür und Tor geöffnet? Entsteht hier nicht ein neuer Enthusiasmus? Schließlich: Können Prädikate wie »antiquiert und lebensfremd« ein Verdikt sein? Darf ein Prediger des Evangeliums solchen Vorwürfen Gehör schenken?

Fragen kommen aber auch von der rhetorischen Seite: Wird hier nicht eine bestimmte Art zu predigen gefordert, die einzelnen anstehen mag, aber als allgemeine Übung ganz unzuträglich würde? Muß hier nicht alles auf eine literarische Predigt hinauslaufen, originell und überraschend, wenn nicht gar extravagant und manieriert? Wird hier die Predigt nicht noch mehr zur Schreibe, als sie es ohnehin schon ist? Wird die mündliche Rede, das lebendige Wort nicht ersticken, wenn der Prediger darauf hinarbeitet, daß seine Predigten gedruckt oder mindestens vervielfältigt werden? Und wie steht es mit der Kreativität auf Bestellung, mindestens jede Woche einmal? Wird daraus nicht eine große Überforderung? Ist das solide rhetorische Handwerk überhaupt nichts mehr wert?

Fragen genug. *Ich beginne mit den rhetorischen.* In der Tat, der Begriff des Kreativen schillert, und dadurch, daß er heute in aller Munde ist, ist er noch nicht definiert. Wir nähern uns einer solchen Definition am besten, wenn wir die verschiedenen Bereiche betrachten, in denen der Mensch kreativ sein kann. Dabei möchte ich mit P. Tillich unterscheiden zwischen dem biologischen, technischen und kulturellen Bereich. Zum biologischen Bereich gehören z. B. die kreativen Vorgänge des Wachstums und der Fortpflanzung, zum technischen das Herstellen neuer Werkzeuge, zum kulturellen Bereich Sprache und Kommunikation, Erkenntnis und Wissenschaft, die verschiedenen Künste, auch Selbst-Integration der Person und Stiftung von Gemeinschaft[12]. Natürlich sind nicht alle Vorgänge auf diesen Gebieten kreativ. Wenn ein Mensch ißt, wenn ein Bauer einen Acker pflügt, ein Arbeiter Teile für ein Auto stanzt oder ein Religionslehrer den Schülern bei der

Behandlung des Sämannsgleichnisses erklärt, daß man damals zuerst gesät und dann gepflügt hat, so wie er das schon zwanzig anderen Klassen vorher erklärt hat, dann sind das alles keine kreativen (aber nichtsdestoweniger höchst sinnvolle) Vorgänge. In allen diesen Fällen wird ein stereotypes Handlungsmuster befolgt. Es ist der Situation ohne Frage angemessen. Aber schon das letzte Beispiel zeigt, wie fließend der Übergang ist. Was für den Religionslehrer gar nicht neu ist, kann für den Schüler zu einem Aha-Erlebnis, einer kleinen Erleuchtung werden. Die Voraussetzung dafür ist, daß es dem Lehrer gelingt, sich auf den Schüler einzustellen, sein Nicht-Verstehen zu erspüren und im richtigen Augenblick zu sagen, wie das mit dem Säen war. Die Information ist nicht neu, aber die Art, sie anzubringen, muß eben jetzt ganz neu entstehen. Sie ist ein kleines Stück Kreativität. Von hier aus ergibt sich schon, daß die vorhin geäußerten rhetorischen Fragen von einem viel zu engen Verständnis der Kreativität ausgingen (das freilich sehr verbreitet ist). Eine spontane Äußerung kann so kreativ sein wie ein ausgefeiltes Schriftstück; und neben der großen Kreativität des Genies gibt es die kleine Kreativität des Handwerkers.
Was ist nun das Kreative an einer kreativen Idee? Ich will dem Leser alle Hinweise auf die Schwierigkeiten einer solchen Definition ersparen und gebe gleich die vorsichtige und besonnene Formulierung von S. Preiser: »Eine Idee wird in einem sozialen System als kreativ akzeptiert, wenn sie in einer bestimmten Situation neu ist oder neuartige Elemente enthält und wenn ein sinnvoller Beitrag zu einer Problemlösung gesehen wird.«[13] Diese Definition ist nicht mit Blick auf die Predigt gemacht. Preiser verarbeitet zwar eine riesige Menge von Literatur aller möglichen Gebiete; aber die bescheidenen Ansätze auf homiletischem Gebiet sind ihm entgangen. Es werden unter den Berufen, bei denen Kreativität nötig ist, zwar Techniker, Ingenieure, Wissenschaftler, Manager, Werbefachleute, Architekten, bildende Künstler, Militärs, Politiker und Sozialarbeiter genannt, aber keine Pfarrer.
Paßt die Definition trotzdem auf die Predigt? Ihr erstes Kriterium ist das der Neuartigkeit in einer bestimmten Situation und in einem sozialen System. Das kann und muß von einer Predigt erwartet werden. Denn im Unterschied zu den stärker rituell geprägten übrigen Teilen des Gottesdienstes muß sie aktuelle Verkündigung sein. Von einer übertriebenen Neuartigkeit ist hier nicht die Rede, es genügen auch neuartige Elemente. Wenn es sich um die Lösung eines technischen Problems handelt, mögen das Teilschritte auf dem Weg zur Lösung sein. In der Predigt kann es vielleicht ein einziger neuer Gedanke sein, der einen wohlbekannten Text oder eine geläufige Situation neu beleuchtet. Wesentlich ist auch nicht, daß der Gedanke noch nie gedacht wurde, sondern daß er in der gegebenen Situation, für die jetzt Anwesenden etwas Neues eröffnet. Welcher Art dieses Neue ist, wird nicht festgelegt. Sowohl Stabilisierung als auch Motivierung brauchen das Element des Neuen. Sowohl eine Trostpredigt als auch eine Bußpredigt können (und sollten) kreativ sein. Wenn die Trostpredigt nicht aufhorchen läßt, bleiben die Trostlosen trostlos. Wenn die Bußpredigt nur Traditionelles repetiert, bleiben die Selbstzufriedenen selbstzufrieden. Der Pfarrer darf sich auch nicht darüber beklagen, daß er das

Neue unter Zeitdruck produzieren muß. Das Gefühl des inneren oder äußeren Drucks ist ein Merkmal aller kreativen Prozesse. Wenn es nicht der Zeitdruck ist, ist es der innere Druck der ungeborenen Idee im Kopf des Dichters oder das Drängen eines Problems. Das führt hinüber zum zweiten Kriterium der Kreativität.

Das zweite Kriterium besteht darin, daß die kreative Idee einen sinnvollen Beitrag zu einer Problemlösung darstellt. In dieser Formulierung scheint der Begriff »Problemlösung« zu eng zu sein. Er klingt zu kognitiv oder zu technisch. So ist er jedoch bei Preiser nicht gemeint. Er faßt ihn wesentlich weiter. Gemeint ist jede Dissonanz zwischen dem gegebenen Zustand und dem gewünschten, erhofften oder notwendigen. Diese Dissonanz kann auch darin bestehen, daß jemand psychische Schwierigkeiten hat, daß ein Produkt verkauft werden muß, daß ein Künstler sich gedrungen fühlt, dem Ausdruck zu geben, was ihn umtreibt. So verstanden haben auch die vielfältigen Ziele, die eine Predigt haben kann, hier Platz. Denn jede Predigt möchte mit ihren Hörern irgendwohin gelangen. Sie möchte sie nicht bei der Dissonanz lassen, sie möchte etwas mit ihnen erreichen. Das Neuartige muß seine Kreativität daran erweisen, daß es als sinnvoller Beitrag zu einer Problemlösung gesehen wird. Das will heißen, daß die Lösung dem Problem und den tatsächlichen Gegebenheiten im sozialen System angemessen sein muß. Eine verrückte Idee mag neu sein, aber sie ist so lange noch nicht kreativ, solange sie nur als verrückt empfunden wird. Eine Predigt, die von originellen Formulierungen strotzt, von denen aber niemand recht weiß, was sie sollen, ist so wenig kreativ wie eine andere, die eine alte Litanei herunterbetet. Wenn aber das Gesagte einleuchtet oder erschüttert, dann ist es kreativ, weil es etwas Neues schafft. Die Definition beweist ihre Stärke auch darin, daß sie im Begriff der sinnvollen Problemlösung die Inhalts- und Beziehungsebene miteinander verbindet.

Damit hat sich meines Erachtens gezeigt, daß die Anwendung des Kreativitätsbegriffs auf die Predigt rhetorisch nicht nur möglich, sondern notwendig ist. Wenn die Predigt ihre Kreativität verlieren würde, würde sie zum Ritual. Dieses hat zwar ebenfalls eine sinnvolle und wichtige Aufgabe. Aber die der Predigt ist davon unterschieden. Würde die Predigt zum Ritual, müßte sich die Verkündigung neue Fomen suchen.

Ich wende mich nun den *theologischen Bedenken gegen die Übernahme des Kreativitätsbegriffs* in die Homiletik zu. Sie wenden sich in ihrem Kern gegen das Element des Innovatorischen. Sie tun das zu Recht, soweit es sich dabei wirklich um beliebige Farbkleckse und unverbindliche Impressionen handelt. Aber diese fallen, wie inzwischen klargeworden ist, gar nicht unter die Kategorie des Kreativen (auch wenn es im modischen Sprachgebrauch anders aussieht). Der sinnvolle Beitrag zu einer Problemlösung muß der Sache (also Bindung an das Wort) ebenso angemessen sein wie der Situation und dem sozialen System (also Bindung an den Hörer). Das sinnvoll Innovatorische ist der Verkündigung nicht nur äußerlich, sondern in ihrem innersten Kern angemessen. Ja, man muß sogar sagen, daß Verkündigung ohne Innovation keine Verkündigung ist. In der Verkündigung geht es darum, daß die alte Sicherheit zerstört wird, daß die neue Kreatur geboren wird, Leben aus dem Tod, neuer Gehorsam, neue Gemeinschaft und neue Einheit der Menschheit. Das alles sind Werke des Geistes. Dieser wirkt aber nur in Kooperation. Göttliches und Menschliches liegen ineinander, unvermischt, aber auch ungetrennt. Wo der Geist als creator gegenwärtig ist, wird die Verkündigung notwendig kreativ. Das Schöpfertum des Geistes wird empirisch sichtbar. Sonst hätten wir eine doketische Pneumatologie.

Das Verständnis des Predigens als eines kreativen Aktes bleibt, wenn wir uns an Preisers Definition und die theologische Bestimmung des Kreatorischen halten, auch vor einem neuen Enthusiasmus bewahrt. Das Neue bleibt Fragment. Das Erlebnis der Illumination, das (wie wir gleich sehen werden) wesenhaft zum kreativen Prozeß gehört, stürzt nicht in den Rausch der Begeisterung. Es folgt die mühevolle Arbeit der Verifikation. Auch gehört zum kreativen Produkt sehr oft die Form des Fragments: das gestammelte Gedicht, die vorläufige technische Lösung, das neue Medikament, das neue Nebenwirkungen hat. Das Zusammenwirken des Geistes mit dem Menschen hat strukturelle Parallelen sowohl im weltlichen wie im geistlichen Regiment.

Es ist also theologisch gerechtfertigt, ja notwendig, das Kreative als einen ganzheitlichen Aspekt der Verkündigung zu bezeichnen. Das wird auch durch einen Sonderfall nicht aufgehoben, der gar nicht so selten ist: Es kann sein, daß eine Stereotype bei einem Predigthörer kreative Wirkungen zeitigt. Er hört einen altbekannten, mechanisch zitierten Vers oder eine abgegriffene Wendung, und plötzlich geht ihm ein Licht auf. Hier wurde eine Predigt (oder ein Teil von ihr) kreativ, obwohl der Prediger nichts dazu beigetragen hat. In diesem Fall war der *Hörer* kreativ. Auch in diesem Sonderfall war die Predigt kreativ. Denn die wirkliche Predigt (die Predigt, die wirkt) wird, wie oben gezeigt, gemeinsam vom Prediger und vom Hörer gemacht.

Wo der Schöpfergeist mit dem Menschen zusammenwirkt, wird der Mensch kreativ. Dieser Satz gilt. Aber er läßt sich nicht umkehren. Nicht überall, wo Kreativität ist, ist auch der Schöpfergeist am Werk. Tillich spricht eindrücklich und ausführlich von den Zweideutigkeiten der Kreativität[14]. Diese finden sich auf allen technischen und kulturellen Gebieten. Man denke nur an die Zweideutigkeit der Erfindung der Atomspaltung oder die Zweideutigkeit des expressionistischen Stils in der Kunst. Aber auch die kirchliche Verkündigung ist davon nicht ausgenommen. Denn auch die Kirche und ihre Verkündigung stehen unter dem eschatologischen Vorbehalt und bleiben daher zweideutig. Es darf daher keine Identifikation menschlicher Kreativität mit dem göttlichen Schöpfergeist geben, so eng sie auch zusammengehören. Die Dynamik des Geistes, die den Menschen ergreift und selbst dynamisch und schöpferisch macht, ist und bleibt göttliche Dynamik und daher für den Menschen unverfügbar. Der Wind weht, wo er will. Das darf die Homiletik nie vergessen, wenn sie die Methoden der Kreativitätspsychologie für die Predigtarbeit rezipiert. Die Kreativitätspsychologie kann diese ihre Grenze nicht selbst markieren. Auch eine teuflische Idee kann Furore machen und sich als höchst kreativ erweisen. Sie kann sehr viel in Bewegung bringen, und da der Teufel bekanntlich die Bibel sehr gut zitieren kann, sieht das alles auch sehr angemessen und sinnvoll aus. Mit den Kategorien der Kreativitätsforschung selbst ist der Teufel nicht zu entdekken. Hier braucht es die Scheidung der Geister mit Hilfe theologischer Kategorien. Diese Scheidung der Geister kann aber nicht so stattfinden, daß die kreative Idee an der Elle der Tradition gemessen wird. Narzißtische Selbstverwirklichung wird nicht überwunden durch eine gesetzlich gepredigte Selbstverleugnung. Damit wäre der verderblichen Autonomie nur eine ebenso verderbliche Heteronomie entgegengestellt. Theonomie ist aber, wie wir gesehen haben, etwas anderes als Heteronomie. Das Gesetz des göttlichen Wirkens zielt nicht auf die Vernichtung des menschlichen Selbst, sondern auf seine Erlösung und auf das theonome Zusammenwirken Gottes mit dem Menschen. Wo sich deshalb Theonomie verwirklicht, ist die Zweideutigkeit der Kreativität überwunden[15]. Dies geschieht aber nicht ein für allemal, sondern in einem fortgehenden Prozeß. Deshalb ist die kirchliche Theonomie unentbehrlich als Erinnerung an die Kategorie der Theonomie und ihre Strukturen. Aber sie darf nie gegen die Kreativität als solche ausgespielt werden. Die Scheidung der Geister hat immer neu zu geschehen. Auch wo sie gelingt, gilt sie nur für die gegebene Zeit und Situation. Und jeder, der eine solche Scheidung vornimmt, muß auch das unter dem theologischen Vorbehalt sehen. Auch die Scheidung der Geister ist eine Gabe des Geistes und deshalb nicht verfügbar.

2. Kreative Predigtarbeit

a) Unverfügbarkeit und Methode

Der schöpferische Einfall ist nicht zu planen und nicht zu machen; er kommt unerwartet und überraschend. Dennoch tritt er nicht unvermittelt auf. Wenn man die Prozesse betrachtet, bei denen Neues und Schöpferisches entstanden ist, zeigt sich bei aller Unterschiedlichkeit und Flexibilität im einzelnen doch eine Gesetzmäßigkeit im Ganzen. Die Kreativitäsforschung hat diese Gesetzmäßigkeit untersucht und ist dabei zu Ergebnissen gekommen, die trotz unterschiedlicher Gebiete und Methoden der Untersuchung stark konvergieren. So ist es möglich, den kreativen Prozeß in seinen Phasen zu beschreiben und die Faktoren zu benennen, die ihn begünstigen oder hemmen. Diese Erkenntnisse können nicht nur der Analyse dienen, sondern auch denen helfen, denen schöpferische Aufgaben gestellt sind. Wer das Wesen und die innere Dynamik des kreativen Prozesses erkannt hat, ist innerlich vorbereitet, einen solchen Prozeß zu durchlaufen. Wer gelernt hat, die einzelnen Phasen zu unterscheiden, kann sich während des Prozesses orientieren und irrt nicht ziellos hin und her. Wer weiß, was die Kreativität fördert, kann das Seine dazu tun, um für den schöpferischen Einfall bereit zu sein. Wenn Hemmun-

gen nach Möglichkeit vermieden und günstige Bedingungen geschaffen werden, ist noch nicht gesagt, daß sich etwas wirklich Neues einstellt. Erst recht ist nicht gesagt, wann es sich einstellt. Aber das Glück bevorzugt den vorbereiteten Geist; und Einfälle kann man zwar nicht machen, aber man kann sich ihnen verschließen. Kreativität läßt sich trotz ihrer Unverfügbarkeit methodisch fördern.
Diese empirischen Beobachtungen verbinden sich organisch mit den theologischen Gedanken, die im vorhergehenden Abschnitt entwickelt wurden. Der Mensch, vom Schöpfer zu seinem Ebenbild geschaffen, besitzt die Fähigkeit, schöpferisch tätig zu werden. Wenn er diese Fähigkeit nicht in narzißtischer Autonomie mißbraucht, sondern sich öffnet für das Wirken des Geistes, erfüllt er den Willen des Schöpfers. In der theonomen Reziprozität, dem vom Geist regierten wechselseitigen Zusammenwirken von Gott und Mensch, kommt die Kreativität des Menschen zu ihrer Entfaltung. Der Mensch ist dabei nicht nur passiv, sondern auch aktiv. Der Geist, den er empfängt, setzt ihn ans Werk. Der Prediger darf sich etwas zutrauen. Er darf und soll seine Kreativität nicht nur zulassen, sondern fördern. Es wäre eine falsche Bescheidenheit, nur auf den Geist zu warten. Das Entstehen einer Predigt will als kreativer Prozeß verstanden sein, damit sich der Prediger darauf einstellen kann und dem Wirken des Geistes nicht im Wege steht.

b) Die Phasen des kreativen Prozesses

Der kreative Prozeß beginnt, wenn der erste Gedanke an die kommende Predigt auftaucht, und endet erst, wenn die Predigt gehalten ist. Am Anfang steht die *Präparationsphase*, die der Problemfindung und Materialsammlung dient. Hier entscheidet es sich, ob der kreative Prozeß überhaupt in Gang kommt. Nur wer Probleme zu sehen vermag, findet die Stelle, an der das lösende Wort notwendig ist und gehört werden kann; und nur wer offen ist für die unterschiedlichsten Gedanken, besitzt die Voraussetzung dafür, daß er das lösende Wort findet.
Wenn am nächsten Sonntag eine situationsbestimmte Themapredigt gehalten werden soll (s. o. S. 81 ff.), hat die Problemfindung schon stattgefunden. Der Prediger hat sich Gedanken über Probleme gemacht, die nach einer Themapredigt verlangen, hat Anregungen aus der Gemeinde aufgenommen, mit dem Kirchengemeinderat zusammen Probleme ausgewählt und ihre Verteilung auf verschiedene Sonntage beschlossen. Die Präparation hat hier schon lange vor der eigentlichen Predigtvorbereitung begonnen. Der Prediger kann nun daran anknüpfen, das Problem nach seinen verschiedenen Seiten hin entfalten, danach fragen, wo es im Leben seiner Hörer konkret vorkommt – kurz, er hat einen Faden.
Viel schwieriger ist es bei einer Textpredigt. Hier ist das Feld der Probleme, das sich zwischen dem Text und den Hörern erstreckt, viel unübersichtlicher. Vielleicht spürt der Prediger zunächst nur ein einziges Problem: »Ich habe keine Lust, am nächsten Sonntag zu predigen, und schon gar nicht über diesen Text.« Es ist zwar

gut, wenn er sich das eingesteht. Aber er kann nicht dabei stehenbleiben. Denn dieses Problem hat sonst niemand in der Gemeinde. Es gilt, die Probleme zu finden, die der Text bei vielen anrührt. Dazu gehören nicht nur Probleme im kognitiven Sinn, sondern Lebensprobleme aller Art, ungelöste Spannungen und harte Verkrustungen. Wer ein Gespür dafür hat und bei der Predigtarbeit solche Fragen bei sich selbst und anderen wahrnimmt und zuläßt, hat begonnen, sich auf einen kreativen Prozeß einzulassen. Zur Kooperation des Predigers mit Gott gehört die Pflege dieser Sensibilität. Obwohl Theologen im allgemeinen keine Schwierigkeiten haben, Probleme zu finden, lassen sie sie oft bei der Predigtarbeit nicht recht zu. Sie beißen sich zu schnell beim ersten Gedanken fest, fragen immer schon, wie daraus ein Predigtanfang werden kann, und lassen sich nicht genügend auf das Spannungsfeld ein, in dem die Nicht-Theologen stehen. Viele Predigthilfen sind hier keine Hilfe, weil sie viel zu sehr an den Fachproblemen hängenbleiben. Einen viel direkteren Zugang zu den Fragen, die andere bewegen, bekommt man, wenn man Laien als Partner in die Predigtarbeit einbezieht (s. o. S. 101 ff.).

Neben der Problemfindung gehört zur Präparation die Materialsammlung. Zeitlich und sachlich wird sich beides verschränken. Denn der Prediger findet, wenn er auf ein Problem stößt, oft auch gleich Material, um dieses Problem anschaulich zu machen, oder es taucht schon ein Lösungsvorschlag auf, sei es in den eigenen Gedanken oder in der Literatur, die er benützt. Umgekehrt können Assoziationen, persönliche Erinnerungen oder Lesefrüchte neue Fragen eröffnen. Es ist wichtig, das alles zu sammeln, ohne es gleich zu sichten und zu beurteilen. Das gilt auch für die Exegese, die ihren Platz in dieser Phase hat. Es ist dem kreativen Prozeß abträglich, wenn sich die Exegese nur im Gespräch mit den Kommentaren vollzieht und nicht in Wechselwirkung tritt mit den andern Fragen und Gedanken, die dem Prediger in der Präparationsphase kommen. Neben der Sensibilität für Probleme muß in dieser Phase vor allem die Offenheit für alle möglichen Gedanken gepflegt werden. Hierher gehört auch die Freude am Spielen, ja am Unsinn, die Lust am Probieren und Umstrukturieren und die Empfänglichkeit für Ungewöhnliches. Für das Gelingen eines kreativen Prozesses ist es notwendig, daß dabei alle drei Ebenen der Begegnung mit dem Text, die persönliche, die exegetische und die homiletische (s. o. S. 93 ff.), mit einbezogen werden. Nur dann kommt die Gärung richtig in Gang.

Nach einer gewissen Zeit des offenen Suchens drängt der Prozeß weiter. Manche Fragen klumpen sich zusammen und gewinnen an Gewicht, andere treten zurück. Manche Gedanken oder Lösungen erweisen sich als ernsthafte Möglichkeiten, andere werden verworfen, weil sie von vorneherein dem Text oder der Situation nicht angemessen sind. Das Ganze hat aber noch keinen rechten Zug und noch keine Richtung, von einer Gestalt noch ganz zu schweigen. Es beginnt die intensive Suche nach einer Lösung. Immer wieder schlägt der Prediger eine andere Richtung ein, und immer wieder gerät er in eine Sackgasse. Damit geht die Präparationsphase in die *Inkubationsphase* über. Da diese Phase mit Blockierun-

gen und unangenehmen Gefühlen erfüllt ist, hat man sie auch Frustrationsphase genannt.
Dieser Frustration stehen Prediger, die sich über den Verlauf eines kreativen Prozesses noch nie Gedanken gemacht haben, in aller Regel ausgesprochen hilflos gegenüber. Sie denken: »Warum geht es denn nicht weiter? Ich bin doch wirklich am Text und am Leben der Hörer und habe auch eine ganze Menge Material! Liegt es denn an mir, daß ich schon wieder steckenbleibe?« Solche Gedanken und Gefühle können sich bis zum Zweifel an der Eignung zum Pfarramt steigern und belasten dann den Prediger weit über die Predigtarbeit hinaus. An dieser Stelle können die Erkenntnisse der Kreativitätsforschung eine große Entlastung bringen. Denn sie haben gezeigt, daß die Frustration keine Störung des Prozesses, sondern eine unerläßliche Phase im Prozeß ist. Wenn die Probleme in voller Schärfe gesehen werden und ihr Druck ausgehalten wird, wenn die gängigen Lösungen sich als zu billig oder zu abstrakt herausstellen, dann besteht die Chance, daß eine neue Möglichkeit auftaucht, die wirklich einen Schritt weiterführt. Nur wenn die alten Selbstverständlichkeiten zerbrochen werden, kann etwas Neues entstehen. Ohne Blockierung gibt es keinen Durchbruch. Hier gilt es also standzuhalten und beharrlich zu bleiben.
Während mit Frustration eher die negative Seite bezeichnet ist, versucht der Begriff der Inkubation zu beschreiben, was in dieser Phase positiv vor sich geht. Wie während der Inkubationszeit einer Krankheit die Erreger im Körper so lange arbeiten, bis die Krankheit zum Ausbruch kommt, so arbeitet es im Prediger so lange, bis ihm der erleuchtende Einfall kommt. Er scheint dabei ganz passiv zu sein. Auf der bewußten Ebene ist er es auch. Denn seine bewußten Versuche führen nicht zum Ziel. Aber im Unbewußten arbeitet es. Deshalb ist es jetzt angemessen, die bewußte Tätigkeit einzustellen und dem Unbewußten bewußt Raum zu geben. Jeder Prediger weiß von den eigenartigen Fluchtversuchen, die er in dieser Phase zu machen pflegt. Der eine liest irgend etwas Belangloses, der zweite gießt seine Blumen, dem dritten fällt plötzlich ein, daß er einen Besuch zu machen hat, den er auf keinen Fall verschieben kann. Das alles geschieht mit schlechtem Gewissen und der Überzeugung, man müßte eigentlich am Schreibtisch sitzen und die Predigt fertigmachen. Dabei ist dieses Verhalten das einzig richtige und sollte bewußt und mit gutem Gewissen gepflegt werden. Dafür spricht auch die Erfahrung, daß man viel klarer sieht, wenn man über einer Sache geschlafen hat, und der Ausdruck von der »schöpferischen Pause«. Eine solche Pause kann sich freilich nur der leisten, der seine Predigtarbeit zeitlich entsprechend plant. Und die Pause ist auch nur dann sinnvoll, wenn der Prozeß die Präparationsphase durchlaufen hat und in die Inkubation gelangt ist. Wer zu Beginn der Woche nur den Text liest, nichts damit anfangen kann und dann hofft, daß ihm im Laufe der Woche die Erleuchtung kommt, kann lange warten.
Man darf auch nicht meinen, mit dem Liegenlassen lasse sich die Frustration vermeiden. Es ist zwar richtig, daß ihre sinnlose Steigerung vermieden werden

kann. Aber die Blockierung muß schon erfahren werden. Das hat auch eine geistliche Dimension. Hier wird dem Prediger die Unverfügbarkeit des Geistes erfahrbar. Er merkt, daß er ohne die Hilfe des Geistes nichts fertigbringt. Hier ist deshalb in besonderer Weise der Platz für die Bitte um den Heiligen Geist. Dieses Gebet wird oft nur ein Seufzer sein, weil der Prediger gar nicht weiß, worum er eigentlich bitten soll. Aber auch das geschieht unter Mitwirkung des Heiligen Geistes. »Wir wissen nicht, was wir beten sollen, wie sich's gebührt; sondern der Geist selbst tritt für uns ein mit unaussprechlichem Seufzen« (Röm 8,36). Die Abwesenheit Gottes ist in paradoxer Weise von seiner Anwesenheit umgriffen.

Das überraschendste am kreativen Prozeß ist der plötzliche Umschlag von der Frustration zur *Illumination.* Verzweiflung schlägt um in Begeisterung und Freude. Das Bewußtsein ist da: »Jetzt ist's geschafft. So wird eine runde Sache daraus.« Wo vorher alle möglichen Vorbehalte waren, herrscht jetzt Faszination und Verliebtsein in die eigene Idee. Die Erleuchtung ist eine Sache des Augenblicks, und auch die zugehörige Phase pflegt nicht viel Zeit einzunehmen. Der eine setzt sich hin und wirft in einer halben Stunde den ganzen Predigtentwurf aufs Papier. Der andere sucht einen Gesprächspartner und teilt ihm seine Idee mit, und im Erzählen entfaltet sie sich ebenso spontan wie beim andern im Schreiben.

Es kann freilich auch sein, daß sich eben dabei das Feuer der Begeisterung als Strohfeuer erweist. Es zeigt sich, daß der Einfall, der da kam, noch nicht die zündende Idee ist, die den Durchbruch bringt, sondern nur ein Einfall von der Qualität der Assoziationen in der Präparationsphase. Dann geht es in einer Art Rückkopplungsschleife noch einmal zurück in die Präparation und noch einmal durch die Inkubation. Ein Beispiel dafür habe ich bei der oben beschriebenen Beschäftigung mit Joh 20,11 ff. erlebt (s. o. S. 95). Die Idee von der befreienden Ablösung kam mir schon bei der Exegese. Aber der Versuch, von dort aus gleich zum Predigtentwurf zu gehen, scheiterte. Ich mußte noch einmal zurück in die Präparation, da ich noch gar nicht in die persönliche Sphäre eingetaucht war. Erst danach empfand ich den Durchbruch, und dann ließ sich die Idee auch durchführen. In andern Fällen wird von der ersten Idee nichts übrigbleiben und an ihrer Stelle eine ganz andere durchbrechen. Mit solchen Rückkopplungsschleifen ist zu rechnen. Das ändert aber nichts an der Unumkehrbarkeit des kreativen Prozesses.

Die Prüfung der Idee auf ihre Neuheit und Angemessenheit erfolgt in der *Verifikationsphase.* Hier wird gefragt: Ist das wirklich die Lösung des Problems oder ist es nur ein charmanter Einfall? Wird hier das Wesentliche zusammengebunden oder ist es nur eine sprachliche Spielerei, die als Arabeske brauchbar ist, aber das Ganze nicht zu tragen vermag? Ist die Lösung sinnvoll, das heißt entspricht sie dem Evangelium? Wird sie voraussichtlich auch von den Hörern als sinnvoll empfunden werden, das heißt, entspricht sie deren Realität und bringt sie die Hörer weiter? (Die beiden letzten Fragen hat A. Sommerauer auf die knappe Formel gebracht: »Stimmt das? Und wen interessiert das?«) Bei diesen Fragen findet eine umfassende Kontrolle statt, und zwar in exegetischer, systematisch-theologischer und homiletischer Hinsicht. Es wird nicht nur gefragt, ob aus der Idee eine verständliche und ansprechende Rede werden kann, sondern auch ob die Bindung an das Wort und die Bindung an die Hörer vorhanden sind. Diese Kontrolle erfordert Disziplin, Konsequenz und die Fähigkeit zur Selbstkritik. In manchen Fällen wird das Ergebnis negativ sein, dann geht es in der genannten Rückkopplungsschleife zurück in die Präparation. In manchen Fällen ist das Ergebnis rundum positiv. Dann braucht die Ausgestaltung nur noch wenig Zeit. In den meisten Fällen wird die Prüfung Modifikationen bringen, ohne daß deshalb ein neuer Ansatz nötig wäre.

Diese Modifikationen fließen in die Ausgestaltung ein, die ebenfalls in die Verfikationsphase gehört. Die Idee muß nun im einzelnen entwickelt werden, und zwar so, daß das Ganze für den Hörer nachvollziehbar wird, der den Vorbereitungsprozeß nicht durchgemacht hat. Hier braucht es Gestaltungsfreude, konkrete Anschauung und Freude am Formulieren. Dabei kann oft auf die Materialsammlung vom Anfang zurückgegriffen werden. Oft ergeben sich auch neue Einzelheiten. Ähnlich wie bei der Präparation braucht es bei der Verifikation einerseits die konsequente Anstrengung des Denkens und andererseits eine lockere Offenheit und Beweglichkeit. Man sieht daran, daß im kreativen Prozeß eine breite Palette menschlicher Fähigkeiten zum Zug kommt.

Wenn die Predigt »gemacht« ist, ist sie noch nicht gehalten. Die Predigtarbeit kommt erst auf der Kanzel an ihr Ziel. Es gehört zu ihrem Wesen, daß sie vorgetragen und gehört sein will. Anders als bei einem Gemälde, das der Maler im Atelier vollendet, gehört zur Predigt der Vorgang der Kommunikation dazu. Der kreative Prozeß der Predigtarbeit findet daher erst in der *Kommunikationsphase* sein Ende. Das wird oft übersehen, was ziemlich verräterisch ist. Es zeigt nämlich, daß das Halten der Predigt nicht als kreativer, sondern als mechanischer Vorgang verstanden wird. Dem entspricht die Art und Weise, wie viele Predigten vorgetragen werden. Wort für Wort wird abgelesen, das Tempo ist zu schnell, die Tonlage wird zu hoch, Pausen treten an den falschen Stellen auf (z. B. bei den Kommas), Mimik und Gestik können sich nicht entfalten, die nonverbalen Antwortsignale der Zuhörer werden kaum wahrgenommen und überhaupt nicht aufgenommen. Dabei gilt noch immer, was Nietzsche klassisch formuliert hat: »Das Verständlichste an der Sprache ist nicht das Wort selber, sondern Ton, Stärke, Modulation, Tempo, mit dem eine Reihe von Worten gesprochen wird – kurz: die Musik hinter den Worten, die Leidenschaft hinter der Musik, die Person hinter dieser Leidenschaft, alles das also, was nicht geschrieben werden kann.«[16]

Die kreativen Möglichkeiten des Predigtvortrags können sich am besten entfalten, wenn die Predigt frei gehalten wird[17]. Damit meine ich freilich nicht, der Inhalt der Predigt solle erst im Akt des Sprechens geboren werden. Eine freie Predigt muß genauso intensiv vorbereitet werden wie eine gelesene. Der Inhalt der Predigt liegt im ganzen wie im einzelnen fest, wenn der Prediger die Kanzel betritt. Wer eine Geschichte erzählen will, darf sie nicht erst beim Reden erfinden. Nur wenn er sie kennt, kann er sie redend so gestalten, daß der Hörer etwas erlebt. Dasselbe gilt für die argumentierende Predigt. Hier muß der Anfang, der das Interesse des Hörers gewinnt, ebenso festliegen wie jedes einzelne Argument. Sonst gleitet die Predigt in unkontrollierte Stegreifrede ab.

Dagegen werden Sprachmelos, Mimik und Gestik im Akt des Redens geboren. Beim freien Reden können sie sich organisch entfalten. Sprechprozeß und Denkprozeß entsprechen sich. Die Akzente werden unbewußt und unmittelbar gesetzt. Das Tempo wird langsamer, die Tonlage tiefer, Pausen sind Denkpausen. Da der Prediger in seiner Haltung nicht auf das Papier fixiert ist, kann sein Körper mitsprechen. Wer frei spricht, hat den Sinn dessen, was er sagen will, schon gegenwärtig, ehe er die Worte formt. Da Mimik und Gestik unbewußt gestaltet werden, laufen sie den Worten um ein weniges voraus und helfen so dem, der den Prediger sieht, zum besseren Verständnis dessen, was er sagt.

In der Mitte zwischen dem festgelegten Inhalt und der im Akt geborenen Ton- und Körpersprache liegen die Worte und Sätze, in denen der Inhalt Gestalt gewinnt. Da es keine wortlosen Gedanken gibt, liegen auch die Worte in ihren Grundzügen fest. Der Prediger hat ja in der Verifikationsphase an der Gestaltung der Predigt gearbeitet und entweder ein Konzept geschrieben oder die Gestalt in mehreren Sprechproben konzipiert (beiden Möglichkeiten möchte ich gleiches Recht zugestehen). Aber zur vollen Gestalt entfalten sich die Sätze erst im Akt des Sprechens. Dieses vereinigt die Zielstrebigkeit und Disziplin einer wohlvorbereiteten Rede mit der Frische und Beweglichkeit des kreativen Akts.

Viele Prediger bleiben weit hinter diesem Bild eines kreativen Sprechens zurück, weil sie meinen, dazu brauche es eine besondere Begabung. Dieser Eindruck entsteht dadurch, daß ihnen in Schule und Studium das Schreiben beigebracht wurde, aber nicht das Reden. So finden nur Autodidakten zur freien Rede, und deren gibt es auf jedem Gebiet immer nur wenige. Dabei hat jeder Mensch die Fähigkeit, sich im Gespräch frei auszudrücken. Wes das Herz voll ist, des geht der Mund über. Ausgehend von dieser Fähigkeit ist das freie Reden erlernbar. Seit 1976 finden in den homiletischen Kursen des Pfarrseminars in Stuttgart Übungen in freier Rede statt. Anschließend werden die Übungen für Interessierte in wöchentlichem Abstand fortgesetzt. Die betreffenden Gruppen werden von Rhetoriklehrern und Sprecherziehern angeleitet. Dreiviertel aller Vikare machen von dieser Möglichkeit Gebrauch. Es gelingt dadurch zwar nicht, die Defizite einer einseitig an der Schrift orientierten Sozialisation auszugleichen. Aber immerhin sind die meisten Vikare anschließend überzeugt, daß in ihnen kreative Möglichkeiten schlummern, viele reden bei kürzeren Ansprachen und in überschaubaren Situationen frei, und eine Anzahl riskiert es auch bei der Sonntagspredigt.

c) Kreativität und Persönlichkeitsprofil

Ist jeder Mensch gleich kreativ? Ist Kreativität nicht auch eine Frage der Persönlichkeit? Diese kritische Frage muß am Ende dieses Kapitels unbedingt gestellt werden, damit die Beschreibung des kreativen Prozesses nicht zu einem Prokrustesbett wird, für den einen zu kurz, für den anderen zu lang. Um dies zu vermeiden, greife ich noch einmal auf die vier Predigertypen zurück, von denen oben die Rede war (S. 60 ff.), und frage, wie es bei ihnen mit der Kreativität bestellt ist.

Unter ihnen entspricht der Beweger, der wandlungsfähige Prediger der Freiheit, am ehesten dem, was man in der Umgangssprache heute einen kreativen Menschen nennt. Denn er ist beweglich, phantasievoll und originell. Er steckt voller Ideen. Ihm fällt immer etwas ein. Er reagiert spontan und kann die Perspektive blitzschnell wechseln. Sein ganzes Denken und Empfinden ist nach vorn gerichtet. Seine große Stärke ist daher die Präparationsphase. Aber er hat auch seine Schwierigkeiten, die desto stärker spürbar werden, je stärker bei ihm der Typ des Bewegers ausgeprägt ist. Da er von Hause aus optimistisch ist, versenkt er sich nicht so gern in Probleme. Bohrendes Fragen liegt ihm nicht. Da er außerdem mit dem Schwung seiner Ideen seine Hörer leicht überfährt, besteht auch die Gefahr, daß er beim Konzipieren der Predigt zuwenig überlegt, was seine Gedanken bei der Gemeinde auslösen. Am schwersten fällt dem Beweger das konsequente Kontrollieren uind Durchdenken der Predigtidee, wie es in der Verifikationsphase nötig ist. Seine Beweglichkeit, die zur Sprunghaftigkeit neigt, verleitet ihn dazu, diese Phase zu leicht zu nehmen oder gar zu überspringen.

Umgekehrt verhält es sich beim Bewahrer, dem verantwortungsvollen Prediger der Ordnung. Ihm fällt das Spielen schwer. Er besitzt nicht so viel Phantasie und Spontaneität. Ihm fällt nicht so oft etwas Neues ein, da er eine Scheu vor großen Veränderungen hat. Probleme vermag er zu sehen, aber mehr als solche, die von außen an ihn herantreten und die er zu lösen hat. Selbstkritisches Fragen liegt ihm nicht so nahe. So hat er seine Schwierigkeiten hauptsächlich in der Präparationsphase. Seine Stärke dagegen entfaltet sich bei der Verifikation. Er ist diszipliniert und klar. Er stellt nicht nur Fragen, sondern gibt auch Antworten. Bei ihm kann man sicher sein, daß die Predigt für die Probleme, die sie nennt, wirklich eine Lösung anbietet. Beim Bewahrer weiß man, woran man ist, er geht zielstrebig vor und steht zu dem, was er sagt.

Die beiden Typen haben komplementäre Stärken und Schwächen. Man darf aber nicht sagen, nur der eine von ihnen sei kreativ. Denn die Definition des Kreativen umfaßt nicht nur die Neuartigkeit, sondern auch das Finden einer sinnvollen Lösung. Die Verifikation gehört ebenso zum kreativen Prozeß wie die Präparation. Nur wenn die Typen extrem ausgebildet sind und zum Krankhaften tendieren, kommt es überhaupt nicht mehr zu einem kreativen Prozeß. Das gilt dann aber für beide. Der Bewahrer wird zwanghaft und verschließt sich allem Neuen. Der Beweger wird hysterisch und unfähig, ein festes Ziel anzusteuern. Dies dürften aber

Ausnahmen sein. In der Regel vermag jeder Prediger nicht nur seine stärkste Grundbestrebung, sondern auch die andern Elemente seiner Person zu aktivieren und in den Prozeß der Predigtarbeit einzubringen. Je nach Aufgabe fällt es den einzelnen Typen leichter oder schwerer, kreativ zu werden. Der Beweger wird mit Lust einen Jugendgottesdienst oder einen Gottesdienst im Grünen vorbereiten. Der Bewahrer ist bei einer Festpredigt am Heiligen Abend oder bei der 800-Jahr-Feier seiner Kirche ganz in seinem Element. Aber das heißt nicht, daß nicht jeder auf seine Weise auch andere Aufgaben kreativ zu lösen vermag, zumal die Fähigkeiten, die es braucht, um die Inkubation (die entscheidende Phase des ganzen Prozesses!) fruchtbar zu erleben, nicht vom Persönlichkeitstyp abhängen. Frustrationstoleranz und die Bereitschaft, das Unbewußte bewußt mit einzubeziehen, sind unabhängig von solcher Prägung.

Ähnliches wie für Bewahrer und Beweger gilt für die beiden anderen Typen, den Kritiker und den Partner. Der Kritiker, der tiefsinnige Prediger der Erkenntnis, entfaltet sich am besten in der Präparation, bei der Problemfindung. Denn er hat ein ausgeprägtes Problembewußtsein, ist eigenständig, unabhängig und offen für tiefgehende Fragen. Er besitzt die nötige Distanz zum Vorgegebenen, um es radikal in Frage zu stellen und nach neuen Lösungen zu suchen, und die visionäre Kraft, eine neue Schau zu formulieren. Seine Präparation hat andere Schwerpunkte als beim Beweger, weil er nicht so leichtfüßig und phantasievoll ist. Dafür besitzt er mehr Tiefgang. Seine Kreativität ist andersartig, aber im Grundsatz nicht weniger ausgeprägt. Schwer fällt es ihm allerdings, Nähe zu seinen Hörern zu gewinnen. So macht ihm in der Verifikationsphase die ansprechende Ausgestaltung seiner Erkenntnis Mühe, die es den Hörern erlauben würde, die Entwicklung und Entfaltung der Gedanken auch emotional mitzuerleben, und der Schritt zur freien Rede ist für ihn groß.

Umgekehrtes gilt für den Partner, den einfühlsamen Prediger der Liebe. Er kann sich gut und leicht in seine Hörer versetzen und gewinnt schnell Kontakt. Er nimmt persönlichen Anteil an den Fragen anderer und macht sich ihre Belastungen und Schwierigkeiten zu eigen. Es fällt ihm viel leichter als dem Kritiker, von Erfahrungen zu sprechen und das Emotionale mit einzubeziehen. Dagegen tut er sich schwerer, ein Problem konsequent zu verfolgen und radikale Folgerungen zu ziehen. Da er sich in jeden hineinversetzen kann, fällt es ihm schwer, Entscheidungen zu treffen und etwas abzulehnen. Seine Kreativität drängt schneller als beim Kritiker zur positiven Gestaltung hin, die zur Verifikation gehört. Das gründliche Verharren in der Präparation fällt ihm nicht so leicht.

Auch diese beiden Typen haben komplementäre Stärken und Schwächen. Im Extremfall verhindern die Schwächen den kreativen Prozeß. Dann wird der Kritiker schizoid und vermag seine Erkenntnisse überhaupt nicht mehr zu vermitteln, und der Partner versinkt in der Depression, in der keine Hoffnung mehr sichtbar ist. Aber im Normalfall können beide kreativ sein. Der Kritiker hält glänzende Predigten zu gesellschaftlichen Problemen, der Partner bewegende Ansprachen bei Beerdigungen. Aber auch sie sind nicht nur in solchen Situationen kreativ. Je mehr sie sich ihrer persönlichen Möglichkeiten bewußt werden, desto eher vermögen sie sich dem Wirken des Geistes im kreativen Prozeß anzuvertrauen und erleben darin nicht nur eine Entfaltung, sondern auch eine Erweiterung ihrer Kräfte.

An dieser Stelle tritt die Bruchstückhaftigkeit des Geisteswirkens noch einmal sehr deutlich zutage. Einerseits bedeutet das eine schmerzhafte Begrenzung, andererseits einen großen Reichtum. Denn durch das Wirken des Geistes werden die persönlichen Möglichkeiten zu Werkzeugen einer Verkündigung, die das Neue schafft, das, so unvollkommen es sein mag, Vor-Schein des vollendeten Gottesreiches ist. Am Ende schließt sich der Kreis. Im kreativen Prozeß der Predigtarbeit zeigen sich Pluralität und Einheit der Verkündigung. Wenn der Geist weht, wird der Prediger in seiner persönlichen Prägung kreativ in der Bindung an den Text und an die Hörer. In Frustration und Illumination erlebt er Unverfügbarkeit und Erfahrbarkeit des Geistes und wird hineingerissen in seine schöpferische Dynamik. Empirische Homiletik hat daher die große Aufgabe, dem Wirken des Geistes nachzuspüren und bei den Predigern die Bereitschaft zu fördern, den Geist zu empfangen und seine Mitarbeiter zu sein.

Anmerkungen

Zu Kapitel 1 (S. 11–41)

1. Zum Folgenden: J. Fröchling in: G. Ueding u. a., Einführung in die Rhetorik, Stuttgart 1976, 100 ff.; H. Geißner, Rede in der Öffentlichkeit, Stuttgart 1969, 8 ff.; W. Jens, Von deutscher Rede, München 1969, 16 ff.
2. Jens a.a.O. 18.
3. A.a.O. 26.
4. A.a.O. 24.
5. B. Frank-Böhringer, Rhetorische Kommunikation, Quickborn 1963.
6. J. Habermas, Vorbereitende Bemerkungen zu einer Theorie der kommunikativen Kompetenz, in: J. Habermas/N. Luhmann, Theorie der Gesellschaft oder Sozialtechnologie, Frankfurt 1971, 101 ff.; W. Jens, s. Anm. 1; J. Kopperschmidt, Allgemeine Rhetorik, Stuttgart 1973; H. Geißner, Rhetorik und politische Bildung, Kronberg 1975.
7. Fröchling, a.a.O. (Anm. 1), 120.
8. Geißner, Rede in der Öffentlichkeit, 30.
9. H. F. Plett (Hg.), Rhetorik. Kritische Positionen zum Stand der Forschung, München 1977; Rhetorik. Ein internationales Jahrbuch, hg. von J. Dyck, Bd. 1 (1980), Bd. 2 (1981), Bd. 3 (1983).
10. Sprache und Sprechen, Arbeitsmittel zur Sprachförderung in der Sekundarstufe I, hg. von D. C. Kochan u. a., 10. Schuljahr, Hannover 1977. In der Zeitschrift »Der Deutschunterricht« finden sich zwischen 1975 und 1978 nicht weniger als 18 teils grundsätzlich, teils praktisch ausgerichtete Beiträge zum Thema »Logik, Rhetorik, Argumentationslehre«.
11. H. D. Schneider, Unter welchen Voraussetzungen kann Verkündigung Einstellungen ändern? Pastoraltheologie 58 (1969), 246 ff.; K. W. Dahm, Beruf: Pfarrer, München 1971, 218 ff.; T. Stählin, Kommunikationsfördernde und -hindernde Elemente in der Predigt. WuPKG 61 (1972), 297 ff. Weitere Literatur bei W. Schütz, Probleme der Predigt (Dienst am Wort Bd. 41), Göttingen 1981, 253–55.
12. H. Albrecht, Christus hinter Sprachbarrieren, Stuttgart 1974; Ders., Arbeiter und Symbol. Soziale Homiletik im Zeitalter des Fernsehens, München und Mainz 1982.
13. F. Riemann, Die Persönlichkeit des Predigers aus tiefenpsychologischer Sicht, in: R. Rieß (Hg.), Perspektiven der Pastoralpsychologie, Göttingen 1974, 152 ff.; A. Denecke, Persönlich predigen, Gütersloh 1979.
14. M. Josuttis, Über den Predigteinfall. Evang. Theologie 30 (1970), 627 ff.; H. Arens/F. Richardt/J. Schulte, Kreativität und Predigtarbeit, München 1974. P. Düsterfeld/H. B. Kaufmann, Didaktik der Predigt, Münster 1975, 69 ff.
15. H. Arens, Predigt als Lernprozeß, München 1972. Düsterfeld/Kaufmann, a.a.O. 41 ff.
16. J. Habermas, a.a.O. (Anm. 6); H. W. Dannowski, Sprachbefähigung in der Ausbildung. Zur Rolle der Sprechakttheorie in der Homiletik, in: Düsterfeld/Kaufmann (Anm. 14), 163 ff.
17. Ueding, a.a.O. (Anm. 1), 204, 225 ff.
18. Hier nur einige, wenige Titel: H. Mühlen, Der Heilige Geist als Person, Münster 1963; Ders., Una mystica persona, Paderborn 1966; P. Tillich, Systematische Theologie, Bd. III, Stuttgart 1966; W. Stählin, Die Bitte um den Heiligen Geist, Stuttgart 1969; W. Dantine, Der heilige und der unheilige Geist, Stuttgart 1973; H. Meyer/W. Hollenweger/K. McDonell/V. Vajta/A. M. Aagard, Wiederentdeckung des Heiligen Geistes, Frankfurt 1974; C. Heitmann/H. Mühlen (Hg.), Erfahrung und Theologie des Heiligen Geistes, Hamburg/München 1974; H. Thielicke, Theologie des Geistes (Der evang. Glaube Bd III), Tübingen 1978; O. Dilschneider (Hg.), Theologie des Geistes, Gütersloh 1980; L. Vischer (Hg.), Geist Gottes und Geist Christi (Beiheft zur Ökumenischen Rundschau Nr. 39), Frankfurt 1981; H. Mühlen (Hg.), Dokumente zur Erneuerung der Kirchen, Mainz 1982; Y. Congar, Der Heilige Geist, Freiburg 1982. H. Kirchner u. a. (Hg.), Charismatische Erneuerung und Kirche, Berlin (DDR) 1983, Neukirchen-Vluyn 1984. Zur Einführung eignet sich H. Meyer, Pneumatische Herausforderungen (a.a.O. 7 ff.), dem ich hier im wesentlichen folge.
19. W. Simpfendörfer bei H. Meyer 26 f.
20. A.a.O. 9.
21. W. Stählin (Anm. 18), 74 f. formuliert diese verbreitete Meinung.
22. WA 11, 410.

23. Thomas Müntzer – Schriften und Briefe. Kritische Gesamtausgabe, hg. von G. Franz. Quellen und Forschungen zur Reformationsgeschichte Bd. 33, Gütersloh 1968, 253; W. Elliger, Thomas Müntzer, Leben und Werk, Göttingen 1975, 451.
24. Franz a.a.O. 252.
25. R. Prenter, Spiritus Creator, Studien zu Luthers Theologie, München 1954; E. W. Gritsch, Luther und die Schwärmer: Verworfene Anfechtung? in: Luther, Zeitschrift der Luthergesellschaft, 47. Jgg. (1976), 105 ff. (mit neuerer Literatur).
26. WA 50, 245.
27. Franz a.a.O. (Anm. 23), 252.
28. Elliger a.a.O. (Anm. 23), 196 f.
29. WA 12, 497.
30. WA 10/III, 260.
31. H.-J. Goertz, Die Täufer. Geschichte und Deutung, München 1980, 77 ff.
32. WA 46, 147: Sic ministerium verbi non fit in angulo, sed in media civitate; vgl. Prenter (Anm. 25), 254 ff.
33. WA 2, 454: Nemo fructificat verbo, nisi qui sine suo voto vocatur ad docendum ... Qui autem non vocatus docet, non sine damno et suo et auditorum docet, quod Christus non sit cum eo. Weitere Stellen bei P. Althaus, Die Theologie Martin Luthers, Gütersloh 1962, 284 ff.
34. R. Zerfaß, Herrschaftsfreie Kommunikation – eine Forderung an die kirchliche Verkündigung? in: W. Weber (Hg.), Macht, Dienst, Herrschaft in Kirche und Gesellschaft, Freiburg 1974, 81 ff., mit Verweis auf Ders., Der Streit um die Laienpredigt (ungedruckte Habilitationsschrift, Münster 1971).
35. E. Mülhaupt, Luther und Melanchthon. Die Geschichte einer Freundschaft. Luther. Zeitschrift der Luthergesellschaft, 33. Jgg. (1962), 1 ff., zitiert die entsprechenden Äußerungen Luthers ausführlich.
36. Goertz a.a.O. (Anm. 31), 50 ff.; Elliger a.a.O. (Anm. 23), 122 ff.
37. G. Otto, Predigt als Rede. Über die Wekchselwirkungen von Homiletik und Rhetorik, Stuttgart 1976; J. Lott/G. Otto/H.-J. Schmutzler, Predigt kann unverzichtbare Gegeninformation sein. Ein Thesengespräch mit G. Otto. Theologia Practica 1977, 3 ff.; G. Otto, Rhetorisch predigen, Gütersloh 1981, 9 ff.; Ders., Wie entsteht eine Predigt? München 1982. Ders., Predigt als Sprache. Theologia Practica 1982, 117 ff.
38. Predigt als Rede, 27.
39. A.a.O. 12.
40. A.a.O. 36.
41. A.a.O. 48, 37 (vgl. ThPr 1977,9).
42. A.a.O. 44.
43. A.a.O. 54.
44. ThPr 1977, 13.
45. Predigt als Rede, 25.
46. H.-J. Benedict, Poetisch oder alltagssprachlich, literarisch oder erfahrungsbezogen? ThPr 1977, 22 ff.
47. Predigt als Rede, 25; Wie entsteht eine Predigt, 51 f.
48. In seinen neuen Diskussionsthesen (Rhetorisch predigen, Anm. 37, S. 12 ff.) geht Otto auf Benedicts Kritik ein und versucht die Alternative »poetisch oder alltagssprachlich« aufzulösen. Er sagt, das sprachliche Material für die poetische Gestaltung könne aus der Bildungssprache (z. B. der literarischen Poesie) oder aus der Alltagssprache kommen. Das Wesentliche sei, daß das Material sprachlich durchbrochen und transzendiert werde. Damit ist der Begriff des Poetischen vor zu starker Verengung bewahrt. Wenn Otto aber im gleichen Atemzug von »Literatur aus der Arbeitswelt« spricht, wird die Mittelschichtbindung doch wieder sichtbar. Er verlangt vom Prediger, daß er liest und sich dem dauerhaften Einfluß geprägter Sprache aussetzt (Wie entsteht eine Predigt, 54). Ich würde an seiner Stelle verlangen, daß der Prediger mit seinen wirklichen Hörern spricht und sich an ihrer Sprache schult. (Zum gesamten Problemfeld s. U. Baltz, Theologie und Poesie. Europäische Hochschulschriften 23/216. Frankfurt 1983.)
49. Predigt als Rede 82 f., 95; ThPr 1977, 18; Wie entsteht eine Predigt, 33 f.
50. Predigt als Rede, 89 f.; Wie entsteht eine Predigt, 14–18.
51. Predigt als Rede, 98.
52. A.a.O. 12, 27, 34.
53. A.a.O. 58.
54. ThPr 1977, 6 f.
55. A.a.O. 9.

56. Rhetorisch predigen (Anm. 37), 110 f. Otto hat Fuchs zu einem aufführlichen Nachwort für seinen Predigtband eingeladen und veröffentlicht den Beitrag von Fuchs, der nicht nur theologische Unterstützung, sondern auch erhebliche theologische Kritik enthält, ohne mäkelnden Zusatz. Man kann daran sehen, wie ernst ihm das Anliegen einer offenen Diskussion ist. Inzwischen hat O. Fuchs seine Position weiter entfaltet in: Von Gott predigen, Gütersloh 1984.
57. R. Bohren, Predigtlehre, München 1971, 57, 53.
58. A.a.O 74.
59. A.a.O. 74–79.
60. A.a.O. 76.
61. A.a.O. 77.
62. A.a.O. 101, 137–141, 280–301.
63. A.a.O. 423–440, 393, 516–528, 461, 544–553.
64. A.a.O. 23, 70, 372, 417, 436, 448 usw.
65. A.a.O. 154 f.
66. Das bemerkt auch Otto, Predigt als Rede, 18 f.
67. Predigtlehre, 147.
68. A.a.O. 388, 411, 165, 503–508.
69. A.a.O. 502, vgl. 154, 507.
70. A.a.O. 184.
71. A.a.O. 358 f., 366, 375 f.
72. A.a.O. 551.
73. A.a.O. 42 f.
74. R. Bohren, Daß Gott schön werde. Praktische Theologie als theologische Ästhetik, München 1975, 185, vgl. 224 zu Scharfenberg.
75. Predigtlehre, 4. Auflage, 555. Vgl. R. Bohren, Vom Heiligen Geist. Kaiser Traktate 57, München 1981, 12.

Zu Kapitel 2 (S. 43–71)

1. Im Unterschied zu Paulus verbindet Lukas den Geistempfang nicht notwendigerweise mit der Verkündigung (Apg 8, 14–17 im Unterschied zu 10, 44). Vgl. hierzu und zum Folgenden G. Kittel/G. Friedrich, ThWNT VI, 330 ff.; E. Schweizer, Heiliger Geist, Stuttgart 1978; W. Schmithals, H. Schlier und F. Hahn in: C. Heitmann/H. Mühlen (Hg.), Erfahrung und Theologie des Heiligen Geistes, Hamburg/München 1974, 101 ff., 118 ff. und 131 ff.; J. Veenhof, Der Paraklet, in: O. A. Dilschneider (Hg.), Theologie des Geistes, Gütersloh 1980.
2. Paulus erklärt die Glossolalie für das niedrigste der Charismen (1 Kor 12,28.31). In der Gemeindeversammlung hat sie nur dann Platz, wenn sie ausgelegt wird (14,28). Lukas deutet sie um in verständliche Verkündigung (Apg 2,6–11). Im übrigen vgl. H. Kleinknecht, ThWNT VI, 343 ff. und W. Dantine, Der heilige und der unheilige Geist, Stuttgart 1973, 35 ff.
3. O. Noordmans, Das Evangelium des Geistes, Zürich 1960.
4. Ob der Gal 1,17 erwähnte Aufenthalt in Arabien missionarischer Art war, ist ungewiß und eher unwahrscheinlich.
5. Vgl. E. Schweizer (Anm. 1), 102 ff., 170.
6. O. Böcher und Chr. Meier-Staubach, Symbolik der Edelsteine, TRE IX, 266 ff.; Brockhaus Enzyklopädie, Wiesbaden 1966–1974, Artikel »Jaspis«.
7. R. Köhler, Die biblischen Quellen der Lieder. Handbuch zum EKG Bd. I/2, Göttingen 1965, 174 ff und 222 ff.
8. A.a.O. 222.
9. A.a.O. 177.
10. H. Mühlen, Una mystica persona, Paderborn 1966, 173 ff.
11. R. Bohren, Predigtlehre, München 1971, 79.
12. Vgl. A.A. van Ruler, bei Bohren a.a.O. 77.
13. E. Thurneysen, Die Aufgabe der Predigt, Pastoralblätter 1921, abgedruckt bei G. Hummel (Hg.), Die Aufgabe der Predigt, Darmstadt 1971, 105 ff., Zitat 116.
14. Komm Schöpfer Geist! Predigten von K. Barth und E. Thurneysen, München 1924; G. Jacobi (Hg.), Erhalt uns, Herr, bei deinem Wort. Evangelische Andachten für jeden Tag, Berlin 1932.

15. RGG³III, 440.

16. L. Schmidt (Hg.), Kleine Predigt-Typologie, Bd. I: Die Gemeindepraxis (hg. von L. Schmidt), Stuttgart 1964; Bd. II: Das AT und Bd. III: Das NT (hg. von C. H. Peisker), Stuttgart 1965. Das katholische Pendant bietet W. Massa, Predigttypologie, in : B. Dreher u. a. (Hg.), Handbuch der Verkündigung Bd. II, Freiburg 1970, 241 ff. Auch hier tauchen Hörergruppen und Verkündigungssituationen als Einteilungsraster auf, werden aber mit inhaltlichen Gesichtspunkten vermischt (Schrift-, Lehr- und Moralpredigt) und unter die Gemeindepredigt als Grundtyp subsumiert. Neben ihr gibt es nur noch die Predigt in Funk und Fernsehen und die Verkündigung vor Nichtchristen.

17. R. Heue, Emotionales Feedback homiletischer Texte. Mündliche Ausführungen auf einer Tagung im Febr. 1974, protokolliert und zusammengestellt von O. Mettler, Ev. Pfarrseminar Stuttgart (unveröffentlichtes Manuskript), 16–22. R. Heue/R. Lindner, Predigen lernen. Studienreihe für Verkündigung und Gemeindeaufbau Heft 7, Gladbeck 1975, 13–24.

18. Heue, Emotionales Feedback 22, vgl. Predigen lernen 16.

19. Predigen lernen 15.

20. Emotionales Feedback 20 f.

21. F. Riemann, Die Persönlichkeit des Predigers aus tiefenpsychologischer Sicht, in: R. Rieß (Hg.), Perspektiven der Pastoralpsychologie, Göttingen 1974, 152 ff.; A. Denecke, Persönlich predigen, Gütersloh 1979; Ders., Der Prediger und die Wirkung seiner Predigt, in: J. Sonnenberg (Hg.), Wenn Theologie praktisch wird . . ., Stuttgart 1983, 259 ff.

22. Denecke, Persönlich predigen, 126.

23. Riemann verstärkt diese Gefahr dadurch, daß er seine psychologische Theorie in den Rahmen eines astrologischen Weltbilds hineinstellt. (Grundformen der Angst, München ⁹1975, 11 ff.; Lebenshilfe Astrologie, München 1976). Die Astrologie hat von jeher eine fatalistische Schlagseite. Riemann weiß das und versucht bewußt gegenzusteuern (Lebenshilfe Astrologie 37 ff. u. ö). Aber seine Aussage: Was an unserer Persönlichkeit »schicksalhaft ist, ... ist in gewissen Grenzen durch uns selbst zu gestalten, kann verändert werden, ist jedenfalls nicht nur ein Hinzunehmendes« (Grundformen der Angst 18), bleibt ein nicht weiter begründetes Postulat. Riemanns Weltbild trägt bekenntnishafte, ja religiöse Züge. Besonders deutlich tritt das hervor, wenn er das astrologische Wissen auf einen Offenbarungsakt zurückführt, in dem sich die Welt selbst offenbart (Lebenshilfe Astrologie 18 ff.). Dieser für die Theologie unannehmbare weltanschauliche Rahmen entwertet Riemanns psychologische Arbeit nicht. Er zeigt aber, daß bei einer Rezeption empirischer Forschungsergebnisse eine theologische und weltanschauliche Auseinandersetzung nicht unterbleiben darf.

24. Denecke, Persönlich predigen, 40 f., ausführlicher: »Lutherische Homiletik? Lutherische Homiletik!« in: Werkstatt Predigt Nr. 36 (Juni 1980), 1 ff.

25. Lutherische Homiletik 35 f.

26. Persönlich predigen 152. Vgl. zu dieser Frage auch O. Fuchs, Die lebendige Predigt, München 1978, bes. 85 ff., der in dieselbe Richtung geht.

27. A.a.O. 155–163.

28. Z. B. die von H. Nitschke herausgegebenen Bände: Weihnachten (Bd. 1: 1974, Bd. 2: 1977), Volkstrauertag, Bußtag, Totensonntag (1979), Erntedankfest, Reformationsfest (1980), Weihnachten, Jahreswechsel (1980); J. Rothermundt, Zur Predigt am Heiligen Abend, in: Werkstatt Predigt Nr. 37 (Sept. 1980), 83 ff.

29. Hierzu und zum Folgenden G. Kugler, Zwischen Resignation und Utopie, Gütersloh 1971, 88 ff.

30. Das ist die durchgängige Erfahrung vieler Predigtanalysen nach dem Gesamtbildmodell, die ich sowohl mit Theologen als auch mit Nichttheologen durchgeführt habe. Zur Methode: W.-V. Lindner, Kreative Gruppenarbeit nach dem Göttinger Stufenmodell. Werkstatt Predigt Nr. 10 (Sept. 74), 2 ff.

31. Auch R. Bohren spricht eindringlich von der Verantwortlichkeit der Gemeinde im Prüfen und Beurteilen der Predigt (Geist und Gericht, Neukirchen-Vluyn 1979, 102 ff.). Aber es geht dabei nur darum, ob die Gemeinde zu einer Predigt amen sagen kann. Dabei ist noch nicht berücksichtigt, daß sich die Predigt in den Hörern multipliziert und modifiziert.

32. Die wichtigsten Bibelstellen zur Notwendigkeit der Pluralität stehen nicht im 1. Korintherbrief (dort wird die Pluralität nicht bestritten), sondern im Galaterbrief, wo Paulus für die Freiheit des Geistes kämpft, in der weder der Judenchrist dem Heidenchristen, noch der Heidenchrist dem Judenchristen das Gesetz seines Lebens aufzwingt.

Zu Kapitel 3 (S. 73–130)

1. Zur Verbindung von Christologie und Pneumatologie in den übrigen Schriften des NT vgl. Schmithals in: C. Heitmann/H. Mühlen (Hg.), Erfahrung und Theologie des Heiligen Geistes, Hamburg/München 1974, 103–105, 110–112, 115 f.
2. K. Barth, Homiletik, Zürich 1966, 71, 34 f.
3. G. Hennig, Vorwort zu Neue Calwer Predigthilfen Bd. V/A, Stuttgart 1982, 11.
4. Auch im 18. Jhdt. pflegen nicht nur Rationalisten, sondern auch späte Orthodoxe und Pietisten die freie Themapredigt. V. E. Löscher, Merckwürdige Wercke Gottes in denen Reichen der Natur, der Kunst und des Glückes. Als eine nützliche Einleitung durch die Vorhöfe in das Heilige im Jahr 1722 gepredigt. Andere, verbesserte Auflage, Dresden 1734. F. C. Oetinger hielt seine Antrittspredigt in Murrhardt am 19. 1. 1766, wenige Monate nachdem das Städtchen völlig abgebrannt war, über das Thema »Wie ein Christ in der Armut seinen Glauben beweisen könne.«
5. K. Harms, Pastoraltheologie, Ausgewählte Schriften und Predigten II, 47, zitiert bei R. Bohren, Predigtlehre, München 1971, 115.
6. H. Diem, Warum Textpredigt? München 1939, 198 f.
7. K. Barth, Homiletik (Anm. 2), 98.
8. E. Lange, Predigen als Beruf, Stuttgart 1976, 9 ff., 52 ff.
9. G. Casalis, JK 27, 1966, zit. bei Bohren (Anm. 5), 117.
10. K. Barth, Predigten 1954–1967, hg. von H. Stoevesandt (Gesamtausgabe I. Abt. Predigten), Zürich 1979.
11. Bohren a.a.O. (Anm. 5), 115 f.
12. G. Hartmann, Die textfreie Themapredigt: notwendiges Pendant der Textpredigt, in: Pastoralblätter 105. Jgg. (1965), 481 f.
13. A.a.O. 478.
14. H. Ockert, ...rede und schweige nicht. Praktische Anleitung zur Verkündigung (ABC-team Werkbücher), Wuppertal 1977, 42–44.
15. Auch F. Wintzer tritt für das Nebeneinander von Text- und Themapredigt ein (F. Wintzer u. a., Praktische Theologie, Neukirchen-Vluyn 1982, 81 ff.). Es gibt freilich nur wenige Handreichungen für Themapredigten. Auf evangelischer Seite: P. Krusche u. a., Themenstudien für Predigtpraxis und Gemeindearbeit, Stuttgart 1977 ff. (4 Bände). Die katholische Reihe Thematische Verkündigung, hg. von G. Hierzenberger, die auf 20 Bände angelegt war, ist steckengeblieben. Erschienen sind nur die Bände »Thematische Verkündigung – was ist das?« »Thema Mensch«, und »Thema Ehe und Familie« (alle Wien 1974).
16. Hartmann a.a.O. (Anm. 12), 485.
17. G. Otto, Wie entsteht eine Predigt?, München 1982, 40. O. Fuchs weist darauf hin, daß Otto von Gott nicht als personalem Gegenüber sprechen kann und will, sondern Aussagen über Gott sofort in Aussagen über menschliche Erfahrungen, Taten oder Einstellungen einschmilzt (O. Fuchs, Zu Gert Ottos Predigtverständnis, in: G. Otto. Rhetorisch predigen, Gütersloh 1981, 120 f.). Hier scheint mir der eigentliche Grund dafür zu liegen, daß Otto den biblischen Text nicht als Gegenüber akzeptieren kann.
18. G. Hennig, A.a.O. (Anm. 3), 12.
19. Für Arbeit und Besinnung. Zeitschrift der Evang. Landeskirche in Württemberg. 36 Jgg. (1982), 212 ff.
20. P. Stuhlmacher, Schriftauslegung auf dem Wege zur biblischen Theologie, Göttingen 1975, 51.
21. Eine gute Einführung in die neuen Interpretationsmethoden gibt Concilium 16. Jgg. 1980, Heft 10: Die Bibel im Widerstreit der Interpretationen.
22. E. Cardenal, Das Evangelium der Bauern von Solentiname. 2 Bände, Wuppertal 1976 und 1978. H. Brandt (Hg.), Die Glut kommt von unten. Texte einer Theologie auf der eigenen Erde (Brasilien), Neukirchen 1981.
23. Cardenal a.a.O. 10 ff. (Zitat 10).
24. Brandt a.a.O. (Anm. 22), 92; vgl. C. Mesters in: Concilium 1980/10, 561 ff.
25. W. Schottroff/W. Stegemann (Hg.), Der Gott der kleinen Leute. Sozialgeschichtliche Auslegungen. 2 Bände, München und Gelnhausen 1979, Zitat Bd. II, 10.
26. A.a.O. Bd. I, 9; vgl. W. Schottroff/W. Stegemann (Hg.), Traditionen der Befreiung. 2 Bände. München und Gelnhausen 1980.
27. H. Barth/T. Schramm, Selbsterfahrung mit der Bibel. Ein Schlüssel zum Lesen und Verstehen, München und Göttingen 1977; WPKG Jg. 68, Themaheft April 1979: Biblische Erfahrung im Spiel; J.

Scharfenberg/H. Kämpfer, Mit Symbolen leben. Soziologische, psychologische und religiöse Konfliktbearbeitung, Olten 1980; W. Wink, Bibelarbeit. Ein Praxisbuch für Theologen und Laien, Stuttgart 1982.

28. E. Drewermann, Strukturen des Bösen. Die jahwistische Urgeschichte in exegetischer, psychoanalytischer und philosophischer Sicht. 3 Bände. Paderborn 1977–1982 (hier: Bd. II); Y. Spiegel (Hg.), Doppeldeutlich. Tiefendimensionen biblischer Texte, München 1978; M. Kassel, Biblische Urbilder. Tiefenpsychologische Auslegung nach C. G. Jung, München 1980.
29. J. Rothermundt, Laien als Partner in der Predigtarbeit. WPKG 67. Jgg. (1978), 187 ff.
30. In Für Arbeit und Besinnung 35. Jgg. (1981), 448 ff. habe ich eine solche Predigtvorbereitung mit Vorarbeiten und Ergebnissen protokolliert.
31. Vgl. die in Kap. 1 Anm. 18 genannten Werke. Auf eine Darstellung und kritische Würdigung des Gesamtwerks mit seinen ausgedehnten exegetischen, historischen und dogmatischen Begründungen kann und muß ich hier verzichten.
32. H. Mühlen, Der Heilige Geist als Person, Paderborn [4]1966, 67–72.
33. A.a.O. 68–70, 74–81.
34. H. Mühlen, Soziale Geisterfahrung als Antwort auf eine einseitige Gotteslehre, in: C. Heitmann/H. Mühlen (Hg.), Erfahrung und Theologie des Heiligen Geistes, Hamburg und München 1974, 267. Dieser Aufsatz enthält eine kurze Darstellung von Mühlens Konzeption, die in den größeren Werken und vielen Aufsätzen im einzelnen entwickelt und begründet wird.
35. H. W. Dannowski, Sprachbefähigung in der Ausbildung, in: P. Düsterfeld/H. B. Kaufmann (Hg.), Didaktik der Predigt, Münster 1975, 163 ff.; Ders., Elementarisierung theologischer Begriffe in Sprechakten, ebd. 176 ff.; zur Würdigung und Kritik vgl. H. Scheler, a.a.O 206 ff. und P. Düsterfeld, Predigt und Kompetenz, Düsseldorf 1978, 109 ff. Ausgebaut und analytisch eingesetzt ist die Sprechakttheorie in K. F. Daiber u. a., Predigen und Hören Bd. 2, München 1983.
36. Dannowski a.a.O 174.
37. M. Schnatmann/W. Born, Transaktionsanalyse und appellative Verkündigung, in: F. Kamphaus/R. Zerfaß (Hg.) Ethische Predigt und Alltagsverhalten, München und Mainz 1977, 129 ff.; H. Harsch u. a., Workshop TA und Predigt, Werkstatt Predigt Nr. 34 (Dez. 1979), 1 ff.
38. Schnatmann/Born a.a.O 133 f.
39. H. Krüger, Widerstände von Predigern gegen Predigttexte, Werkstatt Predigt Nr. 41 (Sept. 1981), 36 ff.
40. H. Weydt, Abtönungspartikel. (Linguistica et Litteraria Bd. 4), Bad Homburg v. d. H. 1969; J. Lütten, Untersuchungen zur Leistung der Partikeln in der gesprochenen deutschen Sprache, Essingen 1977; H. Weydt (Hg.), Die Partikeln der deutschen Sprache, Berlin 1979; Ders. (Hg.), Partikeln und Deutschunterricht, Heidelberg 1981.
41. K. Pawlowski in: D. C. Kochan (Hg.), Sprache und Sprechen Bd. 10. Lehrerhandbuch. Hannover 1977, 56.
42. Ansätze zu einer solchen Konkordanz sind durchaus vorhanden; vgl. die Diskussion zwischen A. Denecke und H. W. Dannowski über das Verhältnis von Sprechakttheorie und Riemannscher Typenlehre in Werkstatt Predigt Nr. 12 (Jan. 1975) und Nr. 14 (Juni 1975). Auch zwischen der Transaktionsanalyse und Deneckes Programm bestehen Konvergenzen, da Denecke K. Horneys vier Typen menschlicher Konflikte rezipiert, die strukturelle Ähnlichkeiten mit Th. A. Harris' vier Grundeinstellungen haben.
43. Das fordert H. Krüger a.a.O. (Anm. 39), 65.
44. Schnatmann/Born a.a.O (Anm. 37), 134.
45. A. Denecke, Persönlich predigen, Gütersloh 1979, 126 ff.
46. Als Einstieg in die Probleme eignet sich die Diskussion zwischen H. Hirschler und A. Denecke über die Subjektivität von Erzählung, Erzähler und Zuhörer in Werkstatt Predigt Nr. 20 (Juni 1976).
47. J. Rothermundt, Argumentieren in der Predigt. PTh 70. Jg. (1981), 146 ff.; Ders., Argumente des Glaubens. Das missionarische Wort Jg. 35 (1982), 51 ff.; Ders., Wie beim Predigen argumentiert wird. ThPr Jg. 17 (1982), 128 ff.; vgl. H. Dopffel, Argumentieren in der Predigt. Werkstatt Predigt Nr. 45 (Sept. 1982), 42 ff.
48. E. Cardenal a.a.O. (Anm. 22), I, 142.
49. J. Habermas, Vorbereitende Bemerkungen zu einer Theorie der kommunikativen Kompetenz, in: J. Habermas/N. Luhmann, Theorie der Gesellschaft oder Sozialtechnologie, Frankfurt 1971, 136 ff.; zur theologischen Auseinandersetzung P. Düsterfeld, Predigt und Kompetenz, Düsseldorf 1978, 149 ff.
50. S. o. Kap. 1, Anm. 11.

51. R. Bohren, a.a.O. (Anm. 5), 506 f.
52. G. Schüepp (Hg.), Handbuch zur Predigt, Einsiedeln 1982, 75. Die beiden Beiträge von G. Schüepp zur Predigtkommunikation in diesem Band (36 ff. und 391 ff.) sind die besonnenste Rezeption der Kommunikationsforschung auf katholischer Seite.
53. H.-D. Schneider, Unter welchen Voraussetzungen kann Verkündigung Einstellungen ändern? PTh 58 (1969), 248, 250. 1976 wurde in Hannover eine großangelegte Gottesdienstbefragung durchgeführt, die differenziertere Ergebnisse verspricht als die Arbeiten von 1969–72. Bis jetzt sind zwei Vorarbeiten und zwei Auswertungsbände erschienen: K. F. Daiber u. a., Predigen und Hören, München 1980 und 1983. Der 2. Band erschien leider erst nach Abschluß meines Manuskripts. Seine Ergebnisse liegen zum großen Teil auf der Linie meiner Gedanken. Der 3., noch ausstehende Band soll die theologische Auswertung bringen.
54. H. Albrecht, Arbeiter und Symbol, München und Mainz 1982. Vgl. auch M. Schibilsky, Alltagswelt und Sonntagskirche. München und Mainz 1983.
55. Albrecht a.a.O. 220 ff.
56. A. Wenzel, Stereotype in gesprochener Sprache, München 1978; Jugend '81: Lebensentwürfe, Alltagskulturen, Zukunftsbilder. Studie im Auftrag des Jugendwerks der Deutschen Shell, Opladen 1982, 430 ff.
57. WA Tischreden Bd. 5, 62 f. (leicht modernisiert).
58. H. Albrecht, Christus hinter Sprachbarrieren, Stuttgart 1974, 54 ff.
59. D. Andresen, Evangelium in der Volkssprache. PTh Jgg. 70 (1981), 108 ff.
60. A.a.O. (Anm. 52), 66
61. M. Josuttis, Praxis des Evangeliums zwischen Politik und Religion, München 1974, 88 ff.; H.-Chr. Piper, Predigtanalysen, Göttingen 1976, bes. 129 ff.

Zu Kapitel 4 (S. 131–152)

1. M. Seils, Der Gedanke vom Zusammenwirken Gottes und des Menschen in Luthers Theologie. Gütersloh 1962; K. O. Nilsson, Simul. Das Miteinander von Göttlichem und Menschlichem in Luthers Theologie. Göttingen 1966.
2. Vgl. die Zusammenfassung bei Seils a.a.O. 153 f.
3. WA 5, 177, 21 ff.; ähnlich von der Säge WA 2, 421, 12 ff.; beide Stellen bei Seils a.a.O. 84 f.
4. WA 18, 634, 37 ff.
5. WA Tr 4, 456, 17 f.
6. WA 47, 853, 32 f.; alle diese Stellen sind bei Seils zitiert und kommentiert. Weitere Stellen a.a.O. 138, 147, 152, 180 ff.
7. R. Bohren, Predigtlehre. München 1971, 77.
8. R. Bohren, Daß Gott schön werde. München 1975, 60; Predigtlehre 79.
9. s. o. Anm. 1.
10. W. Schütz, Probleme der Predigt. Göttingen 1981, 106.
11. M. Josuttis, Über den Predigteinfall. EvTh 30. Jgg. (1970), 627 ff.; H. Arens/F. Richardt/J. Schulte, Kreativität und Predigtarbeit. München 1974.
12. P. Tillich, Systematische Theologie. 3 Bände. Stuttgart 1955–66. I, 213 f.; III, 64 ff.
13. S. Preiser, Kreativitätsforschung. Darmstadt 1976. (Erträge der Forschung Bd. 61), 5. Zur Einführung in das Gebiet sind außerdem geeignet: E. Landau, Psychologie der Kreativität. München/Basel ^{2}1971; G. Ulmann (Hg.), Kreativitätsforschung. Köln 1973.
14. A.a.O. (Anm. 12) III, 64 ff.
15. A.a.O. III, 286 ff.; H.-M. Barth, Die Selbstverwirklichung Gottes und der Menschen. Pastoraltheologie Jgg 71 (1982), 170 ff.
16. Zit. bei I. Schweinsberg-Reichart, Vorlesen – Erzählen. Heidelberg ^{2}1975, 50.
17. J. Rothermundt, Predigt als freie Rede, WPKG 68. Jgg (1979), 68 ff. Dort findet sich Näheres über die Geschichte des Problems, die Vorzüge der freien Rede und Möglichkeiten ihrer Einübung.